权威・前沿・原创

皮书系列为
“十二五”“十三五”国家重点图书出版规划项目

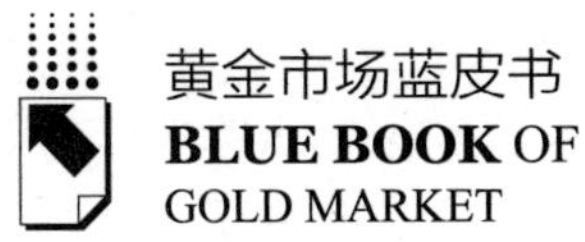

中国商业银行黄金业务发展报告（2016~2017）

ANNUAL REPORT ON THE DEVELOPMENT OF GOLD BUSINESS IN COMMERCIAL BANKS OF CHINA (2016-2017)

主　编／平安银行

图书在版编目(CIP)数据

中国商业银行黄金业务发展报告. 2016－2017 / 平安银行主编. --北京：社会科学文献出版社，2017.12
（黄金市场蓝皮书）
ISBN 978－7－5201－1432－5

Ⅰ.①中… Ⅱ.①平… Ⅲ.①商业银行－黄金（货币）－银行业务－研究报告－中国－2016～2017 Ⅳ.①F832.33

中国版本图书馆 CIP 数据核字（2017）第233112号

黄金市场蓝皮书
中国商业银行黄金业务发展报告（2016～2017）

主　　编 / 平安银行

出 版 人 / 谢寿光
项目统筹 / 邓泳红　吴　敏
责任编辑 / 宋　静

出　　版 / 社会科学文献出版社 · 皮书出版分社（010）59367127
地址：北京市北三环中路甲29号院华龙大厦　邮编：100029
网址：www.ssap.com.cn
发　　行 / 市场营销中心（010）59367081　59367018
印　　装 / 北京季蜂印刷有限公司

规　　格 / 开　本：787mm×1092mm　1/16
印　张：16.25　字　数：184千字
版　　次 / 2017年12月第1版　2017年12月第1次印刷
书　　号 / ISBN 978－7－5201－1432－5
定　　价 / 98.00元

皮书序列号 / PSN B－2016－524－1/1

黄金市场蓝皮书编委会

摘　要

《中国商业银行黄金业务发展报告（2016～2017）》是继2016年之后平安银行主编的第二本《中国商业银行黄金业务发展报告》，主要是对2016年商业银行黄金业务和黄金市场发展趋势进行分析。2016年是我国商业银行黄金业务和黄金市场取得巨大进步的一年，交易量同比分别增长42.72%和30.33%。经过15年的发展，商业银行黄金业务交易量从2012年超万吨开始，已连续5年超万吨，2016年达到6.236万吨，商业银行已是黄金市场的重要参与者。我国黄金市场经过15年的发展，2016年单边交易量达9.11万吨，为全球第三大黄金市场，全球伦敦、纽约、上海黄金市场三足鼎立格局已经形成。

本报告分为总报告、综合篇、市场篇、专题篇、热点篇等五个板块，对2016年中国黄金市场以及商业银行黄金业务发展现状、改革进程、面临挑战及未来展望进行了综合性汇总和分析，特别是对热点问题做了重点讨论，而黄金市场作为热点占用了较大篇幅。经过15年的发展，我国黄金市场在经历了从无到有，再从有到多的过程之后，已经到了创新发展阶段，从国际黄金市场的跟随者开始向领军者转变，因此，本书首次从全球角度分析我国黄金市场进步的意义，让读者有一个不一样的感受。

Abstract

Annual Report on The Development of Gold Business in Commercial Banks of China (*2016 – 2017*) has been the second *China's commercial bank gold business development report* we presented since last year, mainly focusing on analyzing the development trend of commercial bank gold business and gold market. China's commercial bank and gold market had made great progress last year with trading volume growth reaching 42.72% and 30.33% respectively. During 15 years of development, commercial bank's gold trading volume has exceeded 10000 tons continuously for five years since 2012. It reached 62360 tons in 2016. Commercial bank has become the important participant in gold market. During 15 years of development, China gold market has become the third largest gold market in the world with the unilateral trading volume reached 91100 tons in 2016. London, New York and Shanghai have become the three significant pillars of the global gold market.

The report has made overall summary and analysis on the present situation, reform process, challenges and outlook of China's gold market and commercial bank gold business development of 2016 in four parts, which are overview, market pulse, spotlight and focal topics, especially focusing on discussion of focal topics. As an obviously hot part, Gold market development took up more pages in the report. Experiencing 15 years development from non-existing to emerging, then to growing and thriving, China's gold market has reached the innovation stage, and has grown from follower to leader in the global gold market. So we first analysis the significance from a global perspective in the report, hoping it can give you an unique impression.

序言
共同携手，不断推动中国黄金市场新发展

作为我国金融市场的重要组成部分，黄金市场在中国人民银行的领导下，始终肩负完善多层次金融市场、有效服务黄金产业、拓宽投资渠道、满足市场需求的重要职责。以 2002 年上海黄金交易所成立为起点，我国黄金市场历经十五年创新发展，从无到有，从小到大，目前已经形成了机构投资者和个人投资者广泛参与、基础产品和衍生产品日益丰富、场内市场和场外市场共同发展、境内主板市场与国际板市场齐头并进的多层次、多元化的黄金市场体系。

一　不忘初心，持续推进中国黄金市场建设发展

十五年来中国黄金市场发展迅速，市场体系丰富且复杂。总体来看，中国黄金市场经历了“逐步放开－市场化－国际化”的过程。2001 年，国家取消黄金统购统配和上海黄金交易所的正式运行，拉开了中国黄金生产、流通和消费市场化序幕。而随着商业银行开办个人实物黄金买卖业务和个人记账式黄金买卖业务，上海期货交易所上线黄金期货合约，中国黄金市场进入市场化改革快车道，逐步形成上海黄金交易所现货市场、上海期货交易所期货市场和商业银

行柜台市场三足鼎立的市场格局。2014 年9 月,上海黄金交易所国际板业务上线，标志着中国黄金市场的发展进入国际化的新纪元。

在我国黄金市场快速发展的同时，世界黄金市场的格局也在经历深刻变革。长期以来，国际黄金市场呈现“现货交易集中在伦敦、期货交易集中在纽约”的两极独大的不平衡局面。近年来，随着中国、印度等新兴市场国家黄金需求的快速增长和欧美一些商业银行逐渐退出大宗商品业务，国际黄金市场“西金东移”趋势日益明显。

目前，我国已成为全球最大的黄金生产国、进口国和重要的黄金消费国。2016 年，上海黄金交易所黄金交易量达到 4. 87 万吨，上海期货交易所全年黄金期货合约成交 6. 95 万吨，商业银行场外黄金业务累计成交 7655. 13 吨。在西方传统黄金市场交易出现不同程度增长停滞甚至下滑的背景下，我国黄金市场“风景独好”。

二　励精图治，建设国际一流的综合性黄金交易所

2002 年 10 月，上海黄金交易所正式成立。成立以来，在中国人民银行的正确领导和全体会员的大力支持下，上海黄金交易所致力于引领和推动我国黄金市场的健康可持续发展，始终坚持服务实体经济和产业发展原则，连接了黄金产业上下游各方企业，激活了我国的黄金市场发展活力，为广大投资者提供了更丰富的投资渠道。作为我国黄金管理体制市场化改革的平台和载体，上海黄金交易所逐步建成了由竞价、询价、定价、租赁等市场共同组成，融境内主板市场与国际板市场于一体的多层次黄金市场体系，已发展成

为中国黄金市场的核心、枢纽以及全球重要的贵金属交易市场。

尤其近年来，围绕着建设国际一流的综合性黄金交易所这一目标，上海黄金交易所在市场化、国际化两大战略方向上持续发力。从创设询价交易、租赁业务，全力打造多层次市场体系，到推出“国际板”，实现国内黄金市场和国际黄金市场的有效联通；从成功推出“上海金”人民币集中定价业务，打造人民币黄金现货基准价格，到上线易金通 APP，迈出“百姓金”坚实第一步。每一步都体现了上海黄金交易所发奋图强的坚定信念，也汇聚了中国黄金市场各方力量的共同努力。

2016 年，上海黄金交易所坚持改革创新、开放共赢、包容发展的理念，不断推进产品创新，完善市场基础，深化服务功能，在推动中国黄金市场服务实体经济、实现财富增长和助力人民币“走出去”等方面发挥了积极作用。2016 年全年，上海黄金交易所全平台总交易额为 17. 44 万亿元，同比增长 61. 73%，已连续十年位居全球第一大场内黄金现货交易所；黄金出库、入库分别达到 1970. 37 吨、2060. 16 吨，保障了国内黄金市场供应平稳顺畅；国际板累计招募国际会员 67 家，全年成交金额 1. 10 万亿元，国际会员交易占比不断提升，已占国际板总成交量的 40%。

三　深度参与，积极发挥黄金市场主渠道作用

中国黄金市场启动以来，商业银行就一直深度参与黄金市场发展的各个环节，其在黄金市场中扮演的角色已经渗透到包括黄金现货交易、衍生品交易、产用金企业套保、黄金融资以及黄金保管与

清算业务等在内的多个方面。作为黄金市场的重要参与主体，商业银行在大力推进黄金市场发展、服务黄金实体经济、参与国际竞争等方面发挥着越来越重要的作用。

一方面，商业银行积极参与上海黄金交易所等平台交易，助力建设具有活力和竞争力的市场体系。2016 年，商业银行在上海黄金交易所的交易总量达 37571.6 吨，占上海黄金交易所黄金总成交量比重已达到 77.2%。同时，已有累计 17 家商业银行成为上海期货交易所自营会员，2016 年开展期货自营交易 1327.11 吨，同比增长 34.47%。

另一方面，以 2004 年开办个人实物黄金买卖业务和个人记账式黄金买卖业务为开端，已有 245 家商业银行陆续开展黄金业务，商业银行柜台黄金市场交易量从 2004 年的 2.2 吨增长至 2016 年的 7655.13 吨。商业银行黄金柜台市场定位于黄金产业金融服务商，切实创新金融产品，积极培育黄金市场，着力改善金融服务，为各类市场主体提供丰富多样的黄金产品，为黄金产业提供了多方位的金融服务。

同时，商业银行不断提升自身综合实力及国际影响力，积极拓宽贵金属交易渠道，成为国际黄金市场交易、定价的重要参与者。中国工商银行等 5 家银行成为伦敦金银市场协会（LBMA）正式会员，中国银行、中国建设银行、中国工商银行等 3 家商业银行已成为伦敦金的定价行。我国商业银行对国际黄金市场日益广泛的参与，进一步加深了境内外黄金市场的互动联系，成为连接境内外黄金市场的重要渠道，让境内外投资者更加便捷高效地共享中国黄金市场成长机会。

四　共同携手，再创中国黄金市场新辉煌

梳理我国黄金市场发展脉络，取得的成绩离不开监管机构、上海黄金交易所以及以商业银行为代表的市场参与者的共同努力。但我们也应清醒地认识到，目前国内黄金市场与世界上发达国家的黄金市场还存在一定的差距，市场制度法规体系建设有所滞后，交易品种较为单一，国际化程度还需要加深等问题始终存在，大力推动黄金市场的发展依然任重道远。

面对国际、国内黄金市场格局的深刻变化，上海黄金交易所将围绕建设国际一流的综合性黄金交易所这一目标，努力统筹好市场化、国际化两个发展大局，实现“三个转变”，打造上海金和百姓金“两金”品牌，营造一流的企业文化，构建各类市场主体深度参与、开放水平不断提高、要素有序流动、资源高效配置、具有活力和竞争力的市场体系，实现业务国际化和交易全球化，推动黄金市场创新、开放、共享和平衡健康发展。

在历史新征程中，上海黄金交易所将与以商业银行为代表的每一位黄金市场的参与者共同携手，紧紧把握我国黄金市场发展的重要机遇，抓住服务黄金实体产业这一重要抓手，坚定不移地持续深化我国黄金市场的改革开放，并牢牢守住市场风险底线，努力推动我国实现从“黄金大国”到“黄金强国”的转变，迎来黄金市场更加美好的明天。

上海黄金交易所理事长　焦瑾璞

2017 年 8 月

目　录

Ⅰ　总报告

Ⅱ　综合篇

Ⅲ　市场篇

Ⅳ　专题篇　黄金银行专论

Ⅴ　热点篇

Ⅵ 附录

皮书数据库阅读**使用指南**

CONTENTS 

I General Reports

II Surveys

III Market Reports

Ⅳ Special Report: Gold Bank

Ⅴ Key Issues

Ⅵ Appendix

总 报 告

General Reports

B.1

一个收获之年，发展之年

——2016 年我国商业银行黄金业务综述

黄京燕*

摘 要： 2016 年是商业银行黄金业务的收获之年、发展之年，全年完成交易量 6.236 万吨，增长了 35.48%，具有交易从国内向国外延伸；实物交易下降，纸黄金和理财产品上升；交易方式出现场内做市商询价交易等三大特征。2016 年是交易市场整顿之年，因而对商业银行黄金业务发展也提出了新的要求，去虚就

* 黄京燕，北京黄金经济发展研究中心研究小组成员。

实为实业服务、产融结合是未来发展的方向。

关键词： 交易 黄金业务 整顿 商业银行

2016 年，我国商业银行业务交易量创历史新高，达到 6.236 万吨；增长量为 1.633 万吨，为仅次于 2015 年的 1.830 万吨的历史第二高；增长率为 35.48%，比 2015 年下降了 30.52 个百分点，增长率为十年来的平均水平。但 2016 年仍是我国商业银行黄金业务的发展之年、收获之年，这是一个总的评价。

一　商业银行黄金业务现状

2016 年商业银行黄金总交易量为 6.236 万吨，是在三个交易平台上完成的，即境内市场场内交易平台交易量为 3.89 万吨，占总交易量的 62.38%，是商业银行黄金业务的最大交易平台；商业银行黄金业务交易第二大平台是境外黄金交易平台，2016 年交易量为 1.58 万吨，占总交易量的 25.34%；排在第三位的是境内场外柜台 OTC 市场，交易量为 0.766 万吨，占总交易量的 12.28%。2016 年交易结构如图 1 所示。

这三大交易平台的发展现状如下。

（一）境内市场场内交易平台为商业银行黄金业务第一大交易平台

商业银行是我国两大黄金市场的交易参与者，其中在上海黄金

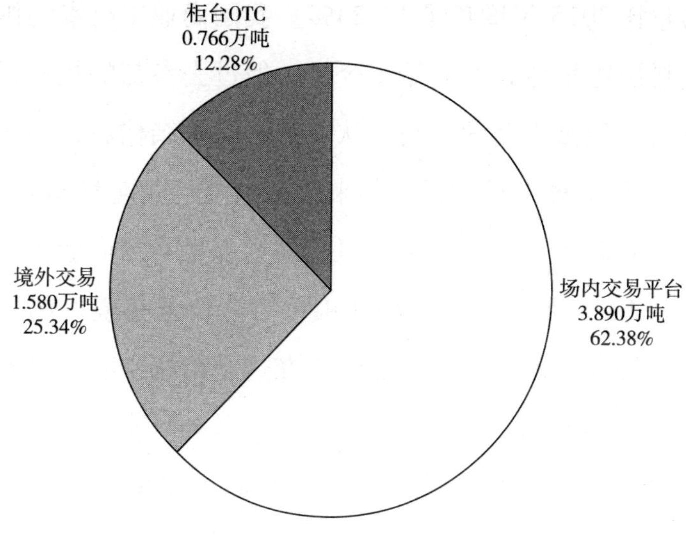

图 1　2016 年交易结构

交易所内完成的交易量为 3.757 万吨，同比增长了 48.53%，也因此是上海黄金交易所第一大交易群体，其交易量占上海黄金交易总量的比重由 2015 年的 74.26% 上升到了 77.2%，增长了 2.94 个百分点；在上海期货交易所完成黄金期货交易量 0.133 万吨，同比增长了 34.47%，为上海期货交易所黄金期货总交易量的 1.41%，占比比 2015 年下降了 0.28 个百分点。

境内黄金市场场内交易平台是占商业银行黄金业务 60% 以上的第一大交易平台，而在上海黄金交易所内的交易量占商业银行场内黄金交易总量 96% 以上的份额，故上海黄金交易所是商业银行场内黄金业务的第一大交易平台。

（二）境外黄金市场是我国商业银行黄金业务第二大交易平台

交易量从 2014 年开始已连续三年超万吨，2016 年达 1.58 万吨，交易量比2015年增长了13.23%。我国商业银行参与国际黄金市场的交易历史虽然并非起始于今日，但过去参与的规模很小，是近几年才有了积极主动的参与。从交易的品种结构看，主要是参与伦敦场外OTC市场交易，近三年来已开始参与黄金期货合约交易，这是美国场内市场交易的品种，但交易量不足我国商业银行境外黄金交易量的1%，所以，我国商业银行黄金业务在境外的主市场是英国黄金市场，因而，中国商业银行在这个市场中有了日益突出的存在感，2016年伦敦黄金市场交易量为15.4万吨，故中国商业银行的交易量已占其总交易量的10%，因而可以说已是一个重要的市场参与者。

（三）境内银行柜台场外OTC市场

2016年交易量为7660吨，同比增长了15.34%，占当年商业银行总交易量的12.28%，同比下跌了2.05个百分点。在商业银行三大黄金交易平台中，其交易规模最小。2016年，这一交易平台上主要有五大品种。黄金租借是第一大交易品种，交易量3070.38吨，占柜台OTC市场交易量的40.11%，同比增长26.15%，占比提高了3.23个百分点；黄金租借是一个获取加工原料兼有融资功能的产品，为黄金生产商和加工商所欢迎。从2007年推出以后在数年内即已成为商业银行柜台OTC市场的第一大品种。第二大黄金品种是账户金，2016年账户金交易2102.61吨，同比增长了64%，占总交易量的26.29%，同比增加7.68个百分点。这是一个面向个人投资者的产品，可以免除黄金交易产生的交割、保管、运输之烦，虽然这一产品交易量在2016年有六成多的增长，但交易量仅达到2011年水平，所以2007年这一产品上市以后交易量的波动还是很大的。

黄金租借和账户金这两个产品交易占到了总交易量的近七成（66.4%），另外的三大类产品的交易量仅为33.6%，而且交易量全部都是下降的，其中黄金衍生品下降了17.24%，实金产品下降了10.03%，其他未归入以上统计的产品下降了9.5%。商业银行柜台黄金OTC交易平台是一个最具有创新性、个性化的市场，伦敦黄金市场就是一个典型代表，多年来一直是全球黄金市场的领头羊，执黄金交易之牛耳，相对比之下我国商业银行柜台黄金OTC交易市场还没有表现出应有的光彩——虽然在不断进步。

二　商业银行黄金业务的特征

商业银行黄金业务经过了15年的发展，不仅在交易规模上有了巨量的增长，而且在交易产品、交易结构、交易平台、交易方式诸多方面都有了新的发展，从而商业银行黄金业务呈现了许多新特征，而在2016年有以下表现。

（一）从国内向国外延伸，中国商业银行已成为国际黄金市场的重要参与者

国内市场与国际市场的互动日益紧密，不仅中国商业银行交易量在国际市场上的占比日益提高，而且已进入市场的核心机构，有了越来越大的规则制定权和市场话语权。在中国建设银行、中国银行加入伦敦金银市场协会黄金定价机制以后，2016年中国工

商银行和交通银行也成为该定价机制的成员，成为伦敦黄金市场第13家和第14家定盘商。而上海浦发银行成为伦敦黄金协会的会员，工银标准银行加入了伦敦贵金属清算公司的贵金属清算系统。2014年，我国商业银行开始探索向场内标准黄金期货合约交易发展，这意味着开始从境外即期黄金市场向境外远期黄金市场的延伸。

我国商业银行对国际黄金市场业务的参与也是我国黄金市场国际化的标志，国际化是我国黄金市场发展的重要目标，而国际化的推进有两个方向：一是“请进来”，如上海黄金交易所推出国际板和发展国际会员等，让境外的投资者进入我国黄金市场；二是“走出去”，目前主要表现为商业银行对国际黄金市场的参与。黄金市场国际化的推进使商业银行有了两个市场配置资源的优势，从而增加了套利的机会，因而商业银行黄金业务呈现良好赢利状态而受到关注。

（二）商业银行黄金业务平台已进一步实现了黄金交易金融化发展，表现为实物黄金交易量下跌而纸黄金和黄金理财产品需求上升，这是2016年商业银行黄金业务的一个特征

2016年商业银行实金交易量为377.32吨，同比下降了10.03%，如果再向前看这是2013年以来连续第三年下降，总计已下降了27.68%。原因是以获得加工原料交易为目的的机构可采用借金，以营利为目的的交易者又日益选用更便捷的交易标的，而舍弃了实金，所以，实金交易持续下跌，而2016年账户金增长了近七成，黄金理财产品交易额突破5000亿元，达到5149亿元。我国

黄金市场建立的目的起初是完成黄金交易的市场化，所以市场是以实金买卖者为交易主体，但现在已是一个以营利为目的的投资者为交易主体的市场，金融性日益凸显，所以即使实金交易总量增加但所占比重也一定是下降的，故2016年商业银行黄金交易出现的这一特征可能会是今后的一种常态。

（三）2016年1月上海黄金交易所会同中国外汇交易中心正式启动了银行间黄金市场做市商制度

这是我国黄金市场的一个创新，因为黄金市场做市商制度在国外是场外市场的一种制度，做市商是一种既报买价又报卖价的特殊的市场参与者。上海黄金交易所做市商制度是把这种场外市场的交易制度引入场内，即将这种交易过程置于完全公开透明的场内交易环境中进行。基于伦敦黄金市场定价机制出现问题，因而上海黄金交易所这一改革具有探索和发展黄金市场交易制度的意义，从而我国黄金中远期交易是在场内市场进行的，而不是在场外市场进行的。而对于商业银行而言，场内做市商制度的推出提高了远期交易价格形成的效率，从而提高了交易效率，因而也使商业银行在竞价交易外又有了询价交易，丰富了交易模式，有了更多的选择。

2016年银行间询价交易参与机构55家，参与询价交易的法人客户774家，其中有做市商16家，其中10家为正式做市商，6家为尝试做市商。2016年上海黄金交易所询价市场完成黄金交易量1.77万吨，商业银行是这个市场的主力军，占有近九成的市场份额，从而商业银行黄金业务的1/4是通过询价市场完成的，询价交易已在商业银行黄金业务中占有了一席之地。

三　未来发展的前景

商业银行黄金交易是近十年来才发展起来的新兴业务，发展迅速，现在已成为国内黄金市场的骨干性的支撑力量和国际黄金市场的重要参与者。然而这一切都是在国家大力发展黄金市场的这个大背景下发生的，而2016年国家则发出了对黄金市场进行整顿的强烈信息，并已采取了行动。突出的事件是中国证监会对整顿各类交易所工作“回头看”，对交易所的整顿力度空前；中国人民银行下发《关于规范银行业金融机构账户黄金业务有关事项的通知》，对纸黄金交易提出了更严格的要求；央行对商业银行黄金租借实行限额控制，年度限额约2000吨，金额约5000亿元。

这次交易市场整顿风暴是在防范金融风险这个大背景下出现的，基本整顿指向是不规范交易、价格操纵、非法期货、“微盘”交易、交易杠杆、过分投机等。商业银行作为一个规范而严格管理的金融机构开展黄金业务有其必然性和合理性，并不是这次市场整顿的重点和主要对象，但这次整顿所做出的明确的政策宣示，也为商业银行黄金交易建立了规矩，确定了方向，因而会对商业银行黄金业务的发展产生影响。未来的发展方向就是去虚就实，为实业服务，产融结合，创建适合我国经济发展要求的商业银行黄金业务工作体系。

2016年，中国人民银行对有关商业银行黄金业务相关的具体政策显示有从严银行业金融机构开展账户黄金业务的条件，禁止杠杆交易，规定预付实金比例，压缩黄金租借额度等，这些措施都是为了压制过分投机而产生的虚拟交易，使市场回归真实的需求，避免黄金市场出现对货币市场的冲击，虽然从交易规模上看，黄金市场在金融市场中占比并不很大，但其属性的特殊性而使黄金市场在金融市场中的意义重大，因而黄金市场的稳定性是至关重要的。

去虚就实为实业服务是金融业发展的原则，但对于我国黄金产业而言，产融结合刚刚起步远未完成。黄金产业与金融业长期处于分业管理状态，缺少密切的联系，尤其缺少体制上的内在联系，因而形成的是各自独立发展的思维，在合作中追求各自的利益最大化而难以形成发展的合力，往往是貌合神离，这是黄金行业推进产融结合的难点。但商业银行黄金业务平台是联系黄金产业最密切的窗口：它与黄金矿山和加工企业实现生产的连续性有关，它也与黄金企业的融资有关，它也与黄金企业规避市场风险有关，因而在这个窗口上提供多重服务，并可通过服务实现自我发展。商业银行黄金业务平台应该也能够为黄金产融结合事业做出更大的贡献。

B.2

希冀：接过全球黄金市场的领军旗帜

——中国黄金市场发展现状述评

刘山恩*

摘　要：　中国黄金市场仅有15年的历史，但取得了具有全球价值的进步：以全球第一的扩张速度使我国黄金市场规模位居全球第三，具有了形成全球三足鼎立市场格局的能力；建立了具有特色的多元化的黄金市场体系；率先实现了黄金市场交易结构的调整。对于我国黄金市场进步的这三点总结也是对世界黄金协会首席执行官施安霖对我国黄金市场发展评价的回应，这也是我国黄金市场研究工作者首次在全球视野中，认识我国黄金市场发展的全球价值。

关键词：　黄金市场　交易规模　交易结构

2002年上海黄金交易所开业运营，我国黄金市场从无到有，至今已有15年历史。15年在人类的历史长河中只是一瞬，但中国

* 刘山恩，高级经济师，北京黄金经济发展研究中心副主任、专家委员会秘书长。

黄金市场15年的发展却有着全球性意义，正如世界黄金协会首席执行官施安霖所说，“回溯千禧年到来之时，国际黄金市场中仍几乎看不到中国的身影……当时中国的黄金进出口量极少，国内黄金市场与其他地区鲜有联系，国外也很少有人关心这里的黄金市场。但今非昔比，情况在近几年发生了巨大变化”。他又进一步指出：“今天所有人的目光都牢牢地锁定在中国的身上。”

世界黄金协会是1987年在伦敦注册成立的一个国际性组织，从1994年进入我国已24年，是我国黄金市场发展的全程观察者和参与者，所以施安霖的评价具有权威性。那么我国黄金市场15年来发生了哪些具有国际意义的变化，使施安霖得出今非昔比的结论呢？

一　中国黄金市场交易规模扩张速度居全球之冠，实际规模已稳居世界第三

即使从战后伦敦黄金市场恢复营业算起，当代黄金市场的历史已有半个世纪之久，因而只有15年历史的中国黄金市场是一个货真价实的后来者，却具有全球之冠的规模扩张速度。

2016年，全球黄金交易量达到42.09万吨，创20年来的历史纪录，相比2002年的19.25万吨，增加了22.84万吨，增长118.65%。但我国黄金市场交易量（单边）2016年为9.1105万吨，比2002年的42.49吨增加2143.15倍，因而我国黄金市场交易量增长速度是世界同期的1806倍，而与国际各个主要黄金市场比较，增长速度也是其中最高的。

15 年来我国黄金市场交易规模扩张是一个持续渐进的过程：2002 年，我国黄金市场交易规模起步于十吨级；4 年后的 2006 年交易量达到千吨级，为 1648. 93 吨；2008 年交易量达到万吨级，为 1. 39 万吨，原因是这一年 1 月 8 日黄金期货合约上线交易；之后的数年里则是向每年更高级别的十万吨级攀登。在这期间，2008 年达到 1. 39 万吨，但 2008 ~2012 年的五年间只有千吨级增长，而 2013 年以后出现了年万吨级的增长，进入交易规模超常增长期。从 2013 ~2016 年的四年间交易量即净增了 7. 5 万多吨（单边），因而 2016 年达到 9. 11 万吨（单边），按照目前的态势，攀上 10 万吨大关已近在咫尺。

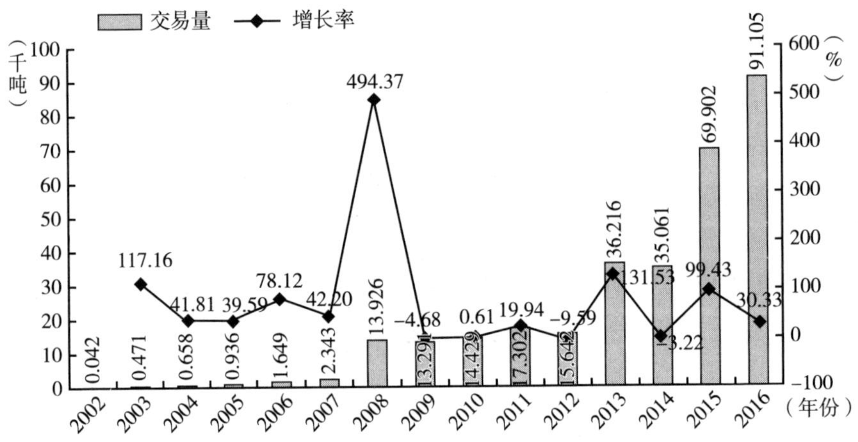

图 1　2002 ~2016 年黄金交易量与增幅

资料来源：《中国黄金市场发展报告》《中国黄金市场报告》。

规模是市场地位的基础和话语权的要素，因而随着我国黄金交易量大幅增长，我国在全球黄金市场中的地位不断提升，但我国黄金交易量在全球中的占比在 2013 年以前一直在 5% 以下，还不是国际上重要的黄金市场，只是有较快增长的市场。2013 年我国黄金市场交易量超过 3 万吨，在全球黄金交易量中的占比达到 9.03%。此后我国黄金市场才进入国际重要黄金市场行列。2013 年以后我国黄金市场交易量占全球比重每年都上升，2014 年占比即突破 10%，为 10.34%。而 2016 年达到 21.66%，交易量为全球第三位，占比比 2014 年又提升了 11 个多百分点。

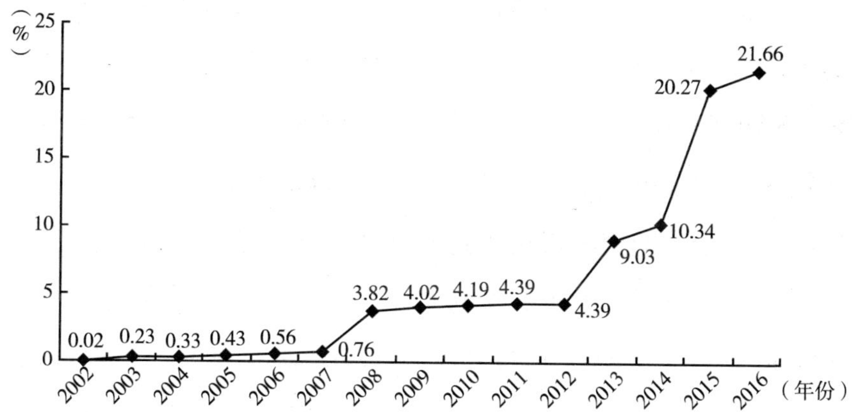

图 2　我国黄金市场交易量在全球黄金交易量中的占比（2002～2016 年）

资料来源：《CPM 黄金年鉴》《中国黄金市场报告》。

2016 年全球黄金市场交易量排在前两位的是美国和英国，交易量都超过 10 万吨，分别为 17.89 万吨和 15.40 万吨。近 20 年来英国交易量一直居第一位，只是在 2016 年才被美国超越，这是当今国际黄金市场的一个重要变化。近年来，伦敦黄金市场风波不断看来已影响其发展，也会影响到全球市场，对此是需要我们关注的。虽然从 2011 年我们就超过日本而居全球黄金交易的第三位，但万吨级的交易规模与伦敦和纽约十万吨级的市场规模比较显然不是一个重量级的，故还不能说2011年全球黄金市场已形成了伦敦、纽约、上海三足鼎立的格局。

我国黄金市场交易规模先后突破百吨、千吨、万吨关以后，再突破十万吨关才具有真正的革命意义，即我们有了与国际大鳄同台竞技的同等级资格，恰恰2016年我国黄金交易量正面临十万吨级突破前夜，为我们真切展示出这样的前景，这是2016年中国黄金市场的价值。而这个突破的意义是：它是人民币国际化必要一环，并为实现金融稳定打造了一个有力的抓手。作为一个后来者，中国黄金市场正在不断地超越，开始成为全球黄金市场发展的推动力，这就是中国黄金市场发展的世界意义。

我国黄金市场交易规模迅速扩张的一个重要特征是多点开花、全面收获，即我国三大黄金交易平台交易量全面增长。其中，上海黄金交易所交易量增长了1145.15倍，由2002年的42.49吨增加到2016年的4.87万吨；上海期货交易所黄金期货交易量增长3.47倍，由2008年的7781吨增加到2016年的3.48万吨；商业银行场内OTC市场增长3478.5倍，由2004年的2.2吨增加到2016年的7655吨。

具体情况如下。

（一）上海黄金交易所

上海黄金交易所2002年开业，已运行了15年，是我国黄金市场体系的奠基者和改革的引领者。起初定位于黄金商品交易市场，于2004年开始向金融市场转变，现在已是我国金融市场体系的重要组成部分。从2007年开始，上海黄金交易所已是全球最大的场内即期交易市场，也是我国最大的黄金交易平台。2016 年上海黄金交易所黄金交易 4.87 万吨，是 2002 年开业时 42.49 吨的 1146.15 倍。上海黄金交易所黄金交易量攀上万吨台阶是 2013 年，为 1.16 万吨，同比增长近 1 倍（82.68%），这可能与 2013 年金价下跌诱发中国大妈入市抄底买金，掀起了一个黄金投资高潮有关。但 2016 年上海黄金交易所黄金交易量比 2013 年增长了 319.83%，突破 4 万吨，达到 4.87 万吨，而 2016 年，并没有如 2013 年一样有外部市场突变的出现，因而黄金交易量的增长更主要的因素是坚持内部不断持续改革的成果。

上海黄金交易所是我国最大的黄金交易平台，也是交易方式最丰富的交易平台，已由开业初竞价交易单一方式发展为竞价、询价、报价各有特色的互补、多元交易方式。交易方式的丰富，也丰富了市场服务功能，满足了客户的多元化需求，刺激了黄金交易量的增长。

2016 年上海黄金交易所以竞价方式完成的交易量占总交易量的 62.42%，为 3.04 万吨，同比增长了 27.63%；以询价方式完成的交易量占总交易量的 36.34%，为 1.77 万吨，同比增长了 72.83%；以定价方式完成的交易量占总交易量的 1.17%，为 569.16 吨。虽然竞价交易仍占多数，但其他交易方式也开始被使用，并已占有近四成的交易额。

上海黄金交易所还是我国最早对外开放的黄金交易平台。上海黄金交易所把推动对外开放、走国际化道路作为重要发展战略，因而目前上海黄金交易所不仅是开放程度最高的黄金交易平台，而且在金融市场中也走在了前列。扩大对外开放的直接影响就是增加了市场参与群体，这是上海黄金交易所交易规模扩大的一个重要经验。它们推进国际化主要是通过2008年以来持续吸收国外商业银行会员和2014年9月在上海自贸区推出上海黄金交易所国际板以及与境外机构合作等途径实现的。

到2016年，上海黄金交易所有外资商业银行会员8家；上海黄金交易所国际板有国际会员62家，通过国际会员代理国际客户67家。2016年国际板完成交易3991.84吨，占上海黄金交易所当年总交易量的8.2%，表明上海黄金交易所的国际化已有收获。

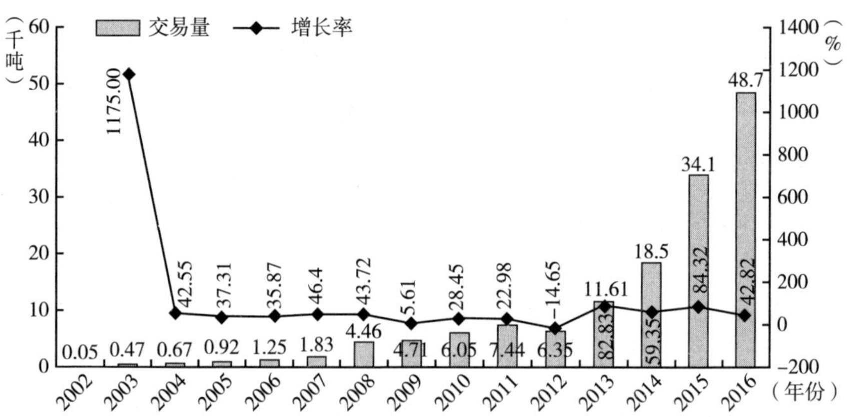

图3　2002～2016年上海黄金交易所交易量及增长率变化

资料来源：上海黄金交易所。

（二）上海期货交易所

上海期货交易所黄金期货合约2008年1月8日上线交易，因此，上海期货交易所成为我国黄金市场体系的一部分。在上海期货市场黄金期货合约上线以前我国黄金市场上的产品创新都是在即期市场完成的，因而，上海期货交易所黄金期货合约上市开了我国黄金远期交易市场之先河，从而我国黄金投资者和生产者有了规避价格风险的更多手段，也进一步发展了我国黄金市场的服务功能，完善了黄金市场体系。在我国黄金交易平台中，上海期货交易所是运行最晚的一个，仅有 9 年的历史。

2016 年上海期货交易所黄金期货双向交易量为 6.95 万吨，比 2015 年增长了 37.35%，增加了 1.89 万吨，增加量是仅次于 2015 年增加 2.67 万吨的第二高，比开始的 2008 年增长了 793.3%，而在这期间国际主要的黄金期货市场，除美国纽约商品交易所黄金期货交易外，交易量都出现了一定程度萎缩，不进反退。所以，上海期货交易所从 2013 年开始就成为全球第二大黄金期货市场，但排首位的纽约商品交易所在此期间也仅有 371.8% 的增长，相当于上海期货交易所同期增长的 46.87%，所以，上海期货交易所是这一时期国际期货市场发展的翘楚。

上海期货交易所黄金期货上线以后交易量开始处于徘徊状态，2012 年交易量比 2008 年下降了 23.97%，2008～2012 年的 5 年中有 3 年出现负增长，转折发生在 2013 年，这一年交易量大幅增长了 238.57%，交易量一跃从千吨级跃升到万吨级，为 2.01 万吨，并从此进入一个持续大幅增长期。2014 年、2015 年、2016 年交易量同比分别增长了 0.38 万吨、2.67 万吨和 1.89 万吨。2013 年市场外部环境最大的变化是持续 11 年的黄金牛市结束，金价由涨转跌，即期现货市场引起了中国大妈抄底抢金，而对于远期市场而言则是使黄金期货合约交易风险管理功能凸显，基于风险管理的需要，黄金期货交易活跃。而市场内部的最大改革是推出连续交易，交易者有了更多选择，使用黄金期货合约管理市场风险更为得心应手，这也是2013年黄金期货合约交易实现突破的一个重要原因。

2013年以后，黄金期货合约交易量大幅增长的趋势得以延续，表明我国黄金期货市场进入发展的成熟期，市场的参与者日益广泛，这与上海期货交易所优化投资者结构密切相关。上海期货交易所吸收银行、基金、券商等金融机构入市参与黄金期货交易，到2016年，已有11000多个特殊单位客户，形成了“市场稳定器”。

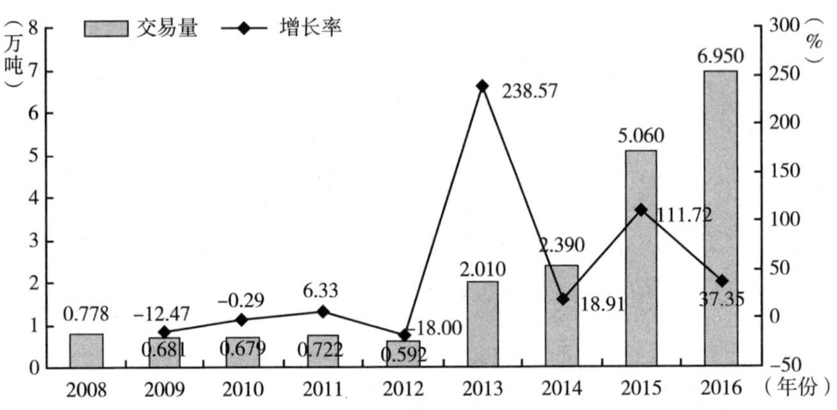

图4　2008～2016年上海期货交易所黄金期货合约交易量及增长率

资料来源：《中国黄金市场报告》。

（三）商业银行OTC黄金交易平台

商业银行是2002年上海黄金交易所首批会员，现在已是上海黄金交易所的支柱，占有70%以上的交易份额，但是，其柜台OTC黄金市场2004年以后才开始发展。当年的交易量仅有2.2吨，2016年交易量为7655吨，增长了3478.55倍，占当年我国黄金市场总交易量的8.40%，是我国这一历史时期的三大黄金交易平台中交易量增长最快的，但是交易规模最小的。交易仍是千吨级规模，在两三年内有望达到万吨级规模。

商业银行 OTC 黄金市场的交易参与者不断扩大，现在有 245 家商业银行开展了黄金业务，其中 25 家为上海黄金交易所会员，17 家取得了自营黄金期货资格。商业银行 OTC 黄金市场的交易量在这 13 年间总的发展趋势是持续增加的，但 2008 年由百吨级上升到千吨级之后已有 9 年时间，仍没实现向万吨级的提升。2013 年市场形势变化而使上海黄金交易所和上海期货交易所黄金交易量都有了一个数量级增长，但银行 OTC 黄金市场交易量仅有 2.21% 的增长，由 4501 吨增长到了 4601 吨。

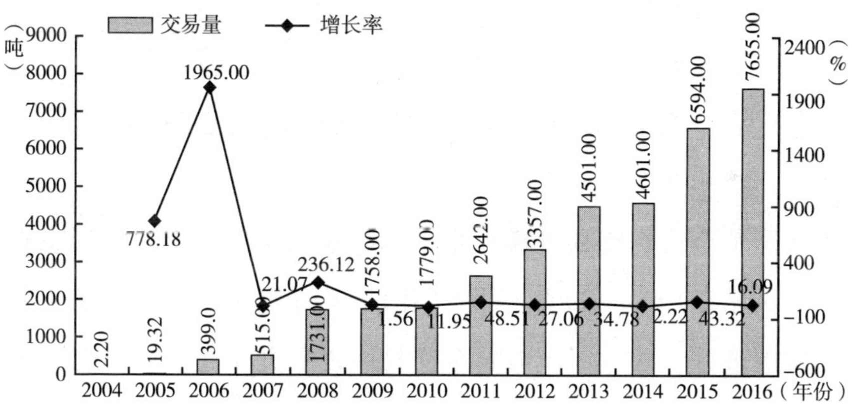

图 5　2004 ~ 2016 年商业银行 OTC 黄金交易市场交易量及增长率

资料来源：《中国黄金市场报告》及《黄金市场发展报告》。

商业银行 OTC 黄金市场主要交易的不是实金，而主要是纸黄金（账户金）和黄金租借，2016 年实金交易仅为总交易量的 4.93%，为 377.32 吨。2016 年账户金交易 2102.61 吨，为总交易量的 26.29%，同比增长 64%，黄金租赁交易 3070.38 吨，为总交易量的40.11%。因而账户金和黄金租借是商业银行OTC黄金市场主要品种，占有总交易量近七成（66.4%）的份额，2016年黄金交易量的增长也主要来自这两个产品，而实金的交易量是减少的，减少了10.03%。

我国黄金市场运行15年来交易规模迅速扩大，到2016年已占全球总交易量的两成多，已稳居世界前三。虽然我们还不能说已形成了纽约、伦敦、上海三足鼎立的格局，但初形已显。这是当今世界黄金市场体系出现的重大调整，而我国黄金交易规模的迅速扩张源于多交易平台共同发力，交易平台的多元化也是我国黄金市场的特征之一。

二　建成了一个多元化的黄金市场体系，具有中国特色，当代罕见为国际关注

我国黄金市场交易规模扩张迅速与我国特殊黄金市场形态有着密切的关系。1993～2002年我们用10年时间完成黄金市场从无到有的发展过程，建立了上海黄金交易所以后并未止步，但也并没建设一个大而全、无所不能的单一市场，而是用六年的时间初步建成了一个多元市场组成的市场体系，正如2010年中国人民银行等6部委发布的《关于促进黄金市场发展的若干意见》中所指出的那样，“初步形成了上海黄金交易所黄金业务、商业银行黄金业务和上海期货交易所黄金业务共同发展的良好局面”。

这就是一个即期场内黄金交易市场（以上海黄金交易所为代表）、远期场内黄金交易市场（以上海期货交易所为代表）和场外

做市商 OTC 黄金交易市场（以商业银行柜台黄金市场为代表）组成的多功能、多形态黄金市场体系。这个黄金市场体系的形成过程是：即期场内黄金交易市场发端于 2002 年上海黄金交易所开业，奠定了我国黄金市场体系的基础；场外商业银行柜台 OTC 黄金交易市场是从 2004 年底银监会批准四大国有银行面向一般民众黄金业务开始，至今已有 13 年历史；场内远期黄金交易市场出现得最晚，以上海期货交易所 2008 年 1 月黄金期货合约上线为标志。2004 年黄金 T + D 延期交易问世，虽然具有远期交割的功能，但仍属即期而非远期交易。

我国黄金市场体系涵盖了当今全球的所有的黄金市场模式，从国际看，社会是发展变化的，因而市场不断产生新需求而使供应呈多元化，因而市场也是多样化的，即以市场形态、功能、产品的差异化来满足需求的多元化。国际黄金市场的发展也正是不断满足需求多元化的过程：第二次世界大战后的 1954 年恢复了伦敦黄金市场，这是一个由英国央行控制黄金流动、维持黄金官价的窗口。在 1968 年以前，伦敦黄金市场在全球具有唯一性，也就是全球只有一个黄金市场。1968 年是一个分水岭，黄金挤兑风潮的出现打破了这个传统格局。在黄金挤兑的冲击下，伦敦黄金市场关闭了半个月，再开业以后黄金实物交易市场已转向瑞士，瑞士成为全球黄金交易中心。而失去了实金交易中心功能的伦敦黄金市场改革求生，推出纸黄金——“伦敦金”，转型为全球黄金交易中心和结算中心，极大地推动和发展了黄金的投资功能。黄金投资的活跃加剧了金价的波动，而产生了管理黄金交易风险的需求，因而在 20 世纪 70 年代中期，美国诞生了场内黄金期货交易市场，这是一种管理黄金投资风险的新型黄金市场。

可见，当今国际黄金市场是在功能上、形态上存在差异的，由这些差异化的黄金市场组成了一个黄金市场体系。在一个开放的经济体制中，这个黄金市场体系的形成是通过国际专业分工完成的，所以，每一个具体国家的黄金市场都是专业化的，从而由不同国家专业化黄金市场组成了一个多功能、多形态市场的国际黄金市场体系。当今美国存在不止一个黄金交易平台，但都是场内远期黄金交易市场，存在类似情况的还有日本、印度、迪拜等国；而英国则是一个场外即期 OTC 市场，但其业务网络遍布全球，多个国家都有“伦敦金”交易；而瑞士则是一个即期实金交易市场。只有我国国内是一个多元化市场组成的市场体系，这是有中国特色的，但国外并不是没有建一个多元市场结构的市场体系的设想与努力，如英国不止一次地推出黄金期货合约，但其黄金期货市场最终还是没有成功而关闭，而我国多元化黄金市场体系的形成是我们黄金市场发展的客观环境使然。

我国对黄金实行管制具有传统，所以黄金市场并不是在一个完全开放的环境中发展的，但 30 多年改革开放的推进已使我国经济的开放性达到相当高的程度。即使是黄金市场管制仍存，黄金市场发展虽不能选择国际专业化分工之路，因为还没有对外完全开放，但国内管制已极大的弱化，竞争已经出现，所以在需求多元化的推动下，市场分层必然进行，因而，我国并没有形成垄断的大而全的一个市场，而是形成了一个市场功能多元、利益主体多元的市场体系。

黄金市场功能从一元到多元是发展的必然。但我们没有走国际专业分工之路，而是通过建设多元化市场体系实现的，而之所以如此是因为存在黄金市场管制，这种管制也使黄金市场的发展回避了激烈的国际竞争，给国内黄金市场提供了一个相对友好的发展环境，这对一个幼小的新兴黄金市场的发展十分重要。因为尚不具备国际竞争力时，而过早开放必然是国际竞争中的弱者，最终的结果不是发展而是灭亡。在我们改革开放以来已经发生了不少以开放求发展而结果是灭亡的案例，我们不能反对开放，也不能宠爱开放，保持开放的节奏是一个十分重要的问题。

总结我国黄金市场的发展经验，对外开放的节奏是重要的一条；还一个重要的原因是我们有一个巨大的国内需求市场，有能力以国内需求支撑起多个交易平台，而一些缺少这一条件的国家不是不想建立多元化的黄金市场体系，而是没有条件，因而多元化黄金市场体系的建立是我国黄金市场发展的优势之一。

黄金市场体系的形成是我国黄金市场交易规模迅速扩大的体制性因素，在不太长的时间里，我国黄金三大交易平台先后进入全球黄金交易的前列。其中，上海黄金交易所从 2007 年开始已成为世界第一大即期场内黄金交易市场，已保持了十年；上海黄金期货交易所从 2013 年超过东京，成为全球第二大黄金期货交易所；商业银行已成为境内外黄金交易的重要参与者，2016 年商业银行境内外黄金业务总交易量突破 6 万吨，达到 6. 235 万吨，为全球总交易量的 14. 81% 。所以，我国黄金市场对外开放进入一个新阶段，其特点是不仅是扩大开放“请进来”，而且要迈大步伐“走出去”。

也就是说，中国黄金市场是在已有相当的“资本”之后的开放，所以，与国际黄金业者对话已有相当的话语权，因为中国黄金

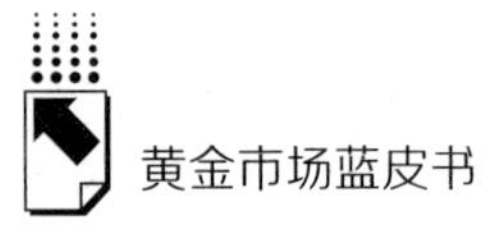

市场发展已从学习借鉴到创新探索，逐渐积累了经验，具有了中国特色，而引起了国际的关注，中国黄金市场已成为国际业者观察、学习、研究的对象，所以才有了施安霖不远万里来到中国的讲演。

具有中国特色的中国黄金市场发展之路使中国黄金市场的国际化具有不一样的风景：在“请进来”的同时已开始“走出去”，并且不仅是外资的引入，还有规则的输出，这是中国黄金市场的国际化，而不是被国际化。所以我们说，我国黄金市场进入发展的历史新阶段，在这个新阶段我国黄金市场国际化发生了以下三个标志性事件。

一是 2014 年上海自贸区推出上海黄金交易所国际板，对此，我们看到的是上海黄金交易所扩大开放，开辟了一个对外的窗口，但更为重要的是向世界推出了在伦敦、纽约两大黄金市场之外又一种交易规则。市场之间的竞争从表面上看是交易规模的竞争，但如果没规则的独立性，所有的规模增长都是为他人打工，所以本质是市场规则的竞争。2014 年上海黄金交易所国际板推出时拥有 40 家国际会员，其中外资会员 24 家，中资会员 16 家；到 2016 年已发展到 67 家会员。全年完成黄金交易 3991.84 吨，完成交易额 1.087 万亿元，但同比分别下降 16.73% 和 4.51%。

二是 2016 年上海黄金交易所推出了人民币计价的“上海金”交易，这是一个国际化品种，在推出当年有 26 家会员参加了交易，包括境内外商业银行、券商、产金及用金企业，交易量达 569.19 吨，并且积极推进全球跨市场合作推广“上海金”，已授权迪拜黄金与商品交易所在开发的离岸人民币计价的黄金期货合约时使用“上海金”基准价结算；扩大“上海金”的使用范围，上海黄金交易所在落实国家“一带一路”倡议过程中已与多家境外交易所推进了多方面的合作。

“上海金”推出的意义是在国际美元金价一统天下的市场中又有了一种新的定价标准，人民币金价也成为一种黄金交易基础，一行为的本身就是对美元的挑战，也是人民币国际化的必然选择。“上海金”现阶段虽还不能对“美元金”构成严重的现实威胁，但已迈出有价值的第一步，这是争取国际黄金市场话语权的正确选择。

三是我国大型商业银行已成为国际黄金市场交易、定价的重要参与者。中国黄金市场在国际化的同时也日益广泛地进入国际市场，成为国际黄金市场的重要存在。现在中国银行、工商银行、建设银行、交通银行已成为伦敦黄金协会定价机制成员。2014 年商业银行境外交易量过万吨，2015 年又增长了 34%，2016 年持续增长 12. 23%，达到 1. 58 万吨。我国商业银行对国际黄金市场日益广泛的参与，进一步加深了我国黄金市场与国际黄金市场的联系，形成了更加紧密的互动，这也是我国黄金市场向国际化推进的反映。

中国黄金市场从一个国际黄金市场的无名者到一个重要的参与者，并在多个方面表现出自己的特性只用了 15 年的时间，因而不能不说速度迅猛！规模扩张是发展的标志，但更重要的是我们走的是一条有别于现在国际通行的发展之路，因而对国际黄金市场的改革发展具有学习和借鉴价值，所以施安霖认为我们将“接过全球黄金市场的领军旗帜”，这意味着我国黄金市场的发展将具有更为丰富的内涵。

三　中国已是全球最大的黄金需求市场，并率先完成市场交易结构的调整

当今黄金市场是一个功能异化的市场，市场交易中只有1%是真的黄金，而99%并没有发生黄金交割而只有资金的流动。这里不讨论黄金市场功能异化的原因和利弊，而只是视其为一种客观存在的现象，因而当今交易量前两位的伦敦黄金市场和纽约黄金市场虽占全球黄金总量的近八成，但都已不是全球黄金交割流转的中心。

表1　2007～2016年全球实金交易占总交易量的比重变化

项目＼年份	2007	2008	2009	2010	2011	2012	2013	2014	2015	2016
交易总量（万吨）	30.67	36.58	33.01	34.89	39.44	35.67	40.10	33.90	34.49	42.40
实金交易量（万吨）	0.35	0.37	0.39	0.40	0.40	0.41	0.40	0.40	0.36	0.39
实金交易量占比（%）	1.14	1.01	1.12	1.15	1.01	1.15	0.10	1.18	1.10	0.92

资料来源：《CPM黄金年鉴》。

1968年以后瑞士取代英国伦敦成为全球黄金交割流转中心，当时主要产金国南非、苏联以及澳大利亚生产的黄金不再在伦敦而改在瑞士交易，至今瑞士仍是全球黄金交割流转中心，但是瑞士的用金不多，也不出产黄金，所以瑞士只是全球黄金的周转地，而不是生产和消费的主要地区，也就是黄金财富并没有在瑞士沉淀下来而是继续流向了东方，这就是所谓的“西金东移”现象。

表 2　2007～2016 年瑞士黄金需求变化

项目＼年份	2007	2008	2009	2010	2011	2012	2013	2014	2015	2016
全球供应量(吨)	3529.9	3682.2	3927.9	4002.6	4044.3	4089.7	3952.8	3924.6	3828.4	3943.5
瑞士需求量(吨)	27.83	25.92	22.55	22.11	21.99	22.27	22.85	23.12	23.26	22.92
瑞士需求量占供应量(%)	0.79	0.70	0.57	0.52	0.54	0.54	0.58	0.58	0.61	0.58

资料来源：《CPM 黄金年鉴》。

瑞士不产黄金，用金也不多，因而瑞士这个全球黄金物流中心主要的功能是黄金进口和再出口。2014～2016 年三年总计进口 4579 吨黄金，而出口 5074 吨，也就是这三年出口还耗掉了 494 吨存量黄金。瑞士黄金大的输出国从 20 世纪 80 年代开始一直是印度，黄金市场开放以后的中国逐步取代印度成为瑞士第一大黄金出口国。2014～2016 年印度从瑞士进口的黄金分别为 475 吨、516 吨和 325 吨。而中国是 590 吨、782 吨和 763 吨，且总进口量也超过 1000 吨，分别为 1615 吨、1556 吨和 1332 吨。2015 年中国已是世界第一大黄金进口国，但 2016 年回落到仅次于瑞士的世界第二位。

我国与瑞士不同，进口不是为了再出口，我国 2014 年、2015 年、2016 年的黄金出口量分别仅占进口量的 16.28%、8.84% 和 6.6%，绝大多数进口黄金都沉淀下来，成为国民拥有的财富。因而，我国黄金进口量的增长是基于我们内需的增长，是改革开放的推进大幅增加民众财富的结果，这也就诠释了“西金东移”这种历史现象出现的动因。我国黄金市场发展是牢牢构筑在财富增长根基上的，这也是我国黄金市场发展的特征之一。

我国黄金市场实金需求（不含纸黄金等）在 2011 年突破千吨大关，达到 1043.9 吨，为当年全球实金交易量 4043 吨的 25.82%。

2013 年突破 2000 吨，达到 2198.84 吨，为当年全球总交易量 3952.8 吨的 55.63%；2016 年同比下跌了 19.92%，需求量为 1792.75 吨，为当年全球实金总交易量 3943 吨的 45.47%。2011 年我国实金需求量过千吨，同时也超过印度成为全球最大的黄金需求国。这一地位至今已保持了 6 年。

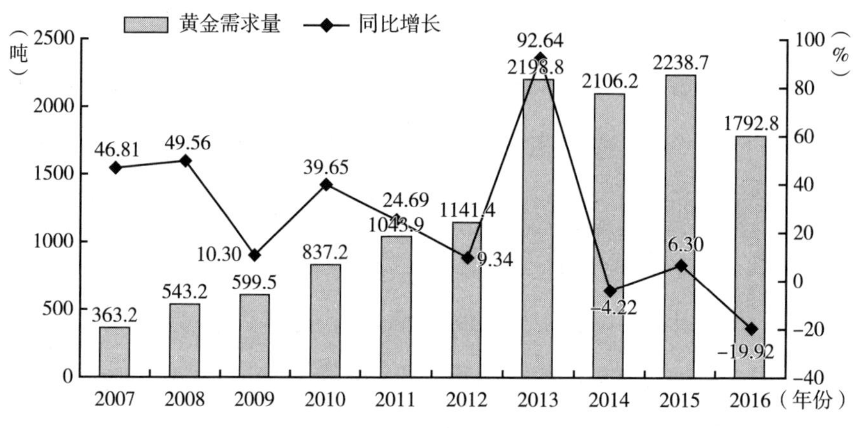

图 6　2007～2016 年黄金需求及增长率

资料来源：《中国黄金年鉴》。

黄金需求一是消费需求，二是投资需求。在 20 世纪 80 年代和 90 年代由于黄金非货币化的推进，近 80% 的黄金需求是首饰制造，投资需求压缩到 10% 左右。21 世纪随着美元危机加深，特别是 2007 年美国次贷危机爆发以后，黄金的价值显现，因而黄金在金融市场中日益活跃，黄金投资的比重上升，在我国，这样的变化同样也发生了，并已经实现了市场上黄金商品需求主导向黄金投资主导的转变。2016 年我国黄金商品需求比 2010 年增长了 66.23%，而黄金投资需求增长了 160.78%，占需求总量的比重增长 26.79 个百分点，达到 61.7%。

我国黄金市场在经历了黄金商品需求主导、黄金商品需求和黄金投资需求相当阶段后，从2013年就变为由黄金投资需求主导的格局，而且占有六成以上的市场份额。黄金投资需求主导是黄金市场的一个重要变化，它标志着在黄金非货币的条件下不仅市场交易总规模表现为金融市场属性，而且今天实金交易（约占总交易量1%）也表现出其金融属性，其运动更多地具有了“钱”的特征，这就给黄金市场的发展和管理提出新问题，需要有新思维、新理念，所以我们说我国黄金市场发展面临历史的转折关头，此刻发展特别需要创新，因今天已不同于过去，而未来也将不同于今天。

在黄金市场发展的转折关头，国际黄金市场进步滞后于我国，从总体看，国际黄金市场的黄金投资需求占比上升了10～20个百分点，但一直还没有改变由黄金商品需求主导的局面，而且近年来黄金投资需求占比还有下降，现在国际黄金市场的黄金商品需求与黄金投资需求占比之比大体为6∶4，而我国黄金市场这一比例是4∶6，有着明显的差距。

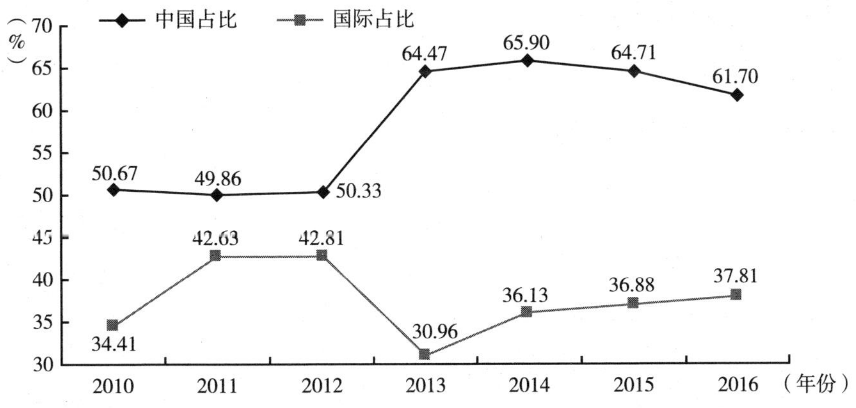

图7　2010～2016年黄金投资需求占比情况

资料来源：根据《全球黄金年鉴》及《中国黄金年鉴》数据整理。

我国黄金市场已是全球最大的黄金需求市场，并且率先成为黄金投资需求主导的市场，正是因为如此，施安霖才对我国黄金市场做出了出乎我们预料的评价：“中国将进入一个崭新的发展阶段——它将接过全球黄金市场的领军旗帜，并把握由此带来的机遇和责任。基于这一领导地位，中国将帮助全球黄金市场确定未来的结构和组成。”然而我们许多人对此评价有许多不解，可能是“不识庐山真面目，只缘身在此山中”吧。看来由学生变成老师也是一个艰难的过程。

综 合 篇

Surveys

B.3

全球黄金市场中商业银行的角色

杨瑞琪　杨之希　姚长志　刘潇雅*

摘　要：　黄金作为全球范围内流通的兼具商品和货币属性的贵金属，因其抗通胀、避险等特性而在各类资产中占有重要一席。全球黄金的价格受供需关系和政治经济环境影响。黄金的交易市场主要分为以伦敦为代表的场外市场和以纽约、上海为代表的场内市场，而商业银行对黄金定价、贮藏、转

* 杨瑞琪，大华银行中国环球金融部总经理，负责银行中国区金融市场交易、销售与流动性管理等工作，并在国内翻译出版多本书籍，如《风险价值 VAR》第三版等；杨之希，大华银行中国环球金融部副总裁，主要负责中国区贵金属交易策略制定和敞口管理；姚长志，硕士，大华银行中国环球金融部；刘潇雅，硕士，大华银行中国环球金融部。

移、结算等环节都有着不可替代的作用，这些因素凸显了商业银行在全球黄金市场的影响力，而全球银行体系间的发展也推动全球黄金市场更加繁荣。

关键词： 黄金市场 商业银行 黄金期货

商业银行依靠在现代金融体系中的基础作用，在黄金市场中扮演的角色已经渗透到包括黄金现货交易、衍生品交易、产金商套保以及黄金保管与清算业务等在内的多个方面。

一 黄金现货交易的最大做市商

从黄金市场的发展进程来看，存在由实物到合约、由即期到远期、由场内到场外的发展过程。实物黄金是整个黄金市场体系存在的基础，也是所有黄金业务开展的基石。商业银行在实物黄金的整个生产及交易的链条中起着不可或缺的作用（见图 1）。

伦敦黄金市场是目前最大的场外黄金现货市场，LBMA 共有 13 家银行作为做市商（见表 1），为市场提供流动性，在全球黄金业务发展进程中做出了巨大的贡献。

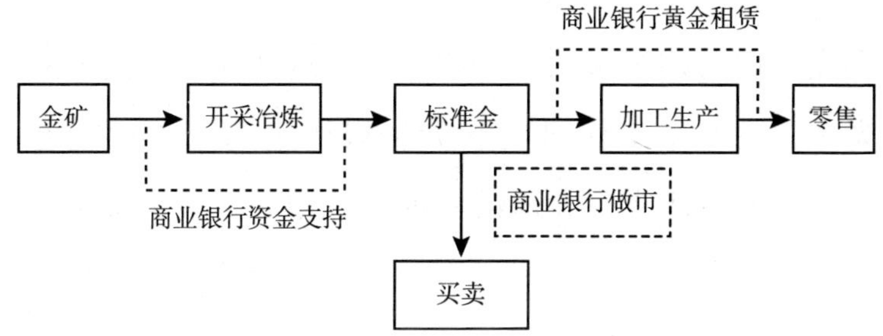

图1　商业银行在黄金生产及交易链条中的作用

表1　LBMA 做市商名单

排序	名称
1	法国巴黎银行(BNP Paribas)
2	花旗银行(Citibank N A)
3	高盛国际(Goldman Sachs International)
4	汇丰银行(HSBC)
5	工银标准银行(ICBC Standard Bank Plc)
6	摩根大通银行(JP Morgan Chase Bank)
7	美林银行(Merrill Lynch International)
8	摩根士丹利(Morgan Stanley & Co International Ltd)
9	法国兴业银行(Société Générale)
10	渣打银行(Standard Chartered Bank)
11	丰业银行(The Bank of Nova Scotia-ScotiaMocatta)
12	道明银行(Toronto-Dominion Bank)
13	瑞士银行(UBS AG)

资料来源：LBMA。

除做市外，商业银行不断发展黄金零售业务，产品种类日渐丰富。以新加坡大华银行为例，黄金零售业务主要包括四类：金条、

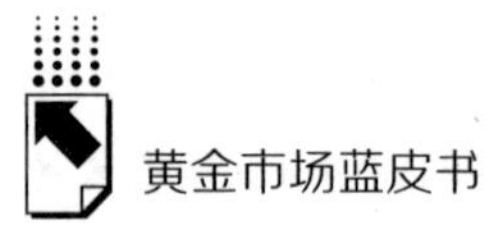

金币、黄金证书以及黄金储蓄账户。大华银行的个人客户可以在线申请或到支行柜台购买金条或金币，若通过在线申请的方式购买须由购买者本人在5个工作日内到大华银行主要分支行提取黄金实物，逾期未提取需要支付相应的延期提取费用。黄金证书产品提供了更便捷的黄金实物投资方式，每张证书最多代表不超过30公斤的金条，该证书没有到期日，可以作为凭证提取实物黄金，也可以直接通过现金结算进行转让或通过质押进行融资，在大华银行该黄金证书只能通过分支行的柜台购买。个人投资者还可以通过开通个人黄金储蓄账户，直接买卖黄金并且无须进行实物交割，这种方式避免了实物黄金投资所带来的运输、保管以及保险费用，降低了交易成本，提高了交易效率，是个人客户进行黄金投资的较为大众化的途径。

二　黄金衍生品交易的主要设计者和参与者

尽管实物是黄金业务发展的基石，但与其他交易品种一样，黄金衍生品的交易规模已经占据黄金交易的主导地位，据不完全统计，全球黄金市场的衍生品交易占市场90%以上的份额，而商业银行是场外衍生品合约的主要设计者，也是场内及场外黄金衍生品交易的重要参与者。

黄金衍生品业务主要包括远掉期、期货以及期权。

（一）黄金远掉期交易

黄金远期利率（GOFO）在1989年至2015年1月由多家做市

商银行定价，LBMA 在格林尼治时间每个营业日上午 11 时公布 1 个月、2 个月、3 个月、6 个月和 12 个月的黄金远期基准利率，以 6 个月为例（见图 2），作为黄金远掉期市场以及租赁市场的定价基础。虽然后来随着部分做市商的离开，黄金远期基准利率停用，但是并不意味着黄金和美元的互换交易不再存在，而是改为由银行向客户直接报价。国外的黄金远掉期市场，主要由各国的中央银行提供黄金流动性，商业银行通过掉期交易的做市满足市场不同主体之间的流动性需求。

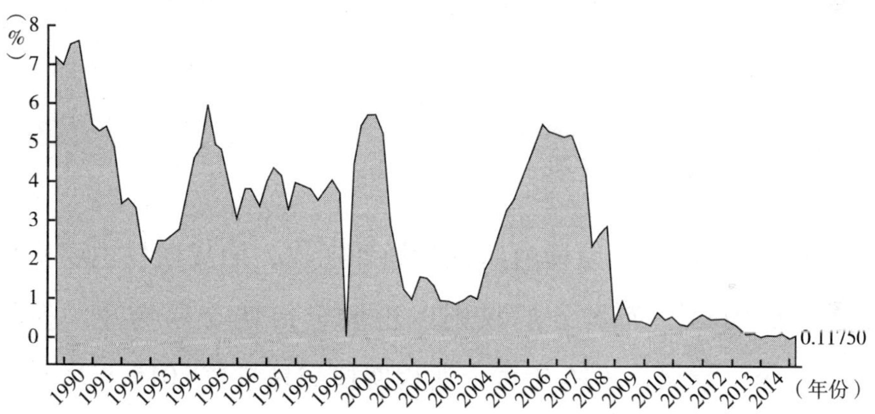

图 2　LBMA 公布的 6 个月黄金远期基准利率

资料来源：Bloomberg。

（二）黄金期货交易

黄金期货是银行重要的风险对冲工具。银行会使用黄金期货对冲远期、掉期以及期权等产品的价格风险。黄金期货业务始终维持较为稳健的发展，根据 COMEX 统计数据，2016 年黄金期货交易量较 2015 年增长了 37.6%（见图 3）。

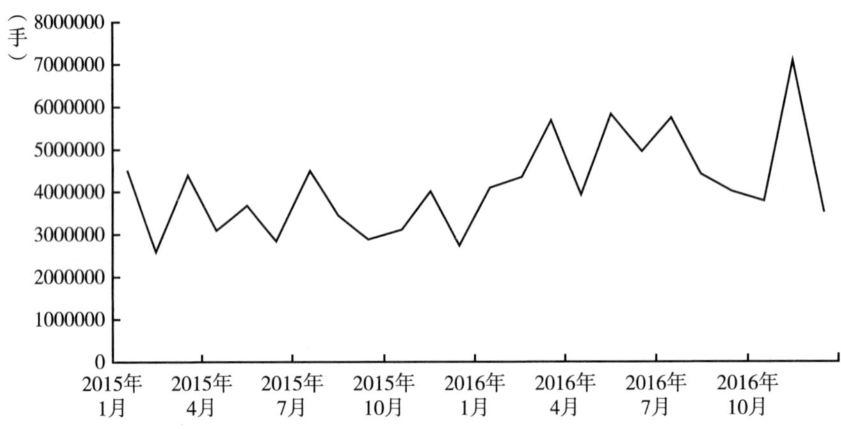

图3　COMEX 黄金期货 2015～2016 年交易量

资料来源：COMEX。

（三）黄金期权交易

黄金期权业务分为场内期权和场外期权，期货期权主要交易市场为 COMEX，而场外期权则以伦敦金市场交易为主。根据 COMEX 统计数据，2016 年黄金期货期权交易量较 2015 年增长了 31.6%（见图 4）。和期货期权的标准合约不同，场外期权在包括行权价以及期限等相关要素的设计上更为灵活自由，能满足市场参与者个性化的交易需求，因而得到更广泛的应用，商业银行在其中起到的做市作用也更加明显。在 2008 年金融危机以后，各银行都在收紧自营交易敞口，黄金交易也不例外。目前商业银行的交易业务中，大部分为银行的代客交易，仅小部分为自营交易业务，因此黄金期权业务将在产金商套保业务部分进行更为详细的论述。

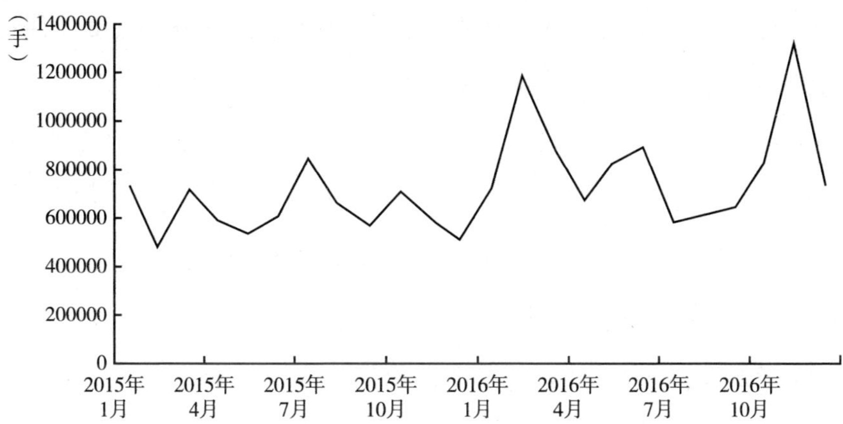

图4　COMEX 黄金期货期权 2015～2016 年交易量

资料来源：COMEX。

三　产金商套保业务主要实施者

产金商套保是指产金企业通过签订一定的合约来锁定黄金未来销售价格的过程，从而规避黄金价格下跌的风险，这一过程主要通过商业银行来实现。产金商套保产品包括远期、租赁以及期权等。

（一）远期

通过黄金远期进行套期保值是指产金企业与商业银行签订协议以约定价格在未来某一约定时间销售黄金。一般来说，产金商往往倾向于在金价高企时做套期保值，锁定黄金价格，规避金价下跌风险，但是如果金价上涨的幅度超过远期交易溢价，产金商将会承担不能以更高的价格销售黄金的机会成本，因此如果行情继续看涨，黄金产金商往往又会减少远期销售而等待更好的价格。对于产金

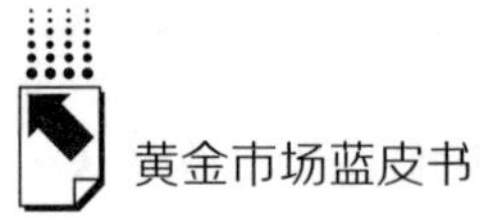

商，一年以内的短期套保主要通过远期实现，而一年以上的长期套保通常通过远期与期权相配合的策略进行。

（二）租赁

商业银行提供的黄金租赁业务在黄金生产链条以及产金商套保业务中起着至关重要的作用。金饰生产商从生产到销售有较长的周期，为了规避从原料加工到金饰售出期间黄金价格下跌的风险，金饰生产商期初从商业银行借入黄金进行加工生产成金饰成品销售卖出，利用金饰出售所得货款将黄金从市场上买回归还商业银行，同时支付相应的利息，从而避免因黄金价格下跌带来的利润损失。对于产金企业来说，同样可以通过租入黄金在即期卖出，从而锁定黄金价格并获得现金流。在远期租赁到期日，产金企业可以利用生产的黄金归还租赁，从而达到套期保值的目的。

（三）期权

对于通过期权进行套期保值的操作，产金企业为了规避金价下跌带来的风险，可以选择买入看跌期权或者卖出看涨期权的方式进行套期保值。若选择买入看跌期权，当金价出现下跌时，到期将以约定的执行价卖出获利，从而达到保值的目的；当黄金价格出现上涨时，产金商将选择放弃所购买的期权，直接在市场上卖出实物黄金，仅损失权利金。对于卖出看涨期权的方式，如果产金企业预计黄金价格不会出现大幅度下跌时，通过卖出看涨期权可以获得权利金收益，从而为现货交易起到保值的作用，如果黄金价格大幅上涨，产金企业可以将生产黄金用于履行期权合约，但当黄金价格大幅下跌时，生产企业将会面临损失，所以进行这种保值的操作需要谨慎。

期权在使用上非常灵活，既可以单独使用，也可以组合使用。当产金商买入期权进行保值时，由于实值期权或平值期权的权利金水平较高，产金商可能会支付比较高的成本，通过进行期权组合可以有效地减少买入期权的权利金支出，从而达到降低套保成本的目的。通过普通期权变形或者组合形成的期权统称为奇异期权，其比普通期权更具有特性化，可以满足产金商更加复杂的、个性化的套保要求。目前产金商用于套保的较为常见的奇异期权是障碍期权，指在期权生效过程中受到一定限制，目的是把投资者的收益或损失控制在一定范围内。通过期权进行套期保值的方式也正因为其灵活性，在操作上有一定的复杂性，因此，目前市场上使用占比小于远期。

根据世界黄金协会统计，2016 年产金商套保总量达 26. 3 吨，比 2015 年的 13. 5 吨增长了约 95% 。

四　黄金保管与清算业务主要承担者

在实物黄金业务发展方面，商业银行还可以为投资者提供黄金保管服务。根据对各银行的调查了解，在中国商业银行的资产负债表中披露的黄金储蓄大部分为代客户保管的黄金，这其中既包括实物黄金代保管，也包括账户黄金的代保管。国外方面，瑞士的银行因其合适的政治环境和完善的银行保密协议深受私人银行客户青睐，其实物黄金的代保管业务也最受高净值客户欢迎。

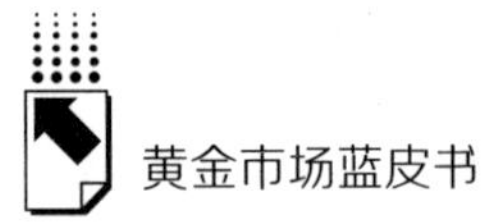

伦敦黄金市场共有七家指定托管人可以提供黄金仓库服务，其中有四家是 LBMA 会员的保安押运公司——布林克（Brinks）、G4S、MalcaAmit 和 Loomis International，另外三家为 LBMA 清算会员——汇丰银行（HSBC）、工银标准银行（ICBC Standard Bank）和摩根大通银行（JPMorgan）。据 LBMA 统计，目前大约有 6500 吨黄金存储于伦敦的金库，其中除英格兰银行外，商业银行在黄金保管业务中起到了非常重要的作用。

另外，商业银行为投资者提供资金清算业务。LBMA 清算会员共有五家银行——汇丰银行、工银标准银行、摩根大通银行、丰业银行以及瑞士银行，该五家银行承担伦敦金交易的清算业务，随着伦敦金市场的不断成熟，清算业务量在近年趋于稳定（见图 5）。中国黄金市场清算业务目前也主要由商业银行承担，上海黄金交易所共有 18 家结算银行（见图 6），是交易所指定的、协助上海黄金交易所办理交易资金清算业务的商业银行。中国工商银行在结算银行中一直保持同业领先水平，自 2008 年以来代理上海黄金交易所清算额一直保持较为稳定的增长趋势，2016 年达到 4066 亿元，继续维持场内第一的排名（见图 7）。

通过对 2016 年全球黄金产业分析，黄金市场供给和需求都出现了增长，这主要是由于在 2016 年黄金价格上涨对黄金供给端的刺激以及全球政治经济不稳定因素增加下黄金避险投资需求端的增长。回顾 2016 年黄金产业，黄金供需结构进一步调整，黄金流转更加频繁，伦敦黄金现货市场、美国黄金期货市场、中国黄金市场中的黄金交易均出现明显增长，体现了黄金市场的进一步发展和成熟，也体现了黄金作为投资产品地位的提升。尤其上海黄金交易

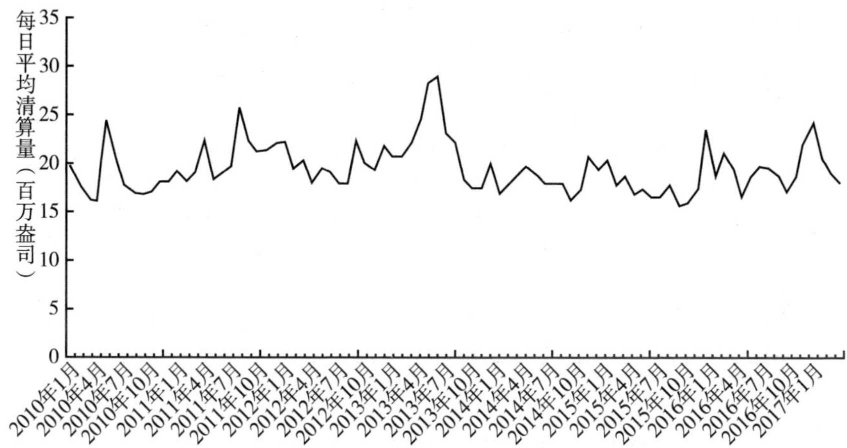

图 5　伦敦黄金市场每月日均黄金清算量（2010～2017 年）

注：数据为 LBMA 五个清算会员的清算量，分别是汇丰银行、工银标准银行、摩根大通银行、瑞士银行和加拿大丰业银行。

资料来源：LBMA。

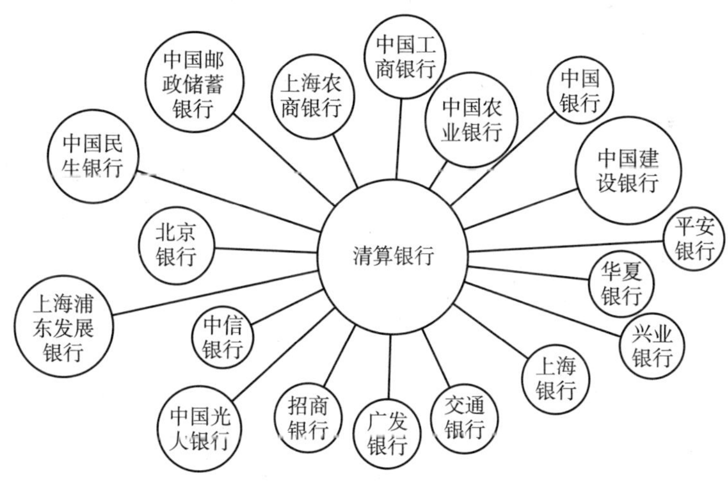

图 6　上海黄金交易所 18 家指定结算银行

资料来源：上海黄金交易所。

所、上海期货交易所的黄金现货及期货交易实现了跨越式增长，中国已经成为全球主要的黄金市场之一，随着“上海金”“国际板”

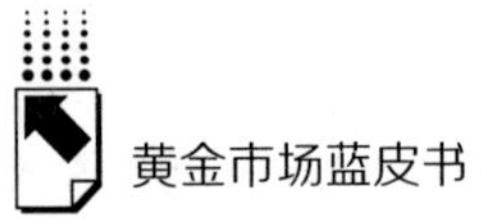

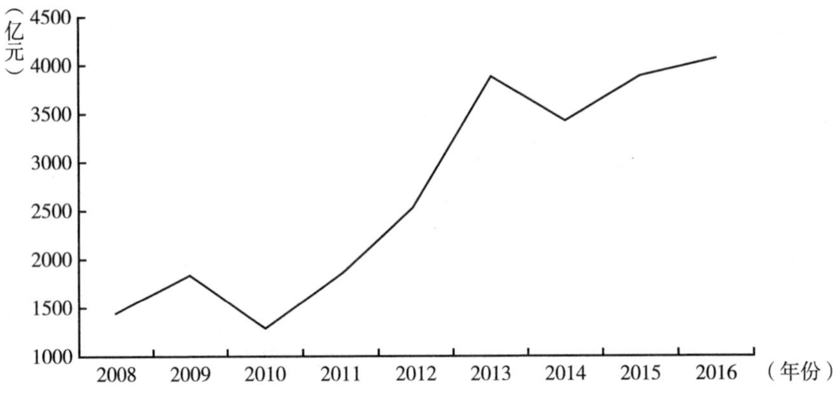

图7　中国工商银行代理金交所清算量

资料来源：中国工商银行 2008～2016 年年度报告。

等新业务的出现，中国也越来越多地参与全球黄金定价和交易。在这样的历史机遇下，我们可以预见，中国的商业银行也将在全球的黄金市场中扮演越来越重要的角色。

B.4

商业银行黄金业务发展政策环境

崔 悦　王景赟*

摘　要：　2016年以来，我国黄金业务发展的政策环境总体松中有紧："一带一路"倡议、供给侧改革等政策的落地和"上海金"机制推出，助推了国内黄金产业发展，也为商业银行黄金业务提供了创新与发展空间。与此同时，国家出台的一系列规范性文件，同步引导着黄金业务的健康有序发展。

关键词：　"一带一路"倡议　人民币国际化　简政放权　黄金业务

一　中国黄金业务发展的宏观政策环境总体松中有紧

2016年以来，国际政治经济不确定性因素增多，国内经济运行出现积极变化，但结构性矛盾较为突出，资产泡沫问题凸显。我

* 崔悦，硕士，中国建设银行股份有限公司金融市场交易中心，主要从事大宗商品市场研究；王景赟，学士，中国建设银行股份有限公司太仓分行国际业务部产品经理，熟悉各类衍生品的应用及风险管理。

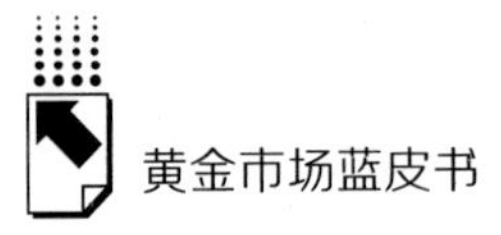

国的宏观经济政策，2016 年以“稳增长、调结构、惠民生、防风险”为目标，以稳为主，强调供给侧改革，强化市场力量，并保持政策的相对灵活性；2017 年，整体上会延续上一年宏观政策目标的思路，保持稳健，进一步深化供给侧改革，但不同的是，更为强调“防风险”，这与金融脱实向虚的倾向趋于严重密切相关，主动要求金融去杠杆成为调控重点。

（一）目标是实现“中国梦”，“一带一路”倡议在路上

1.“一带一路”倡议，加快中国“走出去”步伐

2015 年，国家发改委、外交部、商务部联合发布《推动共建丝绸之路经济带和21 世纪海上丝绸之路的愿景与行动》，其中，围绕“一带一路”倡议，提出要坚持共商、共建、共享，推进陆上经济走廊和海上丝绸之路建设，构建沿线大通关合作机制；不断深化国际产能合作，带动我国装备、技术、标准、服务“走出去”，实现优势互补；加强教育、文化、旅游等领域交流合作。自 2016 年以来，中国不断加强与沿线国家的战略对接，寻求合作，至 2017 年 5 月，在“一带一路”峰会上展现的成果有目共睹。

2. 人民币加入 SDR，国际化进程加快

2016 年 10 月，人民币正式加入 SDR 货币篮子，成为第三大储备货币。这是中国经济融入全球金融体系的一个重要里程碑，世界发达经济体、新兴经济体和中国开辟了多赢的快车道。近年来，人民币国际化水平正在稳步提高，央行不断支持人民币在跨境贸易和投资中的使用，推进人民币对其他货币直接交易市场的发展，确保人民币国际化、“一带一路”倡议目标的最终实现。

（二）稳健中性、有序开放的货币政策有力地保驾经济发展

1. 货币政策环境，保持稳健中性

货币政策由2016年的适度宽松向2017年的适度从紧转变。2016年，经济下行压力较大，金融市场出现较大波动，多种因素影响使部分时段货币政策实施稳健，略偏宽松。但总体在经济结构调整过程中，货币政策保持审慎和稳健，努力抑制资产泡沫，降低宏观税负，稳定了市场预期。2017年，中国继续坚持稳中求进总基调，宏观政策要稳、微观政策要活的总体思路，实施稳健中性的货币政策，把防控金融风险放到更加重要的位置。在完善宏观审慎政策框架、畅通政策传导渠道和机制的基础上，重视抑制资产泡沫，防止脱实向虚，提高金融运行效率和服务实体经济的能力，牢牢守住不发生系统性金融风险的底线。

2. 外汇政策，促进双边贸易

自2015年8月11日人民币汇率中间价改革以来，国家出台了一系列的外汇政策，核心是管理资金“宽进严出”，具体包括以下几点：严控商业银行资金池业务的净流出上限；境内企业人民币境外放款业务实行本外币一体化的宏观审慎管理，并要求经办行和放款人做好额度控制；监管层将对六类特殊性质的对外投资业务实施规范监管，除非有相关部门批文，否则原则上不予备案或核准。

在推进人民币汇率市场化过程中，加强金融风险防控，对人民币汇率形成机制进一步完善，保持了在合理均衡水平上的基本稳定，维护国家经济金融安全。

另外，为促进双边贸易和投资，国家继续采取措施推动人民币

直接交易市场发展，2016年，在银行间外汇市场推出人民币对韩元、南非兰特、阿联酋迪拉姆、沙特利亚尔、加拿大元、匈牙利福林、波兰兹罗提、丹麦克朗、瑞典克朗、挪威克朗、土耳其里拉和墨西哥比索直接交易。自2016年5月20日起，首批六家人民币购售业务境外参加行完成备案，正式进入中国银行间外汇市场，这有利于进一步推动中国外汇市场对外开放。

（三）推进改革、支持发展的财政政策积极定向实体经济

财政政策由2016年“积极的财政政策要加大力度”，转向2017年的重点强调财政政策应要适应推进供给侧结构性改革，降低企业税费负担。2016年，政府全面推开营改增试点，全年降低企业税负5700多亿元，所有行业实现税负只减不增，同时配合制定实施中央与地方增值税收入划分过渡方案，确保地方既有财力不变。2017年，继续实施积极的财政政策，在区间调控基础上加强定向调控、相机调控，提高预见性、精准性和有效性，注重消费、投资、区域、产业、环保等政策的协调配合，确保经济运行在合理区间。政策将继续鼓励实体经济、中小企业的发展，财政政策将做到更加积极有效。

（四）实行有保有压、简政放权的产业政策，努力引导结构调整

1. 深化供给侧改革，继续推进“三去一降一补”

2015年11月中央财经领导小组会议上，习近平总书记首次提出“加强供给侧结构性改革”。供给侧结构性改革是今后一个重要

的任务，主要是三个方面：一是化解过剩产能，二是传统产业的转型升级，三是新兴产业的支持和培育。

2017 年深化供给侧结构性改革的重点，仍然是推进“三去一降一补”五大任务。深入推进“三去一降一补”，继续推动钢铁、煤炭行业化解过剩产能；重点解决三、四线城市房地产库存过多问题；在控制总杠杆率的前提下，把降低企业杠杆率作为重中之重；在减税、降费、降低要素成本上加大工作力度；既补硬短板，也补软短板，既补发展短板，也补制度短板。深入推进农业供给侧结构性改革，加快实现农业向提质增效、可持续发展转变。着力振兴实体经济，要坚持以提高质量和核心竞争力为中心，坚持创新驱动发展，扩大高质量产品和服务供给。

2. 对“十三五”期间黄金行业发展提出指导意见

2017 年初，工信部发布《关于推进黄金行业转型升级的指导意见》，在强调“十二五”期间黄金行业发展所取得成果的基础上，提出了当前我国黄金行业在快速发展的同时所存在的主要问题，涉及黄金矿业、黄金饰品及黄金市场等产业链多环节多方面。强调要“以建设黄金强国、满足国内市场需求为目标，以资源勘探开发、技术创新、绿色发展、两化融合、国际合作为重点，推进供给侧结构性改革，着力构建结构优化、资源节约、环境友好、绿色发展、安全发展的现代化黄金产业”。该文件提出“十三五”期间黄金行业发展的主要目标，要求黄金产量、产能及储量要保持持续增长，到 2020 年末，黄金产量达到 500 吨（力争达到 550 吨），新增黄金产能 125 吨，淘汰落后产能 40 吨，黄金年生产能力达到 600 吨（含进口料生产能力 100 吨）；科技水平及节能环保水平有所提升；生产安全方面及涉及职工人文关怀等相关方面要综合改善。

3. 推进简政放权，简化行政审批流程

2016 年 2 月 23 日，国务院发布《关于取消 13 项国务院部门行政许可事项的决定》，其中包括取消开采黄金矿产资质认定。在国务院“简政放权”政策的指导下，我国取消开采黄金矿产行政审批制度，大幅降低了黄金开采门槛。而与此同时，淘汰行业落后产能，进行资源整合也在进行中。

2016 年 5 月，央行海关联发公告，北京、上海、广州、南京、青岛、深圳等 6 地海关试行黄金进出口“非一批一证”管理，这是基于中央进一步简化放权、促进贸易便利化而采取的举措。此项政策，不仅使企业提升了审批效率，更有助于企业提高进出口黄金的自主性，在便于企业进行价格管理的同时，鼓励更多黄金企业“走出去”，从而进一步高效推动我国黄金业务发展。

二　宏观政策环境对黄金行业发展的影响积极而深远

（一）境内外优势互补，促进黄金行业加快“走出去”

“一带一路”倡议的提出和实施，为我国黄金产业的国际化发展提供了更广阔的发展空间、更多的市场机遇。“一带一路”沿线的中亚、西亚、东南亚及非洲等地区，在世界黄金产业价值链条中占有重要份额和地位。一方面，沿线国家有着非常丰富的黄金矿产资源，据GFMS统计，中国、俄罗斯、印度尼西亚、乌兹别克斯坦等国的黄金产量占全球的近1/3；另一方面，这些沿线国家投资交易环境活跃，是主要的黄金消费国。2016年，“一带一路”沿线国家黄金消费量超过2800吨，占全球总需求的约70%。我国已连续多年占据全球最大黄金生产国、消费国地位，可成为“一带一路”沿线国家黄金产业的天然纽带。从黄金上游企业来看，我国开采企业有着更为先进的黄金开采及精炼等生产技术，黄金产业链更为成熟。依托国内已有产业及市场基础，我国企业能够更加有效地将技术与沿线国家的黄金资源优势融合，促进双方合作。对于行业下游，国内企业在黄金产品设计加工制造等方面的优势，能够与沿线国家的市场消费能力及产能消化能力融合，进一步深化黄金行业发展。

（二）人民币国际化进程加快，黄金储备重要性凸显

2015年11月30日，IMF正式宣布将人民币纳入特别提款权（SDR）货币篮子，包含人民币在内的SDR新货币篮子于2016年10月1日生效。加入SDR意味着人民币距离真正意义上的世界货币和IMF成员国的官方使用货币更近一步，大大提升了人民币在国际舞台上的地位。人民币国际适用的范围和规模有望继续稳步扩大，为国内黄金市场发展创造了有利条件。

一方面，人民币作为储备货币规模将进一步扩大，央行增持黄金储备动力更足。国际经验表明，黄金储备有利于维持货币币值的相对稳定，随着一国货币国际化程度提高，本国央行也将持续增持黄金储备。从中国国际储备结构来看，结构比较单一，以美元资产

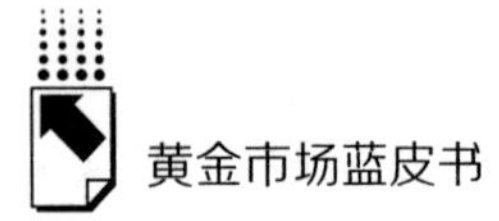

为主，黄金等其他储备比重很小（截至2017年4月，黄金占外汇储备的比重约为2.47%），未来抵御金融市场风险，优化资产配置结构值得重点关注。自争取加入国际货币基金组织特别提款权货币篮子时起，我国就开始不断增加黄金储备量，2015年黄金储备规模约为1658吨。至2017年4月末，我国黄金储备达到1679吨，折750.57亿美元，我国成为全球第五大黄金储备国家。

另一方面，成功加入SDR提升了人民币资产配置需求。当前除中国以外的全球官方外汇储备规模约为7万亿美元，假设全球其他国家将10%（人民币在SDR篮子中所占权重为10.92%）的外汇储备来配置人民币资产，则新增规模达到7000亿元，约占中国债市总规模的10%。随着美国即将进入加息周期，中美国债收益逐渐收窄，人民币黄金资产配置将成为债市投资的有效补充。

（三）打造“上海金”，提升黄金市场国际话语权

2016年4月，全球首个以人民币计价的黄金基准价格——“上海金”集中定价合约正式挂牌交易，为全球投资者提供了一个公允且可交易的人民币黄金基准价格。我国在全球黄金市场的定价机制中亟须争取更大的发言权，降低黄金价格多年来对美元的过度依赖。在深化人民币国际化的背景下，在“西金东移”的进程中，“上海金”的推出，增强了我国对黄金定价的影响，加快了我国黄金市场的国际化进程。

当前共有18家机构参与“上海金”定价，包括国内多家大型银行、外资银行、黄金零售商及开采商等机构。2017年4月，依托“一带一路”倡议的促进作用，迪拜黄金与商品交易所

（DGCX）正式上线“上海金”期货合约产品。这是“上海金”基准价在国际金融市场的首次应用，有利于积极引导国际投资机构进入，发挥中国定价主导权。“上海金”的推出，迈出了我国黄金市场积极融入全球一体化进程的重要一步，也是推进我国黄金市场发展进程的关键一步。

（四）国家取消黄金开采审批，行业启动供给侧改革

在各产业领域逐步放开、推动“一带一路”黄金市场合作共赢的大势下，2016 年初，国务院发布《关于取消 13 项国务院部门行政许可事项的决定》，其中包括取消开采黄金矿产资质认定，此项举措标志着黄金行业正式启动了供给侧的改革。

长期来看，该项举措将对黄金产业和市场产生深远影响。

1. 释放存量金矿资源，稳固第一产金国地位

截至 2015 年，我国主要矿产已查明黄金储量达 11563. 50 吨，位居世界第二。2016 年我国矿产金产量达 453. 486 吨，连续 10 年蝉联第一生产国。在储量足够支撑 20 多年产量的情况下，未来将涌现更多黄金生产企业，金矿产能将大幅提高。从全球角度看，新勘探可开采黄金储量逐年下降，矿企扩张步伐也因金价低迷明显放缓，未来全球金矿产量将呈现逐年下降趋势。目前，国家取消黄金开采审批制度，将进一步释放国内存量金矿资源，中国作为最大黄金生产国地位将愈加稳固。

2. 改善黄金加工行业经营状况，激发市场活力

根据国内黄金行业上市公司的财务报表，目前黄金开采的毛利率基本超过 30%，而黄金冶炼的毛利率接近零，终端消费需求远

超金矿供给是主要成因。以紫金矿业为例，其加工金与矿产金之间的缺口逐年扩大，2016 年总缺口在 326 吨左右，缺口部分主要通过交易市场运作和从其他金矿采购解决，原料成本较高，导致毛利率始终保持较低水平。取消开采黄金矿产资质认定带来的金矿产量增加，可有效降低原料成本，改善黄金加工行业经营状况，激发市场活力。

3. 供给、需求、交易三位一体，我国黄金话语权进一步提升

黄金定价权来源于现货供需和多层次交易市场相互配合、共同发展壮大的过程，近年来，我国通过央行增加黄金储备和“藏金于民”两个渠道，满足了旺盛的黄金需求；同时，黄金现货和衍生品交易市场发展迅速，国际化程度不断提高。需求方面，2016 年中国再次成为全球最大的黄金消费国，中国央行自每月定期公布数据以来，连续增持黄金储备，“西金东移”消费趋势不断深化。交易市场方面，近年来，国内黄金市场向国际转变取得了积极进展，上海黄金交易所国际板平台运营良好，中资银行积极主动参与 LBMA 黄金定价，“西价东移”也迎来转折契机。此次国家取消黄金开采审批，从供给侧改革发力，将与需求和交易形成“三位一体”共同壮大的局面，有助于我国黄金市场形成完善的定价机制，进一步提升国际影响力。

（五）黄金进出口政策放宽，逐渐开放黄金进出口权

2015 年 4 月，《黄金及黄金制品进出口管理办法》正式实施，这是我国首个规范黄金及黄金制品进出口行为的法律性文件，其将进口权从银行扩大到部分大型优质黄金企业，在我国黄金市场对外

开放的道路上具有里程碑式的意义，同时对人民币国际化进程也是有力的推进。随后，紫金矿业因其前瞻的国际化战略布局，拿下首个金企黄金进口资质。新政带来的市场扩容，使国内黄金市场的参与主体更丰富，空间更广泛，助力黄金企业“走出去”，增强我国黄金定价权，为黄金储备拓源。

三　商业银行黄金业务应当服从国家战略，服务实体经济

近年来，我国黄金市场飞速发展。在交易制度及监管政策的不断完善中、在参与者的积极推进中，我国黄金市场业务的发展及与全球黄金市场的融合逐步深化。商业银行作为黄金市场的重要参与主体，在大力推进黄金市场发展、服务黄金实体经济、力推我国人民币黄金定价机制等方面发挥着越来越重要的作用。因此，深入了解当前商业银行黄金业务发展的政策环境，对商业银行进一步开展相关业务、促进我国黄金市场发展有着举足轻重的作用。

（一）银行间黄金询价市场做市制度正式落地

自 2012 年 12 月起，上海黄金交易所与中国外汇交易中心联合推出银行间黄金询价业务，首批 20 家中外资银行参与交易，上线首日 13 家银行参与完成 30 笔交易；经历了 2014 年 9 月银行间询价交易引入做市模式、银行间黄金询价交易尝试做市业务启动、21 家银行获准开展该项业务的过渡期；2016 年 1 月，根据中国人民银行整体部署，银行间黄金询价市场做市业务正式启动，做市商包

括正式做市商 10 家及尝试做市商 6 家，不同类型的黄金市场代表性活跃机构参与，包括国有商业银行、黄金进口银行、股份制银行及外资银行等。经过一年的快速发展，至 2016 年底，银行间询价市场做市业务即期、掉期、远期品种准备进入机构已分别达 55 家、50 家、50 家,券商也加入此列队伍。我国银行间黄金询价市场经过“三连跳”，市场呼吁已久的银行间黄金市场做市商制度落地。

做市商制度的落地，有利于加快我国黄金市场与国际接轨的进程，增强我国黄金市场的全球话语权。商业银行作为我国黄金市场创新业务的实践者，一直大力促进我国黄金市场的健康发展。做市商银行报价种类全面，期限连续，在推进中远期基准价格建设体系的进程中，不断深化黄金市场的价格发现功能，提升人民币黄金定价的国际影响力。商业银行在此制度的实践中，不仅提升了银行间黄金询价交易的流动性，增加赢利增长点，还起到银行间黄金市场的风险对冲作用，提高其自身的风险管理能力。

商业银行在我国创新黄金市场业务试点中具有优先权，且可获得产品创新的政策支持，这为其进一步拓展自身黄金业务创新发展能力提供了有利机遇。此外，商业银行的积极影响将会吸引更多外资银行参与，这为提高我国在黄金定价权决定体系中的地位、提高我国黄金交易在国际黄金市场上的影响力锦上添花。

（二）央行要求商业银行不得开展黄金杠杆交易

2016 年 8 月，央行发布了《中国货币政策执行报告》（2016 年第二季度），强调防范黄金市场交易风险，要求银行开办账户黄金业务不得开展杠杆交易，并建立账户黄金实物备付制度。

该报告对银行业金融机构开展账户黄金业务所需要具备的条件进行了规定，包括银行是否具有可保障黄金实物来源的相关资格（如黄金进出口资格或银行间黄金询价市场做市商资格），是否具有专门的黄金市场业务部门及职责职能隔离，是否具有完善的业务管理制度及内控制度和风险管理制度，是否能够全方位保障交易及交易数据的安全等多项条件。此项政策，为商业银行开展账户黄金业务划出禁区并提出规范要求及发展指引，充分鼓励商业银行提升自身黄金业务的市场参与能力，进一步完善与自身业务发展相关的制度约束、交易系统等软硬件，对商业银行在当前阶段稳健、健康、安全地开展黄金市场业务起到有效的促进作用。

（三）商业银行黄金租赁限额及黄金进口限令

据相关消息，2016 年末，受人民币前期贬值压力影响且在外汇管理局“扩流入、控流出”加强跨境支付真实性审核的背景下，央行对商业银行黄金租赁业务也相应地进行控制，黄金租赁限额控制在约 2000 吨、人民币金额约 5000 亿元；商业银行黄金进口配额也在一定程度上被收紧。此举可理解为央行出于对近期我国宏观经济的调控需求，而对黄金及黄金制品进口数量所采取的限制性审批措施。

（四）上海黄金交易所下调国内金银等贵金属交易费率

自 2016 年 1 月 1 日起，上海黄金交易所下调国内黄金等多种贵金属品种费率。作为当前全球交易量最大的黄金现货交易市场，这一费率政策的执行，将进一步促进国内贵金属业务投资发展，而

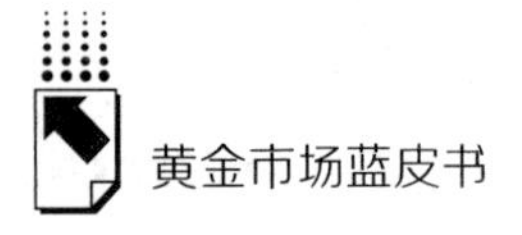

商业银行作为代客贵金属交易的主体，同样会受益于此举，积极拓展黄金市场业务，更好地服务我国实体经济的稳步发展。

（五）商业银行私人黄金业务的发展环境

2016 年 2 月，国务院推进普惠金融发展规划出台，要提高金融服务覆盖率、金融服务可能性、金融服务满意度，增强所有市场主体和广大人民群众对金融服务获得感；鼓励金融机构创新产品和服务方式，提升金融机构科技运用水平，发挥互联网作用，促进普惠金融发展。商业银行积极贯彻普惠金融要旨并结合“互联网 +”发展新业态，充分利用我国居民有消费和投资黄金的文化传统，挖掘业务机会及私人客户黄金投资需求，创新并丰富黄金市场产品，拓宽投资渠道，满足我国居民多样化的投资需求，鼓励“藏金于民”。中国建设银行已推出“黄金积存”业务，进一步推广低门槛贵金属产品。

商业银行作为黄金市场的重要组成部分，对中国黄金市场发展有着举足轻重的作用。为了推进我国黄金市场业务的长足发展，商业银行严格遵守政策法规，认真全面解读国家政策及发展指引；与国际接轨提升自身综合实力及国际影响力，我国已有 5 家商业银行成为伦敦金银市场协会（LBMA）正式会员；积极进行黄金产品及行业研究，不断创新，拓宽贵金属交易渠道，培育黄金产品需求市场；银企结合更紧密，更好地服务于黄金实体经济，促使企业生产进入良性循环，帮助黄金产业能够健康稳定地增长；切实做好黄金市场融资服务，重点支持大型黄金企业“走出去”，提升我国黄金行业企业的核心竞争力；强化我国黄金市场主要参与者的责任意识，全面推动从“西金东移”到“西价东移”的蓝图。

B.5

黄金全产业链发展对我国商业银行黄金业务的影响

张正虹*

摘　要：　我国黄金市场是全球唯一覆盖黄金全产业链的市场，因而商业银行的黄金业务贯穿了整个黄金产业链条，从自营代理到租赁融资，从参与者到做市商，商业银行服务国家战略，服务实体经济，服务市场建设，服务居民投资，商业银行的重要性不断凸显，形成了我国黄金市场的一大鲜明特色。

关键词：　商业银行　产业链　金融服务

我国黄金市场是全球唯一覆盖黄金全产业链的市场。

截至2016年，我国已连续10年位居全球第一大产金国，上游形成了以中国黄金集团公司、山东黄金集团有限公司、山东招金集团有限公司、紫金矿业集团股份有限公司等大型黄金企业集团为主

* 张正虹，北京黄金经济发展研究中心高级研究员，长期跟踪研究黄金市场、黄金珠宝、黄金矿业三大领域。

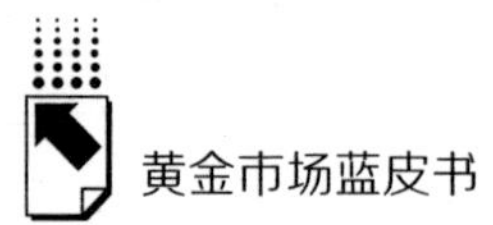

体，中小黄金公司百花齐放的竞相发展格局。据中国黄金协会统计，2016 年，我国累计生产黄金 453.486 吨，黄金矿产金完成 394.883 吨，上述四大黄金集团矿产金产量为 124.563 吨，占全国黄金矿产量的 31.54%。

中游首饰加工产业发达。深圳罗湖水贝片区目前已拥有珠宝首饰制造企业 2400 多家，形成了以罗湖区为标志性特色的著名的黄金珠宝产业集聚基地，年产值近千亿元。深圳珠宝产业集聚基地的市场份额占到全国珠宝市场份额的七成以上，首饰加工产品在世界市场上也占据了较大份额。深圳全年黄金制造加工用金量约占上海黄金交易所实物销售首饰用金的 90%。

下游拥有数量上世界第一的庞大的消费群体。上海黄金交易所 2017 年最新公布的数据显示，2017 年前 4 个月现货黄金提货量累计高达 771.93 吨，比上年同期上涨 12.4%，仅次于 2015 年上海黄金交易所同期历史最高纪录。据世界黄金协会统计数据，2017 年第一季度，全球金条和金币投资同比增长 9%，达到 290 吨。受益于金价在农历新年前的持续涨势，中国投资者成为拉动投资需求的关键力量。

在我国黄金全产业链的蓬勃发展中，商业银行的积极参与是一股不可或缺的重要力量。商业银行的黄金业务贯穿了整个黄金产业链条。2010 年六部委发布的《关于促进黄金市场发展的若干意见》也特别要求，商业银行要向黄金产业提供多元化的服务，在黄金开采、生产、加工和销售等整个黄金产业链中，进一步创新金融产品，改善金融服务，提高服务成效。目前，商业银行黄金业务的发展，已成为我国黄金市场的一大鲜明特色。

一　黄金市场体系重构，商业银行首开先河

2002 年，半个多世纪的黄金管制解除，我国迈出了黄金市场化步伐，10 月 23 日上午 10 时 7 分 49 秒，中国工商银行上海分行在上海黄金交易所以每克 83.5 元的价格购入一块重 3 公斤 Au99.95 的黄金。作为新中国成立以来中国黄金市场的首笔交易，其开了商业银行黄金业务的先河。现在商业银行已成为我国黄金市场体系的重要支撑力量，完成了上海黄金交易所近八成的交易量，而商业银行黄金业务迅速扩张又得益于服务黄金全产业链，因而拥有了广阔的扩张空间。

中国银行、中国工商银行、中国建设银行、中国农业银行等四大商业银行获得中国人民银行的批准，率先开展 8 项黄金业务，包括现货买卖、交易清算、实物交割、黄金租赁、黄金收购、项目融资、同业拆借等。而现在已有 200 多家商业银行进入黄金市场。

商业银行的黄金交易业务自 2009 年大幅改观。2009 年，商业银行交易量占上海黄金交易所近半数，交易量达 2242.07 吨，占上海黄金交易所交易总量的比重达 47.6%，比 2008 年增长了 7.28%。其中，自营交易稳步增长，占上海黄金交易所黄金交易总量的 34.51%；代理黄金交易量达 616.48 吨，占上海黄金交易所黄金代理交易总量的 30.25%。

也正是在 2009 年 9 月 9 日，中国工商银行在上海成立了国内首家银行贵金属专营机构——贵金属业务部，整合了已有的贵金属业务销售渠道、交易平台、管理职能及专家团队。随着贵金属业务

部的成立，中国工商银行逐步构建了实物类、交易类、融资类和资产管理类四大贵金属产品体系，成为国内贵金属服务功能齐全的商业银行。

2010年7月30日，上海黄金交易所个人黄金业务由上海黄金交易所综合类会员平移至中国工商银行、兴业银行、民生银行等商业银行后，商业银行的黄金业务更是获得突飞猛进的发展。

商业银行的业务品种日益丰富，业务范围不断拓展。2010年7月，中国人民银行、国家发展改革委、工业和信息化部、财政部、税务总局、证监会等六部委发布的《关于促进黄金市场发展的若干意见》，明确了我国黄金市场的协同发展的局面形成。我国实行了多年的黄金统购统配政策取消，从此黄金市场进入市场化改革新阶段，迎来了全面开放的新时代，并且形成了与黄金产业协同发展的良好局面，初步形成三位一体的市场格局，上海黄金交易所、商业银行和上海期货交易所成为开展黄金业务的三大主要力量。这也意味着，自2002年上海黄金交易所开业直至2010年，以现货黄金市场和期货黄金市场为特征的二元市场结构获得了突破，上海黄金交易所、商业银行、上海期货交易所“三足鼎立”局面形成。

“三足鼎立”的局面是逐步发展确立的，也是顺应市场发展形式的必然之举。

二　黄金行业转型升级，商业银行服务立体布局

商业银行黄金交易业务的爆发式增长，也为其全产业链条的布局奠定了基础。

商业银行通过不断加快自身转型发展，助推国家经济转型升级及黄金行业转型升级。

2016 年 9 月，商务部、国家统计局、国家外汇管理局联合发布了《2015 年度中国对外直接投资统计公报》。公报显示，我国对外投资并购活跃，并购领域也不断拓展。我国企业实施的 579 起对外投资并购，覆盖了全球 62 个国家和地区，实际交易金额达 544 多亿美元，其中，68. 5% 为直接投资，投资额达 372. 8 亿美元；31. 5% 为境外融资，融资额为 171. 6 亿美元。并购领域涉及制造业、采矿业等 18 个行业大类。可见，采矿业正是并购活跃的领域之一。

当前，我国大型黄金集团也面临加快“走出去”的迫切要求，响应国家“一带一路”倡议，实行黄金行业的先行先导，黄金行业亟待深度融入全球产业链、价值链，建设一批黄金境外生产基地，满足日益增长的国内需求，培育一批大型跨国黄金企业，积极搭建国际产能和装备制造合作平台。而这一切，离不开商业银行的深度融入。

在大力推进供给侧结构性改革方面，黄金行业也正在调整发展战略，加大资源整合和企业并购重组步伐，加快行业转型升级。黄金易于价值化和证券化的特点，加上黄金行业又是资金密集型产业，正适合在产融结合方面做积极的探索和实践。设立产业发展基金，支持黄金企业在海外资本市场融资，商业银行开展针对黄金产业特点、具有特色鲜明的黄金业务正逢其时。

切实做好黄金市场融资服务是六部委《关于促进黄金市场发展的若干意见》提出的明确要求。对我国黄金矿山企业来说，商

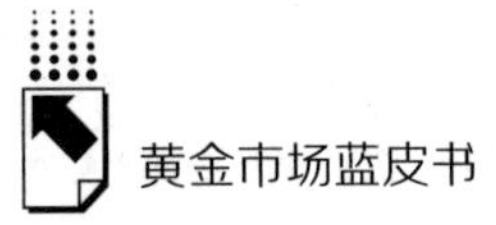

业银行可通过扩大授信额度的方式，对我国大型黄金集团企业给予重点支持，助力它们迈出“走出去”步伐，开发国际黄金资源。这些大型黄金企业的发展是我国黄金行业规划和产业政策支持的重点企业，其“走出去”也必将为黄金行业其他企业的发展起到积极的示范和引领作用。商业银行还可以通过支持大型黄金企业集团发行企业债券、公司债券、中期票据和短期融资券等方式，为企业拓宽融资渠道，降低融资成本。为实现集约式发展，商业银行可为具备条件的企业发放并购贷款，实现产业整合；通过应收账款质押和存货抵押等方式，创新开展黄金质押融资服务；根据产业特点和生产周期，为黄金加工和零售企业提供从流动资金贷款到货物销售等一系列的金融服务等。

商业银行通过全方位创新金融产品，多层次提供金融服务，为国家战略在黄金产业不断推进提供了强大支撑。

我国商业银行的海外分支机构已遍布全球各大主要城市，多家银行搭建了全球多地相连、24 小时不间断的黄金交易网络。而且近年来，我国黄金市场国际化的步伐不断加快，国际黄金定价机制中不断出现中国银行的身影。曾经因机制不透明而饱受诟病的伦敦金银市场协会（LBMA）也迫切需要加入新鲜的血液，为此，中国银行（伦敦分行）、中国建设银行、中国工商银行、交通银行、平安银行先后加入其中，中国银行（伦敦分行）、中国建设银行、中国工商银行还成为该协会的黄金定盘商，参与每日黄金定价，推动黄金价格更加透明，并且更能客观地反映出亚洲投资者的需求。各大银行加入伦敦定价机制，使我国黄金行业在国际舞台上不断发出更响亮的中国声音，也对我国商业银行拓展全产业链发展起到了积极的推动作用。

另外，商业银行还尝试外延式发展，收购国际知名金融机构，极大地增强了黄金业务运营能力。其中著名的就是中国工商银行控股子公司工银标准银行2016年5月16日正式与英国巴克莱银行签署协议，收购了后者位于伦敦的贵金属仓库及相关贵金属仓储业务。这使中国工商银行成为第一家在伦敦拥有金库并具备运营能力的中资银行。

我国商业银行还与境外多家主流交易所签订战略合作协议，在产品研发、银行结算、客户互荐等多领域开展广泛的国际合作。尤其是我国对“一带一路”沿线国家和地区投资增长较快，其中，金融业、采矿业、租赁和商务服务业、批发和零售业等4个领域的投资增幅较大，其行业投资存量均超过1000亿美元，这四大领域投资量占到总投资量的75.9%。我国商业银行不但为“走出去”的黄金企业提供全面的金融支持和服务，还积极开发“一带一路”沿线国家和地区的黄金机遇，与这些国家的企业和金融机构开展了基础的黄金业务合作。

以中国工商银行为例，作为服务“一带一路”的先行者，中国工商银行全面提升国际化、专业化水平，着力开展金融产品和服务创新，努力为“一带一路”建设和中资企业“走出去”提供全方位、综合化金融服务。截至2017年5月，中国工商银行支持“一带一路”项目建设212个，承贷金额674亿美元，业务遍及亚、非、欧等48个国家和地区。业务范围涵盖电力、交通、油气、矿产、机械等多个行业。中国工商银行在全球建立了400余家境外分支机构，其中在“一带一路”沿线上的分支机构达127家，金融

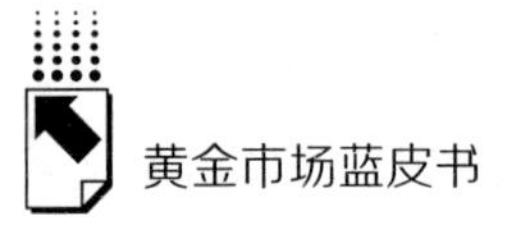

服务可以全面辐射“一带一路”的规划区域。工商银行是东盟地区服务能力较强的中资金融机构，在泰国、越南、老挝、柬埔寨等8个国家拥有的分支机构多达60多家。此外，工商银行还建立了全球化、全天候的资金清算体系，成为全球首家可以提供24小时不间断人民币清算的商业银行。目前，工商银行在7个国家担任人民币清算行，包括新加坡、泰国、卢森堡、加拿大、阿根廷、卡塔尔和俄罗斯。人民币清算行可实现资金汇转实时到账，由此将全球的交易连成一体。

近些年，工商银行构建了全球化、综合化的“一带一路”金融服务体系。通过“商行 + 投行 + 私人订制”的综合服务模式，为企业承销发行境外债，提供高端财务顾问、股权融资、远期结售汇、利率掉期、货币互换、跨境人民币、全球现金管理、境外资产管理等综合金融组合产品。

资金融通是“一带一路”的重要支撑，从服务“一带一路”倡议3年多的实践来看，商业银行可以在5个方面发挥积极作用。一是资金筹集。比如，2016年，中国在“一带一路”沿线国家新签的对外承包工程合同金额就有1260亿美元，对“一带一路”沿线国家直接投资145亿美元，这些项目的承接和实施都离不开商业银行的资金支持。二是资源配置。通过对资金的市场化定价，可以实现资本根据商业原则选择合作对象，利用市场规律合理确定建设内容，促进全球资源的有效配置。三是配套服务。比如，为跨境贸易提供结算、清算、汇兑等便利性支持，为跨境投资提供咨询、顾问、并购搭桥等投资银行服务，为企业和个人“走出去”提供安全便捷的配套服务等。四是信息交互。依托遍布全球的经营网络和庞大的客户资源，借助大数据分析等技术手段以及内外连通的信息网络，可以为“走出去”的企业提供信息咨询、交易撮合等前端服务。五是风险管理。商业银行在风险识别、评估、缓释和处置等方面都有成熟的手段和经验，可以通过业务决策帮助客户更合理地评估“走出去”的风险，同时为客户提供货币互换、商品风险对冲等一系列的金融风险管理工具。

在资金融通方面，商业银行开发了一系列金融产品和金融风险管理工具，为企业“走出去”提供了坚实保障。在金融产品创新方面，商业银行为满足黄金企业对金融安全、融资发展、保值增值和风险防范等多方面的需求，也积极融入黄金企业的融资流程，通过开发与黄金全产业链相结合的黄金产品，增强我国黄金矿山企业的勘探、开采、冶炼等方面的生产能力，降低首饰加工企业和流通企业的融资风险，并通过开发黄金租赁等产品，帮助企业规避远期价格风险，锁定利润。

三 金融服务推陈出新，深耕市场“藏金于民”

“藏金于民”的主要意义在于，在中国百姓资产中配备一定比例的黄金，如5%～10%，就可以对冲未来美元崩溃、人民币资产贬值等巨大风险。当纸币美元不值钱了，还有黄金可以来保护财富。老百姓买黄金真正的价值在为自己的财富保值。

“藏金于民”着眼于“藏”，商业银行在推进民众藏金的便捷性和低成本方面有重要责任。而使藏金具有更强的流动性，增强藏金的营利性，更是商业银行的优势所在。

黄金的货币职能虽然有所弱化，但黄金仍然是重要的财富贮藏手段，是各个国家应对金融危机、防范政治经济风险的重要储备资产。近年来，我国黄金行业要求增加黄金储备的呼声也越来越高，中国人民银行也更加重视黄金储备的作用，并在循序渐进、不失时机地增持。一方面，对冲美元贬值风险，为本币增强信用背书；另一方面，以黄金储备为后盾，加快人民币国际化发展步伐。然而，央行的黄金储备不能无限制大幅地增加，一则会导致金价的大幅波动，二则也可能影响到市场流动性。增加和激活民间黄金投资和黄金储备，使其成为美元的替代金融资产，是老百姓的现实需求，也是商业银行服务全产业链的重要一环。

在现代银行业的发展中，商业银行的综合性服务、差异化经营是大势所趋。除了共同开发上海黄金交易所、上海期货交易所交易产品，商业银行还依托各自的优势，在多个领域实现产品创新和差异化发展。通过不同的贵金属产品，实现老百姓资产的多元化配置，助力我国“藏金于民”的国家战略的实现。

2005 年，“金行家”业务面市，这是中国工商银行上海分行与上海黄金交易所联合推出的、面向个人的黄金投资产品。2010 年 12 月，中国工商银行与世界黄金协会联合推出“积存金”业务，“积存金”可使投资者分散投资，累积存金，有效平摊投资成本，规避金价波动风险。另外，黄金租赁业务也实现了商业银行与企业的双赢。对商业银行来说，黄金租赁业务不但风险较小，而且可以收取中介费，因此是一项非常具有吸引力的中间业务。对于黄金企业来说，租赁黄金的利率一般低于货币贷款利率，因此成本更低。当黄金企业预测未来黄金价格将走低，那么通过黄金租赁业务，还可以将黄金价格锁定在一个较高的水平，从而维持企业的利润稳定，规避黄金价格大幅振荡带来的风险。黄金租赁对黄金产业的发展有着非常积极的作用，黄金租赁也是商业银行在全产业链当中的重要服务之一。

近两年，中国工商银行不断加快贵金属市场发展步伐。2016年，中国工商银行不但买下了欧洲最大商用金库，还推出了账户贵金属指数。账户贵金属指数以中国工商银行金银铂钯账户产品为指数成分，综合反映各个贵金属品种的价格涨跌。2017年春节之际，工商银行与腾讯联合推出“微黄金”产品，该产品可在线交易，工商银行充分利用自身在贵金属业务方面的优势，让8亿微信用户体验了黄金投资的乐趣。客户可以通过微信直接购买黄金，收发黄金红包，提取实物黄金产品，中国工商银行以其报价和交易为支持，将传统金融与互联网结合，打造了“互联网+黄金”的典范。

中国工商银行还依托全行互联网金融发展优势，开发了融e购电商平台，依托于工商银行强大的网点分布优势，努力打造了线上线下一体化的营销服务模式，支持全国范围内大额商品网点自提、小额商品快递到家的O2O服务模式，为客户提供更安全便捷的购金、提金、售后及回购等服务。

2016年4月6日，中国建设银行旗下的投行旗舰建银国际（控股）有限公司，通过旗下公司建银国际证券有限公司完成收购大宗商品贸易公司迈特迪斯特贸易有限公司（Metdist）75%股权，成为伦敦金属交易所（LME）第一家具有中资银行背景的圈内会员，为客户提供全面和专业的LME交易服务。2015年10月在中英国家领导人见证下，建设银行与LME及伦敦金属交易所清算公司就工业金属交易及人民币清算服务等领域合作签订谅解备忘录，建银国际证券有限公司收购迈特迪斯特75%股权项目是对其中具体任务的实施落地，也是建设银行打造大宗商品交易平台中重要的一环。此举有效地提升了建设银行在国际工业金属期货市场的参与度和综合竞争力，有利于更好地满足中资企业在全球工业金属市场的需求，通过与重要国际要素市场的对接，为实体经济“走出去”和“一带一路”国家战略做好服务。

2016年初，建设银行正式向对私和对公客户大力推广黄金积存产品。目前，建设银行积存金的个人客户数达数百万户，公司及机构客户数超过1万户。

中国银行通过广泛开展战略合作，创新交易平台和交易产品，实现了贵金属业务的国际化发展。2016年，中国银行与上海黄金交易所分别与迪拜黄金与商品交易所达成合作，中国银行成为该所第五家结算合作银行，将为其提供多币种的全方位结算服务，而上海黄金交易所授权迪拜黄金与商品交易所在其离岸人民币计价黄金期货合约中使用上海金基准价，作为合约结算价。中国银行与上海黄金交易所此举，对推动人民币国际化进程均有着重要意义，此举也必将为商业银行和迪拜黄金与商品交易所的黄金业务合作开辟新的途径。

近年来，中国银行还先后与新加坡交易所、芝加哥商品交易所、德意志交易所集团、中欧交易所等20家境外主流交易所签订了战略合作协议，在产品研发、结算银行、客户互荐等领域开展了广泛合作。

在国内业务拓展方面，中国银行2017年1月推出了“积利金”

业务，存黄金可得利息。“积利金”是挂钩上海黄金交易所黄金现货，投资者可获得活期或定期的收益，并且在到期时提取黄金实物。“积利金”既有效结合了交易型产品的主动性，也具备了定投产品的投资属性，是一款优质的投资交易产品。紧跟移动互联网发展的步伐，中国银行还开发了集外汇、贵金属等多个品种于一体的手机交易的平台 E 融汇，满足投资者的多元化需求。

平安银行推出首款黄金银行 APP，投资者可通过手机下载该程序进行全方位黄金投资，参与黄金实物买卖、黄金定投、黄金众筹等交易，还可以阅读财经资讯。平安银行 2014 年首家提出了“黄金银行”的概念，“黄金银行”以实物黄金为基础，挖掘黄金的货币化功能，提供以黄金计价和结算的产品和服务，为客户创造了新型的理财和投资的手段。截至目前，该行的黄金银行客户已超过 320 万户，增速迅猛，每天有近 1 万名新客户加入“黄金银行”。

2016 年 4 月，民生银行践行“互联网 + 黄金”的理念，与互联网金融平台民生易贷联合，推出黄金红包。黄金红包依托民生金产品，一方面，可以根据上海黄金交易所交易时段内的价格波动买卖黄金赚取差价；另一方面，还可以根据持有的民生金的份额数量及持有天数，按日进行收益累加。黄金红包是民生银行在金融产品开发和互联网结合方面的重要探索，也是拓展黄金产业链的重要创新。

2016 年 7 月，民生银行还举办了民生黄金银行品牌发布活动，实现一般货币、黄金实物和账户黄金的可自由兑换，打造集实物、储蓄、投资理财、融资、交易于一体的黄金资产负债管理平台，以黄金池的理念管理黄金资产与负债，盘活了沉淀黄金，优化了黄金库存管理。

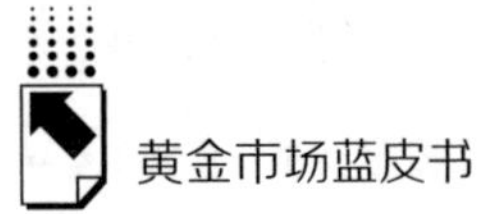

在黄金业务创新方面，各家银行可谓“八仙过海，各显其能”，而其宗旨只有一个：服务实体经济，满足人民需求，推动“藏金于民”。随着我国“一带一路”倡议的深入推进，金融服务需求不断增加，“走出去”的主体日益多元化，项目的单体规模也不断扩大，各大商业银行加强组建专业团队，不断丰富产品组合，提高专业化服务能力，走在企业前面，发现项目机会，引领服务需求。而我国“上海金，百姓金”战略也正随着普惠金融的发展在人民大众中落地生根，商业银行还将在拓展经营产品广度、加大网络覆盖深度等多方面践行“藏金于民”。商业银行在全黄金产业链上正在熔铸一条金光闪闪的黄金投融资产业链，与黄金供需产业链共舞。

市　场　篇

Market Reports

B.6
对我国商业银行黄金交易平台发展的评估

李广国　聂　伟*

摘　要：　商业银行是我国黄金市场重要参与者，2016 年我国商业银行黄金业务交易总量双向计算为 6.24 万吨，其中，国内交易量 4.66 万吨，境外交易量 1.58 万吨。商业银行拥有三个黄金业务平台：一是场内交

* 李广国，中国黄金报社总编辑、纪委书记，中共中央党校在职研究生毕业，先后任中国黄金报社首席记者、编辑部主任，中国黄金集团公司宣传部处长，中国黄金报社总编辑；聂伟，理学硕士，高级工程师，先后持教、供职于中国地质大学（北京）、中信国际宝石有限公司、北京有色金属研究总院。

易平台，2016 年交易量 3.89 万吨，占总交易量的 62.38%，是商业银行最大的交易平台；二是场外柜台 OTC 市场，2016 年交易量 0.766 万吨，占总交易量的 12.28%；三是境外交易平台，2016 年交易量 1.58 万吨，占总交易量的 25.34%。商业银行黄金业务的市场占有率为国内黄金市场总交易量的近四成，已是我国黄金市场发展的重要支撑。

关键词： 商业银行 交易平台 黄金业务

我国商业银行黄金业务是随着黄金市场的发展而发展起来的，是我国黄金市场体系的重要组成部分。2016 年商业银行境内黄金交易量 4.66 万吨（双向交易），占我国当年国内黄金交易总量 12.59 万吨（双向）的 37.01%。同时商业银行又是国际黄金市场的积极参与者，2016 年我国商业银行产生了境外黄金交易量 1.58 万吨。因而商业银行黄金业务境内外双向总交易量合计为 6.24 万吨。

商业银行拥有三个黄金业务平台，即场内黄金交易平台、场外 OTC 黄金交易平台和境外国际黄金交易平台。商业银行黄金交易业务是这三大交易平台交易之和。这三个黄金交易平台的功能和形态都有差异，所以，商业银行的黄金业务结构最为复杂，因此也有最多的创新机会、最大的获利空间。商业银行黄金业务发展从过去到现在已取得了千倍的增长，而从现在走向未来又展现出巨大的发展前景。

商业银行黄金业务从 2002 年到 2016 年已有 15 年的历史，恰恰可以分为以 5 年为一个发展期的三个阶段。2002～2006 年的五年是交易量百吨级期；再 5 年 2007～2011 年进入交易量千吨级期；而 2012～2016 年是万吨级期，故我国商业银行黄金业务交易规模 15 年跨了三个数量级台阶。

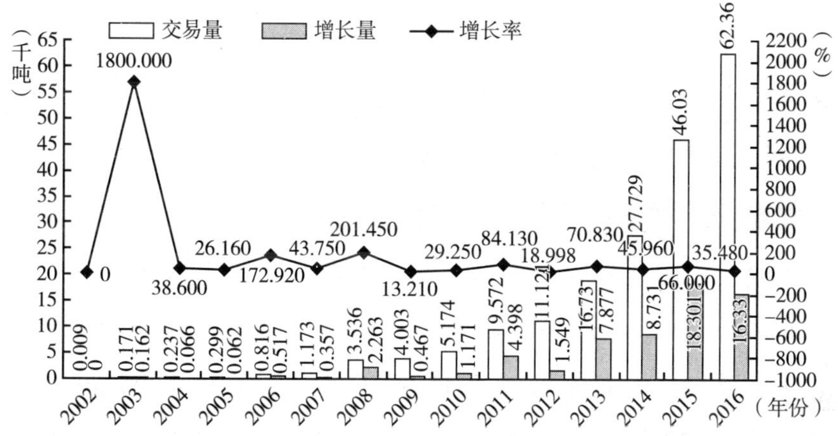

图 1　2002～2016 年商业银行黄金交易量

资料来源：《中国黄金市场发展报告》《中国黄金市场报告》。

2016 年商业银行的这三大黄金平台统计交易量为 6.236 万吨（双向），比 2015 年增加了 1.633 万吨。其中，场内黄金交易平台交易量为3.89 万吨，占商业银行黄金总交易量的62.38%；场外柜台 OTC 交易平台的交易量为0.766 吨，占总交易量的 12.28%；境外黄金交易平台交易量为1.58 万吨，占总交易量的25.34%。这三个交易平台交易量之比为 5.08∶1∶2.06。

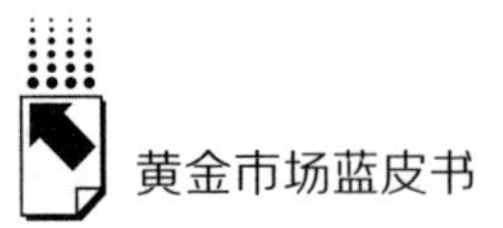

一　对场内黄金交易平台发展评估

我国目前有两大场内交易市场——上海黄金交易所和上海期货交易所，前者是黄金即期交易市场，后者是黄金期货交易市场。这两个市场都有商业银行参与交易，但并不平衡。虽然现在已有245家商业银行参与了黄金交易，但只有17家商业银行进入上海期货交易所，拥有黄金期货交易资格，所以，商业银行参与这两个市场的程度是不同的。在上海黄金交易所中，商业银行是交易的主力军，而在上海期货交易所中，商业银行还是边缘性的存在。

2016年，商业银行在上海黄金交易所内完成的交易量为3.76万吨，占当年商业银行交易总量的60.03%，是上海黄金交易所当年黄金交易总量的77.15%，显然商业银行已是上海黄金交易所的骨干性支撑力。而商业银行2016年在上海期货交易所内完成的交易量仅为0.133万吨，仅占上海期货交易所的黄金期货交易总量的1.91%，或占商业银行黄金交易总量的0.21%。显然，在上海期货交易所中，商业银行是一个边缘性力量。这是因为商业银行在2002年就已进入上海黄金交易所，而十多年后的2015年商业银行才进入上海期货交易所，仅有两年时间，是一个新兵，所以即使已有17家商业银行获得了黄金期货交易的资格，但交易量不仅对上海期货交易所黄金期货交易影响不大，对商业银行黄金交易的拉动力也不大。

商业银行在上海黄金交易所的交易量持续增长，已成为上海黄金交易所第一大交易群体，交易量占上海黄金交易所交易量的份额

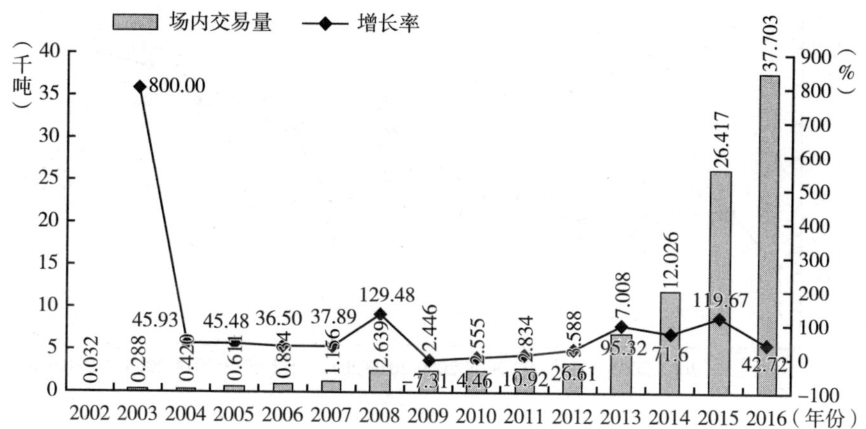

图 2　2002～2016 年商业银行场内黄金交易的增长率变化

资料来源：《中国黄金市场报告》《中国黄金市场发展报告》。

由 2002 年的 21.2% 上升到 2016 年的 77.15%，已是上海黄金交易所的绝对龙头老大，而基于上海黄金交易所在我国黄金市场体系中的关键地位，因此，可以说，我国黄金市场的发展是建立在商业银行黄金交易的平台基础上的，也正是建立在这个基础之上的黄金市场才得以弯道超车，率先实现了市场需求由消费主导变为投资主导，显示了黄金在非货币条件下的金融属性强烈回归的时代特征。

商业银行发展黄金业务 15 年间，交易量增长了 1000 多倍，这是商业银行黄金业务看得见的变化，同时商业银行还有交易方式的变化，上海黄金交易所最初以竞价撮合方式交易，至 2012 年又出现了银行间询价交易，2016 年询价交易量同比增长了 372.83%，已上升到其黄金总交易量的 36.32%，交易量达到 1.769 万吨。其中，商业银行黄金询价交易量为 1.56 万吨，占上海黄金交易所询

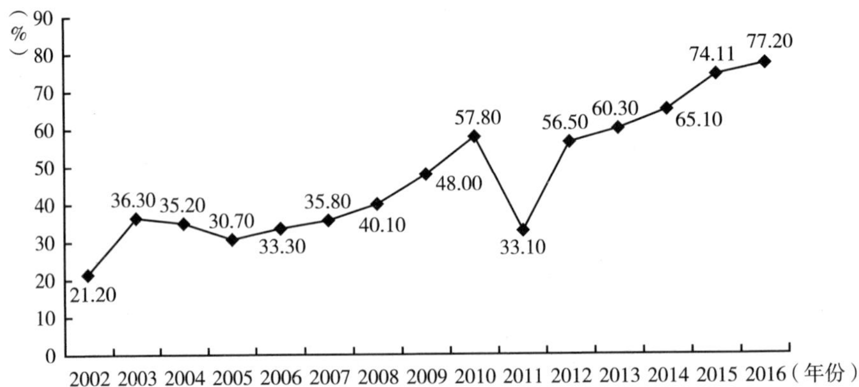

图3　2002～2016年商业银行交易量在上海黄金交易所中占比

资料来源:《中国黄金市场发展报告》《中国黄金市场报告》。

价交易总量的88.13%，并且商业银行黄金询价交易量超过竞价交易量，2016年商业银行黄金询价交易量占其总交易量的41.52%。而竞价交易量为9815.06吨，仅为商业银行当年总交易量的26.12%，低于询价交易量15.40个百分点。

商业银行2016年询价交易量是上海黄金交易所询价总交易量的88.13%，也是其竞价交易量的1.58倍。商业银行询价交易量超过竞价交易量，并成为上海黄金交易所询价交易市场的主导力量，这是商业银行黄金业务发生的一个重要变化。这是因为上海黄金交易所询价市场是做市商市场，现有10家做市商，6家尝试做市商，而做市商制度原来是场外市场的基本制度，现引入场内，其本身是一种创新，但也因此在一个市场内形成了竞价与寻价两个平行存在的交易方式，必然会产生直接的竞争关系。现在商业银行黄金交易的主要阵地已发生转移，而这种转移对上海黄金交易所交易结构产生什么样的影响，有待时间的评说。

商业银行，也是上海黄金交易所黄金租借市场的重要参与者，黄金租借与黄金交易不同，是使用权的流转，而不是所有权的流转，所以，在国际黄金市场中黄金租借一般不在场内交易市场中进行，而是利用场外市场。因为我国黄金市场上的黄金供给均出库于上海黄金交易所，所以租借黄金也成了上海黄金交易所业务的一部分。2016 年商业银行黄金租借量为 3070.38 吨，同比增长了 26.25%，占当年上海黄金交易所黄金租借总量 3386.76 吨的 90.66%，占有租借市场绝对优势。

商业银行黄金租借业务起始于 2005 年，当年租借量仅有 2.21 吨，而2016 年已达到3070.38 吨，增长了1388.3 倍。从2005 年到 2016 年，商业银行黄金业务已有 12 年时间，但是成气候者也只是近几年：2013 年数量突破千吨，达到 1354.88 吨，2014 年、2015 年、2016 年租借量分别为 1845.49 吨、2431.93 吨和 3070.38 吨，年同比增幅分别为 36.21%、31.78% 和 26.25%。

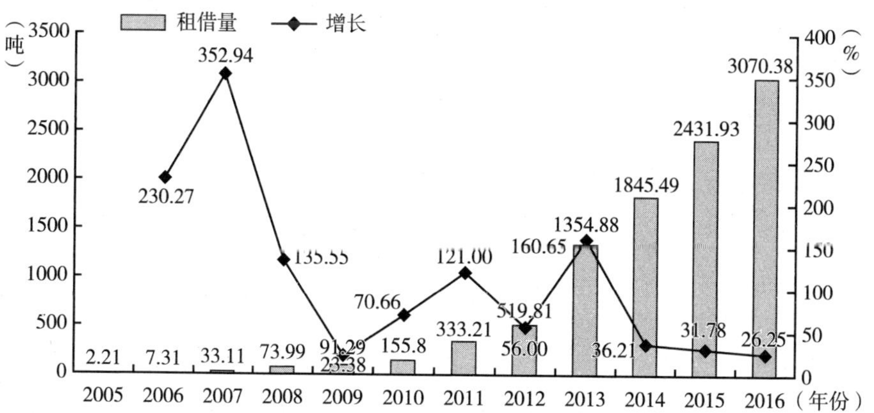

图 4　2005 ~ 2016 年商业银行黄金租借规模及增长率

资料来源：《中国黄金市场报告》《中国黄金市场发展报告》。

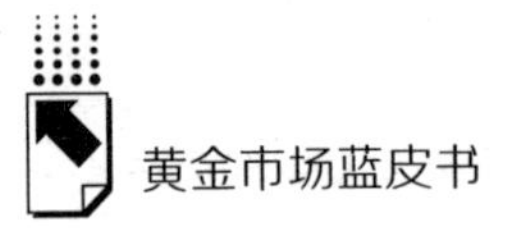

二　对场外柜台 OTC 黄金交易平台发展评估

场外银行柜台 OTC 黄金交易平台是商业银行三大平台之一，因这一交易平台交易品种是由商业银行自主研发的，交易规则是由商业银行自主规定的，交易价格是由商业银行自主确定的，所以这是商业银行经营自由权最大的平台，但是其在三大交易平台中却是交易规模最小的。2016 年银行柜台 OTC 平台黄金交易量为 7655.13 吨，占当年总交易量 6.236 万吨的 12.28%，比场内交易平台低 50.1 个百分点，比境外交易平台低 13.06 个百分点。

商业银行黄金柜台 OTC 平台起步于 2004 年，至今已有 13 年，由于起点低，2016 年比 2004 年黄金交易量增加了 3000 多倍（3478.6 倍）。由 2.2 吨增长到 7655.13 吨（见图 5）。这一平台在 13 年间虽增速惊人，但在商业银行黄金业务中的占比持续下降，最高年份是 2008 年，曾达到 48.96%，而 2016 年仅为 12.28%（见图 6），这表明三大交易平台中柜台 OTC 交易平台发展是最缓慢的，因而占比不进反退。

2016 年商业银行柜台 OTC 交易总量为 7655.13 吨，由五大品种交易构成，按交易额大小排序：①黄金租借 3070.38 吨，占这一平台总交易量的 40.11%，同比增长 26.15%；②纸黄金（黄金账户）2102.62 吨，占这一交易平台交易总量的 27.47%，同比上升 71%；③黄金衍生品（远期合约）1834.39 吨，同比下降 17.25%；④实物黄金 377.32 吨，占总交易量的 4.93%，同比下降 10%；⑤其他 270.42 吨，占平台总交易量的 3.53%，同比下降 9.5%（见图 7）。

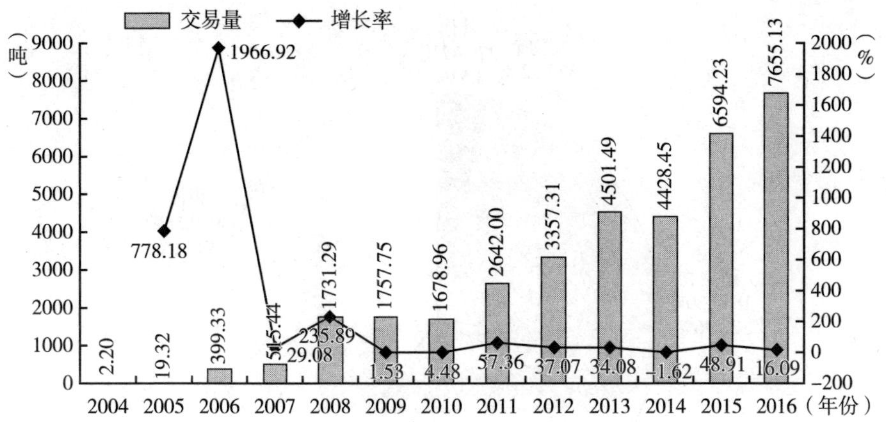

图 5　2004～2016 年商业银行柜台 OTC 市场交易量及增长率

资料来源：《中国黄金市场发展报告》《中国黄金市场报告》。

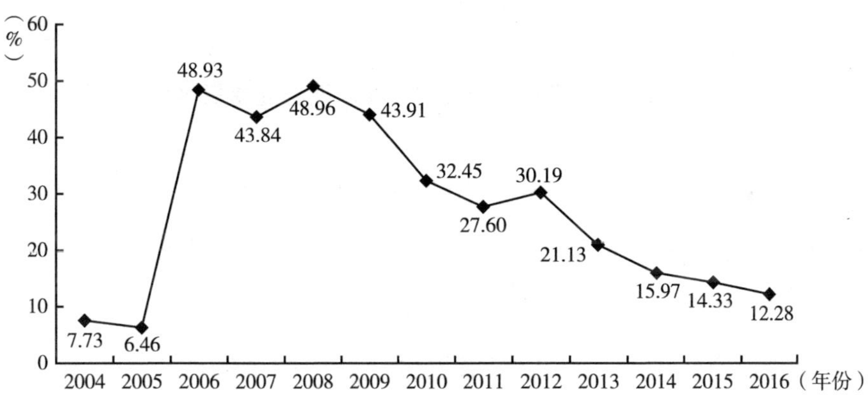

图 6　2004～2016 年商业银行柜台 OTC 交易平台交易占其总交易量的比重

资料来源：《中国黄金市场发展报告》《中国黄金市场报告》。

（一）黄金租借业务

黄金租借是商业银行柜台 OTC 市场第一大交易品种，占总交易量的四成多，但增长最快的是近四年，2013 年突破千吨以后连

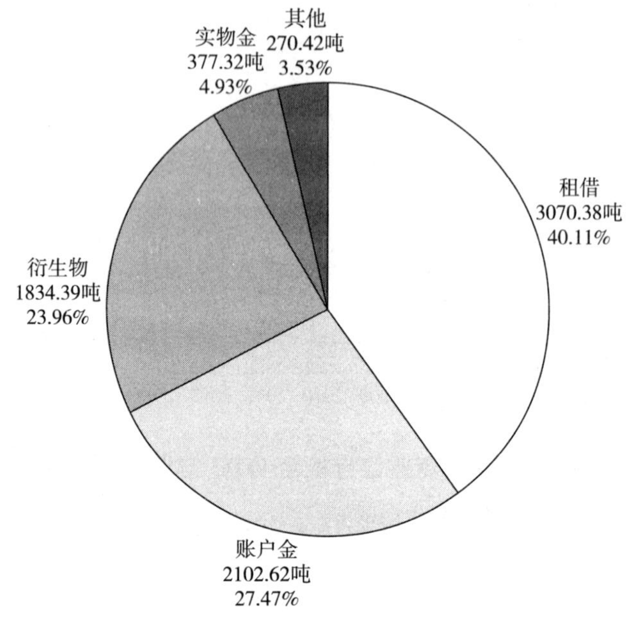

图7　2016 年商业银行柜台 OTC 平台交易量结构

上了两个千吨台阶，几乎每年增加达千吨，2016 年突破 3000 吨，达到 3070 吨（见图 8）。这个产品一方面为用金企业提供了一个规避价格波动风险的途径，另一方面也给用钱的企业提供了一个低成本融资的渠道。但是，黄金租借也可能产生两个问题，一是黄金租借成为一个融资渠道后对央行借贷规模控制可能产生影响；二是黄金租借规模扩大可能对用汇产生影响。所以，黄金租借平台的发展不仅存在市场的需求影响因素，也存在需求外的影响因素，现在中国人民银行已出手控制黄金租借规模。

（二）账户金业务

账户金是为嫌黄金实物交割转运烦琐的投资者推出的一种黄

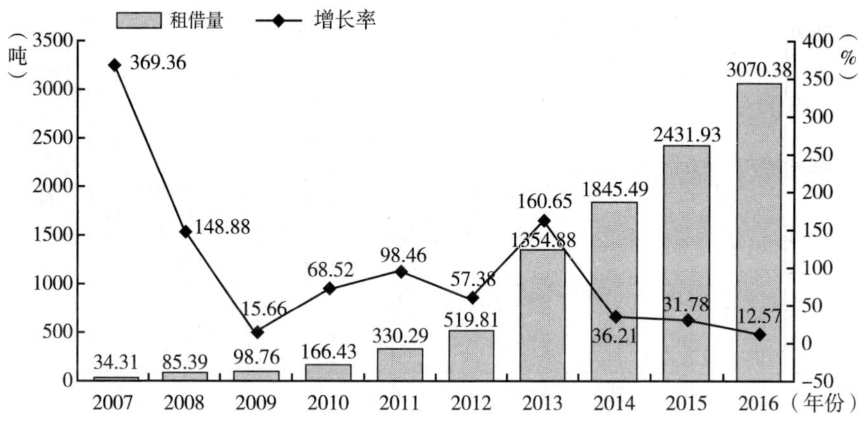

图 8　2007～2016 年商业银行黄金租借业务交易量及增长率

资料来源：《中国黄金市场发展报告》《中国黄金市场报告》。

金产品，也称为纸黄金，可以成为一般民众货币储蓄外又一种财富储蓄的选择。账户金 2007 年上市第一年的交易量为 352.71 吨，而 2016 年为 2102.61 吨，是 2007 年的 5.96 倍，是仅次于黄金租借市场的第二大交易产品，但早在 2011 年交易量就突破 2000 吨，达到 2003.49 吨，此后便处于大幅波动中，到 2014 年竟降到不足 1000 吨（见图 9）。这是一个极易被大众接受的产品，而大起大落、进两步退一步的现实情况表明该产品营销肯定存在问题。市场潜力是客观存在的，但要把客观潜力变为现实的存在需要持续的工作。

（三）黄金衍生物业务

黄金衍生物主要是转移对冲黄金交易风险而创新推出的金融工具，是黄金远期交易市场的发展，其交易量从十吨级再到百吨级，现已到千吨级。2016 年交易量为 1834.39 吨，但同比下降

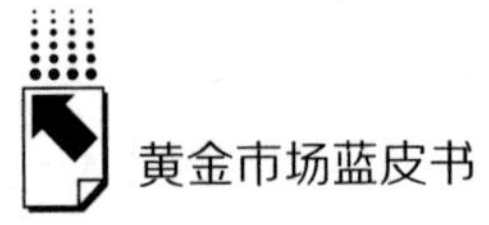

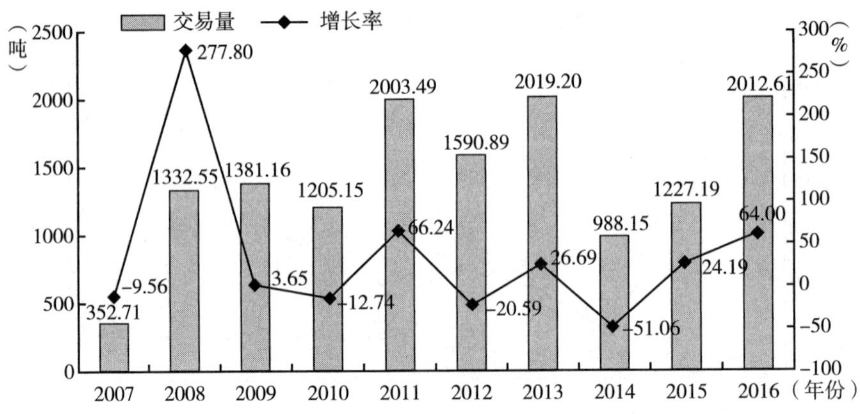

图9　2007～2016年商业银行黄金账户金业务交易量及增长率

17.24%。黄金衍生物的品种很多，我国黄金市场上的黄金衍生品主要有远期、掉期和期权三种合约。2016年远期合约交易量为1222.07吨，掉期合约交易量为596.92吨，期权交易量为15.79吨，三者交易量之比为77.4∶37.8∶1。2005年，商业银行柜台OTC交易平台就已推出黄金衍生物交易，但在这十多年的时间里，交易量一直处在一个低水平上，只是在近两年才有了一个飞跃，达到千吨级，这表明了黄金衍生物交易的高端属性（见图10）。

（四）实物黄金业务

商业银行实物黄金交易，分自营品牌金交易和代理品牌金交易两种。2016年商业银行实物黄金业务交易量为377.32吨，同比下降10.03%。其中，自营品牌金交易量为113.51吨，增加了3%；代理品牌金为23.08吨，下降了9.33%。以黄金定投的方式实现的实金交易量为240.71吨，下降了15.17%。4年前的2013年的521.77吨是商业银行实金交易的历史最高纪录，2016年已经比那

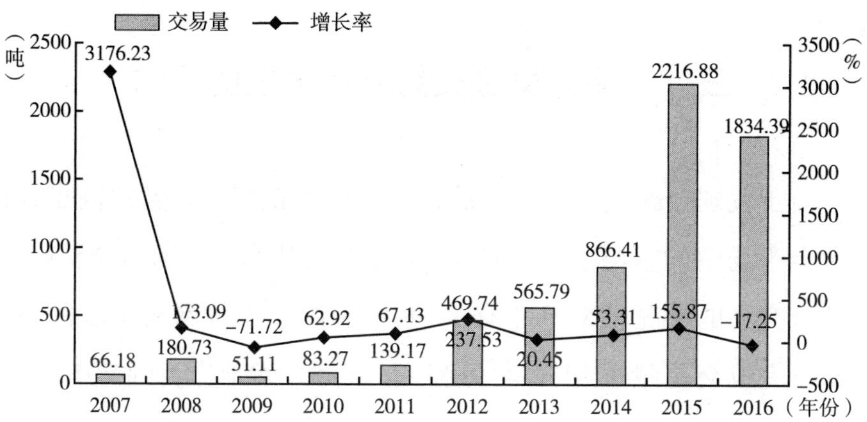

图 10　2007～2016 年商业银行黄金衍生物业务交易量及增长率

资料来源：《中国黄金市场发展报告》《中国黄金市场报告》。

时下降 27.68%（见图 11）。问题并不一定是出在社会需求上，可能需要从竞争的角度分析：在实金交易渠道日益多元化的今天，商业银行实金交易在渠道上并没有优势，而且实物黄金业务平台也不是商业银行着力打造的平台。

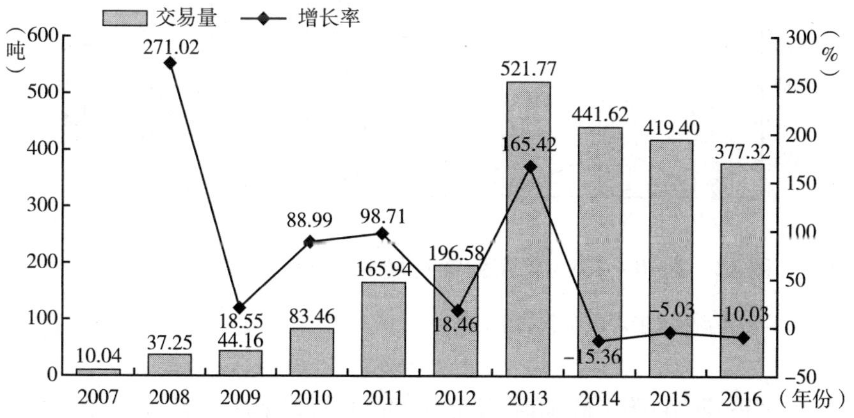

图 11　2007～2016 年商业银行黄金实物业务交易量及增长率

资料来源：《中国黄金市场发展报告》《中国黄金市场报告》。

三　对境外黄金交易平台发展的评估

由于我国金融业的逐步开放，我国商业银行也日益提高了在国际黄金市场中的参与度。2010 年我国首次公布了商业银行参与国际黄金交易的情况。2010 年有 12 家中国商业银行参与了境外黄金交易，完成交易量 11517.64 万盎司（3581.99 吨），到 2016 年这两个数字分别为 15 家和 1.58 万吨（见图 12），比 2011 年分别增长了 25% 和 305.96% 。这是 2014 年我国商业银行境外交易过万吨以后连续第 3 年交易量过万吨。我国商业银行已成为国际黄金市场的积极参与者。

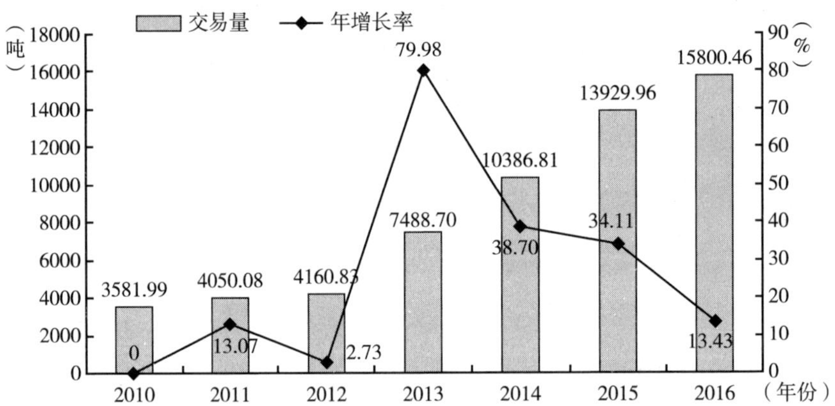

图 12　2010 ~ 2016 年商业银行境外黄金交易量及年增长率

资料来源：《中国黄金报告》。

我国商业银行已是国际黄金市场的重要存在，首先的表现为交易规模的持续扩大，而且不仅参与即期交易，也参与了远期交易；既参与期货交易，也参与期权交易；在即期交易的同时，也大量使用掉期。掉期、远期、即期交易量排在总交易量前三位，是商业银行境外平台主要品种。

掉期交易是商业银行境外黄金交易的第一大品种，商业银行境外黄金交易量之所以能够过万吨，主要是掉期交易量拉动的结果，2010～2016年的7年间，掉期交易量增长了2300.1%，2016年交易量突破万吨，为1.042万吨，为当年商业银行衍生品总交易量的65.97%，不仅交易量最大，而且增长最迅猛。

即期交易是商业银行境外平台黄金交易的第二大品种。2016年的交易量为3662.7吨，比2010年增长了44.51%，占交易总量的23.18%。即期交易量曾是最大的交易品种，因2014年掉期交易大幅增长201.97%而实现超越，从而使即期交易退居第二位至今。

远期交易2016年为1563.8吨，占总交易量的9.9%。远期交易量从2013年突破千吨达到1270.3吨以后虽有增长，但没有大的突破，而是呈上下波动状态。

期权交易的历史虽不短，但交易量始终都停留在个位数，而期货交易是到2016年才出现的试水者，2016年交易量也仅有148.13吨（见表1），所占比重仅为0.94%，但其意义是标志着我国商业银行黄金业务开始向美国市场延伸。

表1　2010～2016年商业银行境外黄金交易品种结构

单位：吨

品种＼年份	2010	2011	2012	2013	2014	2015	2016
掉期交易	432.52	553.85	1017.96	1270.30	6450.12	8377.63	10423.76
即期交易	2534.65	2673.17	2188.31	3440.89	2733.98	3452.82	3662.71
远期交易	217.24	822.80	935.18	1270.30	1179.95	1960.93	1563.80

续表

品种\年份	2010	2011	2012	2013	2014	2015	2016
期权交易	0. 622	0. 249	1. 37	3. 19	5. 87	1. 98	2. 07
期货交易					16. 89	136. 61	148. 13
总　计	3581. 99	4050. 88	4160. 83	7488. 70	10386. 81	13929. 96	15800. 46

资料来源：《中国黄金报告》。

我国商业银行境外黄金业务的规模持续扩大，参与者持续增加，中国银行、建设银行、工商银行、交通银行，已相继成为伦敦黄金市场协会的会员，这标志着我国商业银行已是伦敦黄金市场的重要组成部分，参与该黄金市场交易已是这些商业银行的日常业务。并且中国银行、建设银行于2015年，中国工商银行、中国交通银行于2016年成为该市场的定价行。这标志中国商业银行已成为该市场的核心成员，因而一些国际评论家惊呼中国已成为国际黄金市场的重要影响因素。

本文对我国商业银行黄金业务的发展历史做了一个回顾，在此基础上，我们可以对商业银行黄金业务做以下评述。

商业银行已是国内黄金市场的重要支撑力：占有近四成交易份额，近八成的上海黄金交易所即期交易额，近九成询价交易和租借交易量。

商业银行已是国际黄金市场的重要参与者，交易量过万吨，并且开始进入市场的核心层。

商业银行柜台OTC平台在三大平台中呈相对弱势，反映的核心问题是这一平台创新力的不足。

B.7

中国商业银行黄金产品的现状与未来

张 航　张诗其　陈伟煌*

摘　要：本文立足于商业银行为客户提供的黄金服务，梳理了现阶段黄金产品现状和产品应用场景，结合中国黄金市场发展的重大战略意义，对未来商业银行可创新的黄金产品领域做出大胆设想。

关键词：商业银行　黄金产品　国际化

中国黄金市场经历 15 年的快速发展，已形成了上海黄金交易所黄金现货及衍生品市场、上海期货交易所黄金期货市场和商业银行柜台市场共同发展的多层次、多元化的黄金市场体系。在全球经济增长放缓、“黑天鹅”事件频发的动荡环境下，中国逆势而上成为世界上黄金消费量最大的国家，国内贵金属业务得到快速发展，上海黄金交易所也成为全球最大的现货黄金商品交易所。

在国内黄金市场以开放联动的态度走向世界的过程中，商

* 张航，硕士，中国建设银行股份有限公司总行金融市场交易中心高级研究员，具有丰富的衍生品投资交易经验；张诗其，硕士，中国建设银行股份有限公司厦门市分行金融市场与同业中心高级产品经理，具有丰富的客户衍生产品需求管理经验；陈伟煌，硕士，中国建设银行股份有限公司厦门市分行，熟悉各类衍生品的设计、定价与风险管理。

业银行已深度参与其中，为各类市场主体提供了丰富多样的黄金产品，协助上海期货交易所、上海黄金交易所逐步建立起具有活力和竞争力的市场体系，让境内外投资者能够通过更加便捷高效的交易渠道共享中国黄金市场的成长机会。而国内商业银行正面临着利率市场化、金融脱虚就实、互联网金融冲击、监管升级以及客户需求多元化等巨大的挑战，迫切需要从传统的存贷款业务向创新型银行转型，实现综合性经营，为客户提供多功能服务。这也是商业银行不懈努力推动黄金产品交易的原因之一。

本文聚焦于国内商业银行为个人、企业和机构客户提供的各类贵金属产品与交易，从产品的功能角度进行区分与归类，以期挖掘产品内在逻辑，并对未来商业银行黄金业务提出可借鉴、可突破的建议及设想。

一　商业银行黄金产品的现状

中国人民银行等六部门在 2010 年联合出台《关于促进黄金市场发展的若干意见》，对商业银行黄金业务的功能做了进一步明确：商业银行黄金柜台市场定位于黄金产业金融服务商，要求“围绕开采生产加工和销售整个产业链，切实创新金融产品，着力改善金融服务，努力提高服务成效，为黄金产业提供多方位的金融服务”。目前商业银行主要为客户提供三大类的黄金产品，即投资理财类、套期保值类和代理交易清算类。

（一）投资理财类产品

1. 实物金

实物金业务是指商业银行向个人客户或公司机构客户出售或回购黄金实物，并办理实物交割、开立待提取凭证等相关服务的业务。实物黄金具有良好的抵御通货膨胀的作用，适合希望长期保值增值的投资者。国内黄金市场的发展带动实物黄金投资需求。根据中国黄金协会2016年统计数据，中国累计生产黄金453.49吨，连续十年是世界上最大的黄金生产国，并且连续四年是全球第一黄金消费国，全年黄金消费量为975.38吨。

根据业务经营模式的差异，实物金可分成自营品牌金、经销实物金和代销实物金三大类。

自营品牌金是指由商业银行自行设计，符合国家有关规定，冠以自身品牌，赋予一定含义，由商业银行委托指定的黄金加工企业加工的黄金产品。如工商银行的“如意金”、农业银行的“传世之宝”、中国银行的“吉祥金”、建设银行的“建行金”和民生银行的“民生金”等。商业银行自营品牌金产品极为丰富，规格从1克到10000克不等，产品种类包括投资类、节庆类、贺岁类、民俗类和文化类等，可以满足投资者收藏、馈赠、投资、保值增值以及消费等多种需求。

经销实物金业务是指商业银行利用自有资金先行从供货商手中买入实物黄金，而后在下属各网点销售的模式，是一种“先买入，再卖出”的销售方式。

代销实物金业务是商业银行与供货商签订合作协议后，将供货

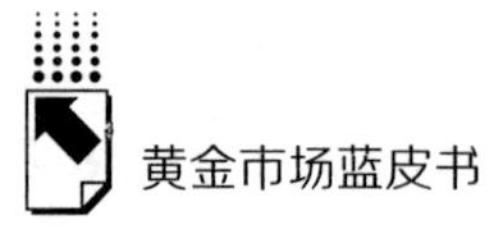

商提供的黄金实物产品运至下属各网点销售，商业银行从中收取销售手续费的模式，是一种“先销售，后结算”的销售方式，如代理中国人民银行发行的熊猫金币等。

近年来，针对投资者日益增加的实物黄金变现需求，商业银行适时推出了黄金回购业务，投资者通过各种渠道购买的足金、黄金产品，只要符合银行相关规定，均可快捷变现，实现黄金的投资价值。如工商银行规定，工行按实时报价回购成色 Au 99.0 及以上黄金产品，投资者可以通过工行品牌金回购网点或综合性网点，按回购基础价格上减去一定的回购价差将符合标准的黄金卖给工行，这一方式满足客户变现需求。

2. 账户金业务

账户金业务，也称“纸黄金”业务，是指投资者根据商业银行以人民币或美元报价的账户金价格，买入或卖出相应账户黄金份额，获取黄金波动收益的一种投资方式。目前商业银行普遍为客户提供线上线下一体化、24 小时的账户金交易平台，账户金份额与交易资金可实时交易，实时清算，即时到账，当天可进行多次交易，满足投资者的资产配置需求。

结合账户金定投和实物金定投的特点，商业银行相继推出了黄金积存业务。黄金积存是指客户在商业银行开立黄金积存账户，按商业银行标的黄金产品的固定重量或固定金额进行积存。对于积存账户内的黄金余额，客户可以选择赎回获得货币资金或按商业银行相应黄金产品的实有规格提取实物黄金。目前国内多数商业银行都有该项业务，如建设银行“积存金”、浦发银行“攒金宝”、民生银行“黄金银行”等，客户可以按周、按月、按金额、按重量定投，方便灵活。

从投资门槛上看，按重量的黄金积存投资门槛最低为0.1克，如农业银行、民生银行、浦发银行和中信银行等；按金额的投资门槛最低的是招商银行，仅为1元。2016年，部分股份制银行在原有黄金积存产品的基础上还创新性地推出黄金红包、持仓返利等新功能。以中信银行黄金积存产品为例，中信银行积存金用户可互相发送黄金红包，通过互联网渠道转让持有的贵金属份额，新潮方便。此外，积存份额满25克可存定期，获取份额利息。表1对比了部分商业银行黄金积存业务的异同点。

3. **黄金理财**

黄金理财泛指各种挂钩黄金的理财产品，一般是指通过运用金融工程技术，将存款与黄金类衍生品（远期、期货、掉期或期权）组合在一起的结构化理财产品。客户通过直接购买黄金理财产品，参与黄金投资，根据黄金市场的表现分享理财收益。商业银行针对黄金价格走势或价格波动幅度，为客户提供看涨、看跌及看平结构，也可根据客户需求设置短期、中期或者长期期限。

挂钩黄金的理财产品种类丰富，结构各异，按收益类型划分，可分成保本固定收益类、保本浮动收益类和非保本浮动收益类等；按交易结构划分，可分成障碍触发型、类亚式期权型、期末看涨（跌）型和区间累积型等。不同的交易结构所蕴含的风险要素和风险大小差异很大，需要针对不同产品的特定条款具体分析，不能一概而论。

黄金理财产品投资主要采用“固定+衍生”的交易模式，通过运用保本技术，将大部分资金投向固定收益产品（存款、债券等），小部分资金投向黄金衍生品，在实现保本的目标下尽可能博取更高的收益。黄金理财产品的主要风险在于收益率的波动幅度较

表 1　五大国有商业银行黄金积存业务比较

项目	工行		农行	中行	建行		交行
产品名称	如意金积存金（积存金一号）	积存金（积存金二号）	存金通	中银积存金	个人黄金积存	对公黄金积存	贵金属钱包
客户群体	个人	个人或法人	个人	个人	个人	法人	个人
积存标的	工行“如意金”	黄金权益	农行“传世之宝”标准金	黄金积存份额	黄金积存份额	黄金积存份额	黄金积存份额
积存模式	1. 主动积存 2. 定期积存：按月，指定每月5日、15日、25日扣款	1. 主动积存 2. 定期积存：按月，日均价格灵活积蓄	1. 主动积存 2. 定期积存：按月，每月1～25日	主动积存	定期积存：按月，日均价格灵活积蓄	主动积存	定期积存：按日、按周或按月
积存方式	按克数或金额	按金额	按克数或金额	按克数或金额	按金额	按克数	按金额
交易起点	1克或200元	200元	0.1克或100元	1克或300元	100元	100克	100元
最少积存周期	12个月或1年整数倍	12个月或1年整数倍	无周期限制，积到克数即可	无周期限制	12个月或1年整数倍	无周期限制	无周期限制
提金品种	工行“如意金”	工行在售等价值贵金属实物产品	农行“传世之宝”标准金或其他收藏类（需补差价）	中银吉祥金	建行金	金交所标准金	交行在售等价值贵金属实物产品

资料来源：根据各大商业银行网站资料整理。

表 2　部分股份制商业银行黄金积存业务比较

项目	民生	浦发	招商	中信	光大
产品名称	民生金积存计划	攒金宝	黄金积存份额	积存金	黄金积存
客户群体	个人	个人	个人	个人	个人
积存标的	黄金积存份额	黄金积存份额	黄金积存份额	黄金积存份额	黄金积存份额
积存模式	1. 主动积存 2. 定期积存：按日、按周或按月，日均价格灵活定投	1. 主动积存 2. 定期积存：按日、按周或按月	1. 主动积存 2. 定期积存：按日、按周或按月，交易日上午9点30分招行系统报价	1. 主动积存 2. 定期积存：按日，每日上午10点中信系统牌价；按周，每周三上午10点中信系统牌价；按月，每月上午10点中信系统牌价 3. 可发黄金红包 4. 积存份额满25克可存定期，份额返利	1. 主动积存 2. 定期积存：按月 3. 长期持有账户满一年可获黄金利息
积存方式	按克数	按金额或克数	按金额	按克数	按金额
交易起点	0.1克	0.1克	1元	0.1克	200元
最少积存周期	无周期限制	无周期限制	无周期限制	无周期限制	无周期限制
提金品种	民生金	浦发在售等价值贵金属实物产品	招行品牌金或代销实物金	中信在售等价值贵金属实物产品	光大在售实物黄金产品

资料来源：根据各大商业银行网站资料整理。

大，收益率不是连续变化而是跳跃式变化，在某些情况下可能很高，在某些情况下可能很低，收益率受偶然事件的影响很大，触发事件往往取决于考察日黄金价格或极端情况下的黄金价格。另外，触发事件是由阀值决定的，黄金价格的轻微变动可能导致理财产品的收益发生巨大变化。

4. 黄金质押融资

黄金质押融资是指客户以商业银行认可的黄金为质押，从商业银行获得信贷资金的一种融资方式。商业银行认可的黄金质押物一般分成两类，一类是在上海黄金交易所交易交割的标准金，如Au 99.99、Au 99.95、Au100g 和 Au 50g 等；另一类是商业银行发行且接受回购的品牌金。实物黄金虽然有抗通胀、保值增值以及适合长期投资等功能，但是与股票债券等投资品种相比，变现能力较弱，短期变现风险大。针对实物黄金的特点以及客户的市场需求，商业银行推出的黄金质押融资，能帮助客户盘活黄金资产，提高黄金的流动性。据中国黄金年鉴的统计数据，2015 年商业银行黄金质押融资成交量为 27.47 吨，同比增长 60.26%，成交金额 74.63 亿元，同比增长 127%。

（二）套期保值类产品

1. 黄金租借

黄金租借业务，也称借金还金业务，是指企业从商业银行租入黄金，到期日再归还同等重量同品种黄金并支付一定租赁费用的业务。黄金租借业务适用于产金、用金企业及涉及黄金加工、贸易等的企业。企业通过黄金租借可以有效规避生产过程中黄金价格波动的风险，实现锁定成本或锁定收益。

以生产黄金的企业为例，企业担心未来金价下跌，可先通过黄金租借租入黄金，并在金交所卖出变现得到资金补充生产经营需要。到期时可用生产的黄金归还。企业通过黄金租借提前锁定未来销售收益，对冲到期金价下跌的风险，起到套期保值的作用。

根据中国黄金年鉴的统计数据，2015 年商业银行黄金租借业务成交量为 1587. 71 吨，同比增长 15. 47%，成交额 3739. 06 亿元，同比增长 8. 75%。

2. 黄金衍生品交易

黄金衍生品的产生和发展，主要是为了满足投资者规避和转移黄金价格波动风险的需要，是一种对冲或套期保值的工具。商业银行开展的场外衍生品业务包括分别以美元和人民币报价的黄金远期、掉期和期权等。

黄金远期是指商业银行与客户约定在未来某一确定的时间，按约定的价格买卖一定数量黄金的责任和义务。黄金远期是为规避黄金现货交易风险的需要而产生的，黄金生产商通过远期交易，可以有效地锁定未来黄金买卖的成交价格，转移黄金价格波动的风险。

黄金掉期是商业银行与客户做一笔即期买入黄金的同时远期卖出黄金的交易，或者即期卖出黄金的同时远期买入黄金的交易，即期和远期的交易重量相同，方向相反，掉期交易可被视为一笔即期和一笔远期交易的组合。

黄金期权是指买方向卖方支付期权费后，拥有在未来某个特定日期、以事先约定的价格向卖方购买或出售黄金的权利，但不负有买进或卖出的义务。

按期权买方的权利划分，黄金期权可分成看涨期权和看跌期权，凡是赋予期权买方购买黄金权利的合约，即看涨期权；而赋予期权买方卖出黄金权利的合约就是看跌期权。客户既可以充当买方的角色，也可以充当卖方的角色。对于黄金期权买方来说，期权合约赋予权利但没有任何义务；对于期权卖方来说则恰好相反，需要履行合约的义务但没有任何权利。

据中国黄金年鉴的统计数据，2015 年境内黄金衍生品业务累计交易 2216. 88 吨，较 2014 年增长 1. 56 倍。其中，黄金远期成交 1488. 82 吨，增长 101. 95%；黄金掉期成交 718. 81 吨，增长 5. 17 倍；黄金期权成交 9. 25 吨，减少 27. 35%。

（三）交易清算类产品

1. 代理实物黄金交易

代理实物黄金交易是指商业银行代理客户买卖上海黄金交易所挂牌交易的黄金现货实盘合约，根据交割地点的不同，交易品种可分成主板合约和国际板合约，主板合约包括 Au100g、Au 50g、Au 99. 99、Au 99. 95 和 Au 99. 5 五个品种，国际板合约包括 iAu100g、iAu 99. 99 和 iAu 99. 95 三个品种，国际板合约须按照交易所国际板合约指定仓库进行交割。商业银行根据客户提交的委托，为客户提供委托报价、资金清算及实物交割等操作。该业务的结算币种为人民币，投资者可以在金交所场内提取实物金条，又可以选择实物黄金买卖交易。商业银行代理客户实物贵金属交易品种简介如表3所示。

表 3　主板代理实物黄金交易品种

类别	主板合约				
合约代码	Au100g	Au 50g	Au 99.99	Au 99.95	Au 99.5
交易方式	现货实盘交易	现货实盘交易	现货实盘交易	现货实盘交易	现货实盘交易
交易单位	100 克/手	50 克/手	10 克/手	1 千克/手	12.5 千克/手
报价单位	元(人民币)/克	元(人民币)/克	元(人民币)/克	元(人民币)/克	元(人民币)/克
最小变动价位	0.01 元/克	0.01 元/克	0.01 元/克	0.01 元/克	0.01 元/克
每日价格最大波动限制	上一交易日收盘价±30%	上一交易日收盘价±30%	上一交易日收盘价±30%	上一交易日收盘价±30%	上一交易日收盘价±30%
最小单笔报价量	1 手	1 手	1 手	1 手	1 手
最大单笔报价量	1000 手	1000 手	50000 手	500 手	200 手
交易时间	上午:9:00 至 11:30,下午:13:30 至 15:30,夜间:19:50 至次日 02:30	上午:9:00 至 11:30,下午:13:30 至 15:30,夜间:19:50 至次日 02:30	上午:9:00 至 11:30,下午:13:30 至 15:30,夜间:19:50 至次日 02:30	上午:9:00 至 11:30,下午:13:30 至 15:30,夜间:19:50 至次日 02:30	上午:9:00 至 11:30,下午:13:30 至 15:30,夜间:19:50 至次日 02:30
清算方式	钱货两讫	钱货两讫	钱货两讫	钱货两讫	钱货两讫
交割品种	标准重量 0.1 千克、成色不低于 99.99% 的金条	标准重量 0.05 千克、成色不低于 99.99% 的金条	标准重量 1 千克、成色不低于 99.99% 的金锭	标准重量 3 千克、成色不低于 99.95% 的金锭	标准重量 12.5 千克、成色不低于 99.50% 的金锭

续表

类别	主板合约				
交割方式	实物交割	实物交割	实时交割	实时交割，实物统一调运	实物交割
交割时间	T+0	T+0	T+0	T+0	T+0
质量标准	经交易所认定的可提供标准金条企业生产的符合交易所金条SGEB2-2004质量标准的实物，及伦敦金银市场协会（LBMA）认定的合格供货商生产的标准实物	经交易所认定的可提供标准金条企业生产的符合交易所金条SGEB2-2004质量标准的实物，及伦敦金银市场协会（LBMA）认定的合格供货商生产的标准实物	经交易所认定的可提供标准金锭企业生产的符合交易所金锭SGEB1-2002质量标准的实物，及伦敦金银市场协会（LBMA）认定的合格供货商生产的标准实物	经交易所认定的可提供标准金锭企业生产的符合交易所金锭SGEB1-2002质量标准的实物，及伦敦金银市场协会（LBMA）认定的合格供货商生产的标准实物	经交易所认定的可提供标准金锭企业生产的符合交易所金锭SGEB1-2002质量标准的实物，及伦敦金银市场协会（LBMA）认定的合格供货商生产的标准实物
交割地点	交易所指定仓库	交易所指定仓库	交易所指定仓库	交易所指定仓库	交易所指定仓库
交易手续费	成交金额的万分之三点五	成交金额的万分之三点五	成交金额的万分之三点五	成交金额的万分之三点五	成交金额的万分之三点五
交割费	0	0	0	0	0
上市日期	2006年12月25日	2004年6月28日	2002年10月30日	2006年10月30日	2013年6月6日

资料来源：上海黄金交易所。

表 4　国际板黄金合约交易品种

类别	主板合约		
合约代码	iAu 99.99	iAu 99.5	iAu100g
交易方式	现货实盘交易	现货实盘交易	现货实盘交易
交易单位	10 克/手	12.5 千克/手	100 克/手
报价单位	元(人民币)/克	元(人民币)/克	元(人民币)/克
最小变动价位	0.01 元/克	0.01 元/克	0.01 元/克
每日价格最大波动限制	上一交易日收盘价 ±30%	上一交易日收盘价 ±30%	上一交易日收盘价 ±30%
最小单笔报价量	1 手	1 手	1 手
最大单笔报价量	50000 手	200 手	1000 手
交易时间	上午:9:00 至 11:30,下午:13:30 至 15:30,夜间:19:50 至次日 02:30	上午:9:00 至 11:30,下午:13:30 至 15:30,夜间:19:50 至次日 02:30	上午:9:00 至 11:30,下午:13:30 至 15:30,夜间:19:50 至次日 02:30
清算方式	钱货两讫	钱货两讫	钱货两讫
交割品种	标准重量 1 千克、成色不低于 99.99% 的金锭	标准重量 12.5 千克、成色不低于 99.5% 的金锭	标准重量 0.1 千克、成色不低于 99.99% 的金条

续表

类别	主板合约		
交割方式	实物交割	实时交割	实时交割
交割时间	T+0	T+0	T+0
质量标准	经交易所认定的可提供标准金锭企业生产的符合交易所金锭SGEB1-2002质量标准的实物，及伦敦金银市场协会（LBMA）认定的合格供货商生产的标准实物	经交易所认定的可提供标准金锭企业生产的符合交易所金锭SGEB1-2002质量标准的实物，及伦敦金银市场协会（LBMA）认定的合格供货商生产的标准实物	经交易所认定的可提供标准金条企业生产的符合交易所金条SGEB2-2004质量标准的实物，及伦敦金银市场协会（LBMA）认定的合格供货商生产的标准实物
交割地点	交易所国际板指定仓库	交易所国际板指定仓库	交易所国际板指定仓库
交易手续费	成交金额的万分之三点五	成交金额的万分之三点五	成交金额的万分之三点五
交割费	0	0	0
上市日期	2014年9月19日	2014年9月19日	2014年9月19日

资料来源：上海黄金交易所。

2. 代理实物黄金递延交易

代理实物黄金递延交易是指商业银行代理客户交易上海黄金交易所挂牌交易的黄金递延合约，合约品种有 Au（T+D）、Ag（T+D）、Au（T+N1）、Au（T+N2）和 mAu（T+D）五种。贵金属递延是以保证金方式进行交易的现货交易品种，客户可以选择交易日当天交割实物现货，也可以选择延期交割；同时，引入延期补偿费机制（简称递延费）来平抑实物交割中可能存在的供求矛盾。

T+N 系列与 T+D 系列的差异主要体现在延期费支付方式上，T+D 合约延期补偿费按自然日逐日收付，T+N 合约在延期费收付日集中支付，Au（T+N1）的延期费收付日为每年 1 月、3 月、5 月、7 月、9 月、11 月等单数月份的最后一个交易日，Au（T+N2）的延期费收付日为每年 2 月、4 月、6 月、8 月、10 月、12 月双数月份的最后一个交易日，非延期费收付日不设延期补偿费。代理实物黄金递延交易品种简介如表 5 所示。

二　黄金产品应用场景

（一）个人客户黄金产品需求

黄金是财富和尊贵的象征，个人因爱好或社会习俗等而产生对实物黄金的需求，如佩戴黄金制成的首饰，收藏各类黄金制品和工艺品，逢年过节及婚嫁等喜庆节日也有互赠黄金的习惯。对于有这类需求的个人，商业银行可提供实物金产品，种类繁多，包括婚庆类、贺岁类、首饰类和宗教文化类等，满足收藏、佩戴和馈赠等需求。

表 5　代理实物黄金递延交易品种简介

类别	黄金延期			
合约代码	Au(T+D)	mAu(T+D)	Au(T+N1)	Au(T+N2)
交易方式	现货延期交收交易	现货延期交收交易	现货延期交收交易	现货延期交收交易
交易单位	1 千克/手	100 克/手	1000 克/手	1000 克/手
报价单位	元(人民币)/克	元(人民币)/克	元(人民币)/克	元(人民币)/克
最小变动价位	0.01 元/克	0.01 元/克	0.01 元/克	0.01 元/克
每日价格最大波动限制	上一交易日结算价 ±5%	上一交易日结算价 ±5%	上一交易日结算价 ±5%	上一交易日结算价 ±5%
最小单笔报价量	1 手	1 手	1 手	1 手
最大单笔报价量	1000 手	2000 手	1000 手	1000 手
合约期限	连续交易	连续交易	连续交易	连续交易
最低保证金比例	6%	6%	6%	6%
交易时间	上午:9:00 至 11:30,下午:13:30 至 15:30,夜间:19:50 至次日 02:30	上午:9:00 至 11:30,下午:13:30 至 15:30,夜间:19:50 至次日 02:30	上午:9:00 至 11:30,下午:13:30 至 15:30,夜间:19:50 至次日 02:30	上午:9:00 至 11:30,下午:13:30 至 15:30,夜间:19:50 至次日 02:30
延期补偿费收付日	按自然日逐日收付	按自然日逐日收付	Au(T+N1):1 月、3 月、5 月、7 月、9 月、11 月单数月份的最后一个交易日	Au(T+N2):2 月、4 月、6 月、8 月、10 月、12 月双数月份的最后一个交易日
延期补偿费率	合约市值的万分之二/日	合约市值的万分之二/日	合约市值的百分之一	合约市值的百分之一
交收申报时间	15:00~15:30	15:00~15:30	15:00~15:30	15:00~15:30
中立仓申报时间	15:31~15:40	15:31~15:40	15:31~15:40	15:31~15:40

续表

类别	黄金延期			
超期持仓期限	按交易所公告执行	按交易所公告执行	按交易所公告执行	按交易所公告执行
超期费率	按交易所公告执行	按交易所公告执行	按交易所公告执行	按交易所公告执行
交易手续费	成交金额的万分之二	成交金额的万分之二	成交金额的万分之二	成交金额的万分之二
违约金比例	合约价值的8%	合约价值的8%	合约价值的8%	合约价值的8%
清算方式	当日无负债清算制度	当日无负债清算制度	当日无负债清算制度	当日无负债清算制度
实物交收方式	交收申报制	交收申报制	交收申报制	交收申报制
交割方式	实物交割	实物交割	实物交割	实物交割
交割品种	基准交割品种为标准重量3千克、成色不低于99.95%的金锭。标准重量1千克、成色不低于99.99%的金锭可替代交割	标准重量1千克、成色不低于99.99%的金锭	基准交割品种为标准重量3千克、成色不低于99.95%的金锭。标准重量1千克、成色不低于99.99%的金锭可替代交割	基准交割品种为标准重量3千克、成色不低于99.95%的金锭。标准重量1千克、成色不低于99.99%的金锭可替代交割
交割时间	交收申报配对成功的当日	交收申报配对成功的当日	交收申报配对成功的当日	交收申报配对成功的当日
交割地点	交易所指定仓库	交易所指定仓库	交易所指定仓库	交易所指定仓库
交割费	0	0	0	0
上市日期	2004年8月16日	2014年1月2日	2007年11月5日	2007年11月5日

资料来源：上海黄金交易所。

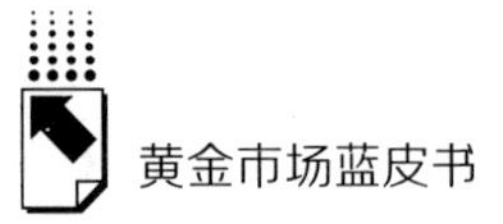

黄金是重要的避险和抗通胀的工具，在个人资产保值增值上发挥重要作用。个人灵活配置黄金资产的需求可以通过商业银行的实物金加黄金回购的组合实现。目前商业银行可为客户提供投资类黄金实物金产品，无须额外付出加工费，成本低廉，客户可通过购买此类黄金进行黄金资产的配置。同时，商业银行还为客户提供黄金回购这一可以实现黄金资产的快捷变现的渠道。客户按回购基础价格减去一定的回购价差将符合标准的黄金卖给商业银行，灵活调整黄金资产的比重。

黄金是国内客户认知度最高的投资交易标的之一。上海黄金交易所成立后，国内黄金市场交易活跃，以黄金为标的的衍生品发展迅猛。个人客户通过黄金价格波动赚取收益的需求日益凸显。目前商业银行已推出账户金交易产品，为客户提供线上线下一体化、24小时交易的交易平台。投资者根据商业银行以人民币或美元计价报出的账户黄金买入/卖出价格，买入或卖出相应账户黄金份额，获取黄金价格波动的收益。对于有较高风险承受能力的客户，也可以选择代理实物黄金递延交易，即 Au（T + D）。由于 Au（T + D）是以保证金方式进行交易的现货交易品种，客户期初仅须占用一定比例的保证金，资金成本较低。此外 Au（T + D）引入双向交易模式，客户可以根据自身对黄金走势的判断买涨或买跌，更加灵活便捷。

（二）公司客户黄金产品需求

近年来，随着中国、印度等新兴市场国家黄金需求的快速增长，国际上形成了“西金东移”的市场新格局，但黄金定价却没有充分体现东方市场的供需关系。国内黄金价格的定价权仍在西方国家手中，定价权与国内消费力极大地不匹配。黄金价格不能反映国内实际供求，国内黄金企业不仅面临着金价波动的风险，而且还要应对汇率、利率等其他要素市场价格的变动，具有极大的不确定性。

1. 黄金租借可以帮助企业锁定成本或收益，解决库存不足的困难

例如，黄金生产企业担心未来金价下跌，影响销售收入，可先在商业银行办理黄金租借租入黄金用于生产加工，提前锁定未来销售收益。该产品可帮助客户对冲到期金价下跌的风险，起到套期保值的作用。到期时企业再用生产的黄金归还。

黄金加工、黄金贸易企业如出现黄金库存短缺的情况，可以先在商业银行办理黄金租借租入黄金，满足订单需求。到期时企业再以采购的黄金归还。

2. 黄金远期可以帮助企业锁定未来黄金买卖的价格，规避金价波动的风险

例如，黄金生产企业担心未来金价下跌，影响销售收入和利润。企业可以选择与商业银行签订黄金远期卖出合约，锁定未来销售黄金的价格。若到期金价下跌，则黄金远期获得收入，对冲金价下跌的风险。

黄金加工、黄金贸易企业担心未来金价上涨导致采购成本上涨，可以选择与商业银行签订黄金远期买入合约，锁定采购黄金的成本。若到期金价上涨，则黄金远期获得收益，对冲金价上涨的风险。

对于已和银行签订黄金租借的企业，还可以配套签约黄金远期买入，锁定到期归还黄金的成本。

3. 有多余库存黄金且有融资需求的企业，可以选择与商业银行签订黄金掉期合约，即期卖出黄金的同时远期按约定的价格买入黄金

企业即期卖出黄金获得资金，满足融资需求；远期按约定价格买入黄金，满足未来生产、销售的用金需求，规避金价波动风险。此外，企业还可以与商业银行进行黄金质押融资，以黄金为质押，从商业银行获得资金，从而盘活黄金库存，提高黄金流动性。

（三）机构客户黄金产品需求

黄金与股市、债市等资本市场相关性较弱，长期收益稳健，一是可以对冲波动的尾部极端风险，在资产配置组合中充当保护性资产。二是有利于缓解国内资金流动性过剩，对抗通胀压力。三是有利于增强机构的抗风险能力，黄金的高流动性和强变现能力可应付突发危机时的临时资金需要。

1. 黄金拆借是重要的融资工具

例如，非银机构在市场资金紧张期间，通过黄金拆借，能及时补充足额流动性，保证机构的正常经营。

某些银行机构自身不具有进口黄金的资质，经营黄金租借需要从其他有进口黄金资质的银行拆借黄金，并转租出去。

2. 黄金是重要的资产配置标的

例如，基金公司发行黄金 ETF 产品，需要通过商业银行建立实物黄金头寸，并进行托管。

黄金与其他金融资产的相关性较弱，机构客户在做资产配置时，往往需要建立一定的黄金头寸，从而提升产品的收益质量。

三　黄金产品对商业银行的意义

中国目前的黄金业务格局是，以上海黄金交易所为主体，以黄金期货和商业银行黄金业务为两翼，从以现货交易为主转变到以现货与衍生品双功能为主。上海黄金交易所的“上海金”定价业务和国际板则进一步推动国内黄金业务走向国际化，逐步构建起一个多形态的由多个市场组成的黄金市场体系。商业银行黄金业务已经是我国金融市场体系的重要组成部分，具有重大战略意义。

（一）参与全球黄金定价的重要工具

国际黄金市场的历史已有数百年。从全球来看，伦敦黄金市场与纽约黄金市场是当今国际黄金市场的两大支柱。中国作为一个后起之秀，发展速度惊人。中国黄金市场规模增长了1000多倍，从2002年的42吨左右增至2014年的4.66万吨，占全球的交易量比重为14.31%。目前，上海黄金交易所已经是全球最大的场内即期交易市场；上海期货交易所也成长为世界第二大黄金期货交易市场；中国黄金市场总交易规模现位居世界第三。中国黄金市场已不是过去那个边缘市场，而成为全球重要的交易市场。

2014年，上海黄金交易所国际板成立了，这是一个直接向境外投资者开放的境内黄金市场。国际板陆续推出了黄金沪港通、黄金实物库存、境外结算行服务和债券充抵保证金等业务，有效地增加了市场层次，提高了效率。目前，国际板有国际会员 67 家，黄金业务累计成交金额逾 2 万亿元。2016 年上海黄金交易所推出了人民币“上海金基准价”定价机制，为全球黄金市场提供可交易、可信赖的人民币基准价格。作为国际板的关键会员，商业银行在黄金定价上做出了重要贡献。

（二）商业银行传统业务的有效补充

在利率市场化的大背景下，国内商业银行的传统业务竞争异常激烈，传统的存贷款业务利润空间收窄，已无法满足商业银行的发展需求。

首先，近几年内外部形势严峻，随着经济结构调整的深入，经济增速放缓，“换挡期”矛盾集中暴露。金融脱媒、互联网金融兴起、利率市场化等，对商业银行都是巨大的冲击。国内商业银行亟须业务转型与创新，迫切需要拓展新的业务领域和利润增长点。其次，国内商业银行业务基础较好，已形成了规模庞大的经营网点、成熟的账户管理与清算体系，有着深厚的客户基础，具备大规模发展黄金业务的可能性。

依托国家“藏金于民”的战略规划，结合上海黄金交易所和上海期货交易所的交易平台，国内商业银行已逐步开发出丰富的黄金产品线。例如，通过为个人提供实物黄金、账户黄金等交易产品，满足了个人客户投资理财、保值增值的多种需求；为黄金产业链的上、中、下游企业提供黄金租借、黄金远期、黄金掉期等交易产品，极大地满足了企业客户生产经营周转的需求，帮助企业客户有效规避市场风险。

（三）服务于国家发展战略

黄金是终极支付手段和重要价值贮藏工具，在国内外政治环境较为恶劣时，黄金的贮藏手段和支付手段就非常重要。各国央行持有黄金储备的主要目的之一，就是在极端情况下维持国际购买力，并防止本国货币信用的恶化。

从过去发生的事件看，黄金流动性好，在国家突发危机时，成为维护国家金融安全坚实的后盾。例如，1997 年东南亚发生金融危机，日本和韩国启用官方及民间黄金储备偿付债务，从而稳定了本国经济和金融体系。在当前国际环境下，大国之间不太可能进行全面的大型战争，但是局部的擦枪走火不可避免。一旦面临国际制裁，本币的信用风险随之剧烈上升，该国就直接面临货币危机。货币危机发生之后，外汇储备可以用于稳定汇率，也可以用于维持日常对外支付。但是当国际环境较差时，黄金可能会成为保持国际购买力的唯一选择。

我国正在稳步推进人民币国际化及市场化，在这个过程中面临着国际短期资金流动加剧的冲击、汇率波动加剧以及人民币贬值的压力。增持黄金储备则成为国家的战略选择之一。一是黄金不需要国家信用背书，属于硬通货，具有独立偿付功能；二是黄金可以抗通胀，可平抑非常规宽松货币政策对货币价值的冲击；三是本国货币价值通过储备黄金可以获得隐形担保，提升本国货币作为国际支付手段的认可度；四是黄金可有效降低外汇储备集中度风险，是一国多元化储备的重要组成部分。根据世界黄金协会公布的数据统计，截至 2016 年底，美国的黄金储备量达 8133.5 吨，居世界首位；我国的黄金储备量为 1842.6 吨，仍大幅落后于美、欧等国家和地区的储备水平。

四　黄金产品的创新发展

世界黄金协会 2016 年《黄金需求趋势》报告显示，全球黄金需求增长 2%，达到 4309 吨，是 2013 年以来的最高水平。这一趋势的主要驱动力来自投资者对未来货币政策、地缘政治不确定性和负利率的担忧。上市交易黄金 ETF 净流入 532 吨，年增持量创历史第二高位。“伦敦价”的定盘商已包括中国银行、中国建设银行、中国工商银行、交通银行四家商业银行，中国黄金市场的话语权越来越大。可以预见，未来中国商业银行在黄金市场中仍有广阔的发展空间。结合商业银行的黄金产品现状，笔者对未来商业银行可突破的黄金业务领域和黄金业务品种做出大胆猜想。

（一）丰富“上海金”基准价应用场景

“上海金”具有“走出去”现实的可能性。“一带一路”所涉及的区域大约生产了全球 1/3 的黄金，有浓厚的黄金文化氛围，一般民众具有旺盛的黄金交易与投资需求。一旦交易市场完善与物流网络通畅后，这个需求就可以得到开发。商业银行可充分利用在海外金融市场的布局优势，配合上海黄金交易所为境外投资者提供以人民币计价的黄金产品，打通在岸及离岸人民币市场。例如，推动“上海金”成为国内企业签订黄金进出口、黄金产品的基准价，进而逐步成为区域性交易品种，以及国际长期黄金投资和各种黄金衍生产品合约的基准价等。

（二）扩大黄金回购业务范围

目前黄金回购主要是商业银行对客户寄存在商业银行柜台内的实物黄金制品进行回购。未来，商业银行可与黄金生产加工企业、黄金首饰销售企业联合，客户可在全国指定的商铺门店，将闲置金条和老旧金折算成商业银行的账户黄金份额，并存入黄金账户中。黄金生产加工等企业负责鉴定回购黄金的品质。互联网黄金投资平台“黄金钱包”已推出此类产品。

（三）逐步放开黄金进出口限制

2015 年的《黄金及黄金制品进出口管理办法》将黄金进出口的主体由银行的金融类会员扩展到符合要求的综合类会员。2016 年，中国人民银行、海关总署开展黄金及黄金制品进出口准许证“非一批一证”管理试点工作，促进贸易便利化。

未来将进一步简化黄金进出口的审批手续，逐步放宽业务主体限制，引入更多符合资质的企业进入黄金进出口市场，通过与境外企业直接对接，可降低国内企业的用金成本，拓展国内黄金市场与国际黄金市场合作的深度与广度。

（四）搭建国内个人黄金清算平台

借助互联网平台的迅猛发展，市场已经出现针对个人客户的黄金红包、微信黄金等产品，交易渠道以线上为主，交易方式快捷便利。随着黄金交易量的不断加大，未来可设立国内个人黄金清算平台，实现跨行、跨区域、不同个人客户间的账户金和实物金份额的转账、清算等交易功能。

（五）实现黄金的全球通存通兑

黄金具有极强的金融属性，并且与货币存在紧密的互换性。目前人民币黄金与美元黄金可以十分方便地实现转换。未来可创新以黄金为媒介，进一步实现不可自由兑换货币间的清算与融通。

例如，客户在境内的商业银行购买人民币黄金份额并进行质押，在其他货币不可自由兑换国家的商业银行，卖出质押的黄金份额，兑换为当地货币。

中国在全球黄金市场的发展中扮演着越来越重要的角色，在国内黄金市场迈向国际化的道路上，商业银行应主动承担重任，发挥自身在资金、渠道、产品和风险管理等方面的强大优势，继续优化自身的金融服务，架起黄金产业供需双方的桥梁，开创互利共赢的新篇章。

参考文献

中国黄金协会：《中国黄金年鉴 2016》，中国冶金出版社，2016，第 53 ~ 56 页。

World Gold Council. Global Gold Demand Trends 2016, http://www.gold.org/research, 2017, pp. 1 – 17.

B.8
黄金的套利与套保交易

翁国勇*

摘 要： 套利与套保是黄金市场参与者介入交易的主要原因，在中国，2002 年之前黄金市场经历了长达数十年的“统管统配”，2002 年，国内全面放开黄金市场，市场的套利和套保参与者用十多年时间追赶了国际黄金市场数十年发展，套利和套保交易方式每隔数年必有颠覆。本文从一个普通市场参与者的角度，记录了国内黄金市场这波澜壮阔的十多年发展中，套利和套保参与者交易方式的演变，并从科技手段、参与者构成及市场环境三方面出发，推测国内黄金市场的套利和套保交易的未来发展趋势。

关键词： 套利 套保 交易模型 金银比值

* 翁国勇，上海狮王黄金有限责任公司研究中心总经理，用近 10 年的时间进行贵金属行业研究和跨市套利研究工作，建立了贵金属跨市套利模型，2013 ~ 2016 年，被多家私募公司应用于实际交易。

在人类数千年的文明史中，黄金作为“永恒的贵金属”始终被人类所追捧，其主要原因就是其具有的货币和商品双重属性。尤其是在近代，黄金的本质功能就是对冲人类信用体系的风险。近些年，随着黄金这一本质功能的充分体现，黄金的交易特征发生了很大的变化。

一　黄金市场的套利与套保交易之始

黄金市场交易的参与者因交易的目的不同，可分为套保交易和套利交易。

套保，是一种对冲策略，是相关企业根据产量或远期需求在交易市场锁定远期价格，回避价格风险，锁定利润的做法。黄金市场套保策略的执行者一般是黄金生产或消费的相关性企业。

套利，则是一种投资策略，需要同时做一多一空两个方向，套利的利润来自开仓时的价差与平仓时的价差之差；套利的风险则在于价差风险，也即价差运行方向和预期的背道而驰，而非单边风险。

（一）套保交易的产生与发展

世界黄金自由贸易市场的衍生始于布雷顿森林体系崩溃的1971年，而黄金套期保值交易的发展壮大则源于20世纪90年代的电子信息技术革命和黄金价格大萧条。1990～2000年，世界格局的变化导致部分国家央行抛售黄金储备，黄金价格持续下跌，促使黄金生产商不得不以套保策略锁定销售价格，而套保策略在生产商之间的广泛应用，抛压的沉重，又使黄金价格进一步下跌，这种情况持续到 1999 年。1999 年是黄金市场具有代表意义的一年，当时，生产企业通过交易市场进行的套保交易规模达到 3000 余吨，而 1999 年的全球黄金矿产量还不到 3000 吨，套保规模超过实际产量形成市场倒挂现象。

1999 年底，部分生产商发现黄金价格已经低于其生产成本价格线，市场套保头寸的获利远比严格的执行套保策略获利来得容易，同时，美国通过了《金融服务现代化法案》，用以规范当时的金融服务市场，贵金属的套保必须就在规范的范围内，于是生产商纷纷抛出手中空头头寸，形成黄金交易市场的另类“挤兑”，1999 年末，黄金价格在一个极短的时间内迅速攀升 30%，终结了黄金生产商的全面套保时代。

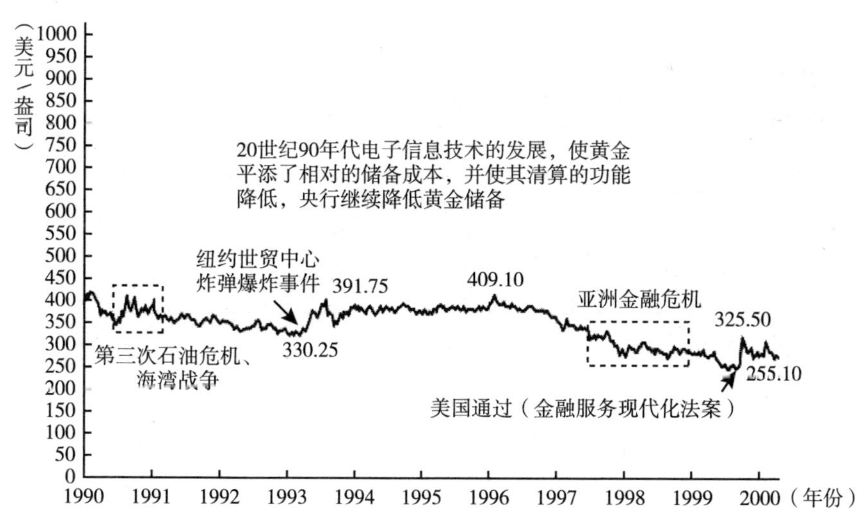

图 1　1990 ~ 2000 年黄金价格走势

资料来源：中国经济网。

（二）套利交易的产生与发展

2001～2012 年，黄金价格迅速攀升，开启长达 12 年的牛市，生产商在牛市中逐步降低套保份额。2012～2016 年，通过交易市场达成的套保份额最低时不足年度金矿产量的 10%，而黄金价格的迅速攀升，为世界范围内黄金投资、投机者创造了更多机会，世界各大黄金现货、期货、期权市场兴起，跨市场、跨地区、跨国界的黄金交易渠道被打通，不同市场之间因为参与者构成不同，对市场价格的认可存在差异。相同的标的、差异化的价格，使黄金市场的对冲性套利行为和投资性套利行为逐步兴起。

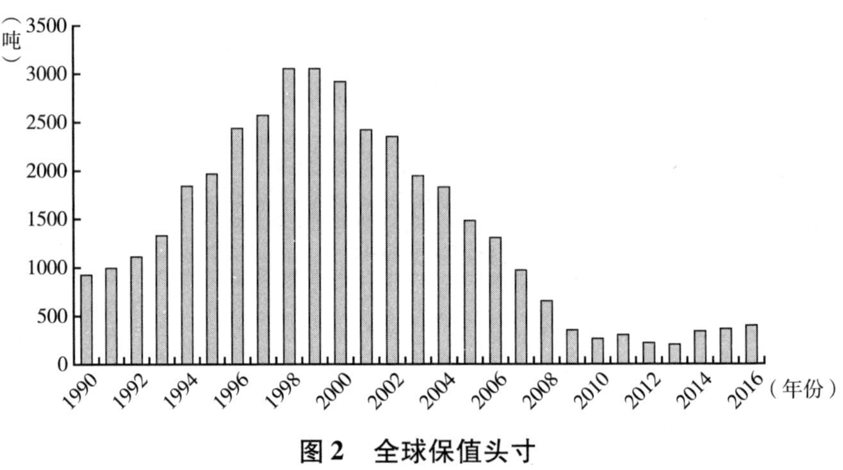

图 2　全球保值头寸

资料来源：路透狮王黄金。

（三）国内黄金市场的套利套保交易

在国内，黄金市场的正式开放是 2002 年 10 月 30 日上海黄金交易所的成立开业，2002 年 10 月 30 日，上海黄金交易所正式成立，标志着我国黄金市场取消了“统购统配”的计划管理体制，走向全面开放，实现了黄金交易的市场化，为黄金套保套利交易提供了可能。

2004 年 8 月，上海黄金交易所推出现货延期合约，迅速成为国内企业套保和套利的主要市场，2007 年，上海黄金交易所黄金交易量突破 6000 吨，成为世界上第一大黄金现货交易场所，其中，40% 以上的交易份额，来自企业的套保套利行为。2008 年 1 月 9 日，上海期货交易所黄金期货合约上线，自此，国内黄金交易的现货、期货市场全面开放，套保、套利交易商在国内市场的交易行为全面放开。

二　国内套保套利模式演变与发展

每一个市场立市初，交易机制和市场参与者之间的互相探索总是小心翼翼的，互相探索和熟悉，随着时间的推移投机者在不停地轮换，唯有套保套利者，不断总结经验，改善模式，寻求机会，脚步不停地向前，为自身的稳定赢利努力，同时为市场源源不断地提供流动性。

在国内，黄金市场套保参与者历史较长，但基于黄金生产者的指导政策是实现生产的稳定，所以套保者无论在何市场总是谨慎遵守规则，严谨地对冲着未来一段时间国内供应和需求的预期的原则行动，而表现更为活跃，真正在历史的轴轮下绽放光彩的是市场的套利参与者。

（一）2002 ~2008年国内套利市场的初步衍生

2002 年之前，国内黄金产销属于国家统购统配，民间黄金交易也较为混乱，2002 年上海黄金交易所成立，黄金市场初步开放，但仍在黄金的进出口政策上实行“严出宽进”，出口限制较严格而进口政策相对便利，黄金市场的开放和发展是我国基于人民币国际化的终极目标而制定的重要战略之一，2003 年，央行开放部分商业银行办理黄金进口业务，当中国境内黄金价格高于境外价格，且价差可以覆盖进口所需成本时，商业银行即可进行境外的买入和境内的卖出操作，发生实物转移以获取价差收益，国内获得央行许可开展黄金进口业务的商业银行成为黄金市场最早介入套利交易的机构，在赚取境内外黄金价差收益的同时，维护着黄金市场的供需平衡，市场的开放和国内商业银行的介入，推动了民间第一次买金热潮，不同市场间的黄金交易开始活跃，交易者发现，不仅国内外黄金价格可能出现差异，国内不同市场之间也可能因为地域和交通因素，导致短时间的供求失衡，形成价格差异，国内黄金套利者从市场中衍生而出。

早期套利者的简单套利如下。

2002 年 10 月 31 日，上海黄金交易所现货实盘合约正式上线，黄金报价 83. 66 元/克，而当时民间黄金交易混乱，笔者在金交所合约上市前就在国内的各大黄金实物交易市场做过调研，黄金价格分布在 70 ~ 90 元/克的大区间（见图 3，截取 10 月 5 个交易日数据），国内黄金市场开放的第一波红利出现，交易者可以通过不同现货市场的低买高卖行为直接锁定价差，获取利润，黄金市场的第一批套利交易者因获利而活跃，因活跃而凝聚。

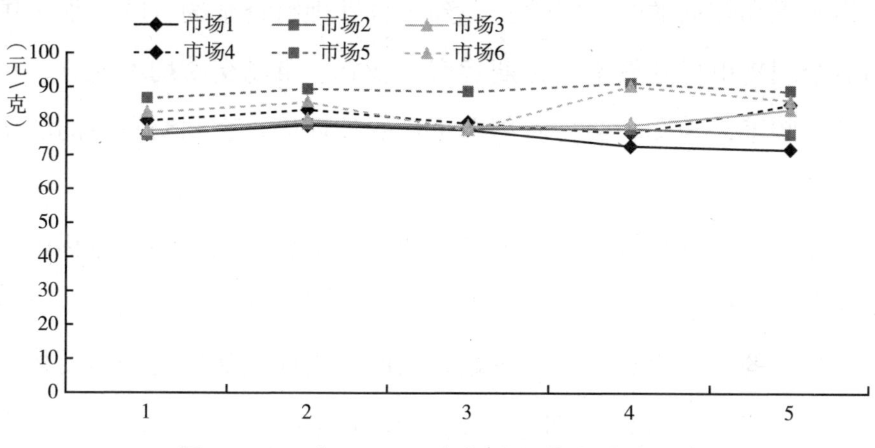

图3　2002年10月5个交易日黄金价格分布

资料来源：彭博狮王黄金。

（二）2008~2011年期货上线后套利者的迅速发展

2008年1月9日，国内期货市场黄金期货合约上线，上线后不久，笔者一位在期货公司从业的友人在笔者下班后“偷偷”拜访笔者，言之其发现了一个期货极佳的贵金属套利机会，获利稳定且丰厚，可以尝试联合运营，笔者当时兴致盎然，计算机、计算器、笔、纸备齐，准备与友人好好合计一番，谁知友人对此大翻白眼，嗤之以鼻，打开行情软件选出期货合约一指，言：“看，期货报价210元/克，现在市面上黄金销售价格为200元/克，准备好钱，我们囤货，在期货上开立空头静待交割。”笔者顿时默然，最终笔者和友人没有执行囤货，但各自在不同市场间做了期货和现货市场的套利合约，均小有获利。

国内期货市场黄金合约的正式上线，开启了国内黄金市场的套利交易第一个浪潮，贵金属套利交易因其多空对冲，较少关注绝对价格水平和较低的交易风险，受到集合性理财资金的青睐，加之国内黄金现货市场开放不久，期货市场新立，市场交易均不充分，价差波动频繁，为套利交易者创造了良好的环境，套利交易者的队伍迅速壮大。

以黄金期现套利为例，因黄金期货和黄金延期合约产品标的基本相同，两合约价差的形成最大因素是时间成本，而时间在以交易日为单位的套利模型中可以忽略，因此短周期的期现套利需要核算的是交易成本，考虑到期货黄金和现货延期黄金的手续费、延期费、资金占用等成本，假设一个黄金的套利周期为两个交易日，核算出黄金期现套利的最大套利成本为 0.3 元/克，再考虑套利交易过程中成交滑点问题，两市价差波动大于 0.5 元/克时具备套利获利可能，而从 2008 ~ 2011 年的黄金价差波动可以看出，单日黄金价差波动基本在 1 ~ 1.5 元/克，且价差回归性强，套利交易者设计好交易模型可以较快速地获取低风险收益。

（三）2011 ~2014年，商业银行介入，黄金市场套利者向专业化发展

2011 年，黄金价格攀升至历史高位，一轮牛市的运行让黄金成为资本市场参与者关注的焦点，交投的涌入逐步侵蚀套保和套利参与者的市场交易份额，国内黄金市场逐渐丰满，从非充分交易市场向充分交易市场过渡，套保者从中获得便利，套利者套利空间被挤压，但可参与性增强。

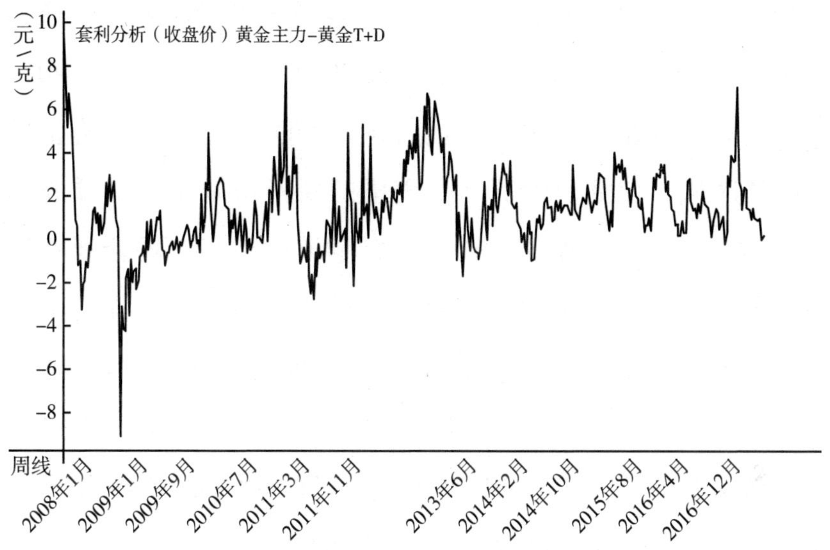

图4　境内黄金期货与黄金延期价差

资料来源：彭博。

2006～2012年，中国工商银行、中国建设银行、中国银行、中国农业银行、交通银行等商业银行纷纷结合自身特色推出贵金属交易类业务，银行纸黄金开启做空机制，央行于此期间特别批准两家外资银行开展黄金进口业务。自此，国内黄金交易市场黄金期货、黄金延期、黄金远期、黄金掉期等业务组合成完整的黄金投资市场，套期保值者走向渠道多样化，套利者走向策略多样化。跨市套利、跨周期套利、跨品种套利均被黄金市场的套利参与者利用，部分具备跨境交易资质的机构，在远期套利和掉期套利基础上也建立了相关套利交易模型，其间代表性的套利模式之一——金银跨品种的比值套利也在2009～2013年被广泛应用。

列举一个金银比值套利分析的例子。

2012 年，笔者同事做过一个关于金银比例套利交易的研究，往回统计20 年的黄金交易数据，发现20 年期间金银比率在90% 以上的时间都运行在38 ~86 区间内（图5 方框框出部分）。在世界经济向好的时候，比如，1995 年，美国的新经济政策所引领的经济繁荣；2003 年，日元作为主要套利资金流向新兴市场套利的那次繁荣；2010 年，金融危机后世界各国救市后的繁荣，都会造成金银比价的下跌。这是由于白银的商品属性要高于黄金，在工业上的应用也大于黄金，比如汽车、电子、医药等领域，所以当经济向好时，白银不断增长的需求会拉低黄金与白银的比价，如上述三次经济繁荣中，金银比价都达到或接近区间的下沿（图 5 圆形圈出部分）。

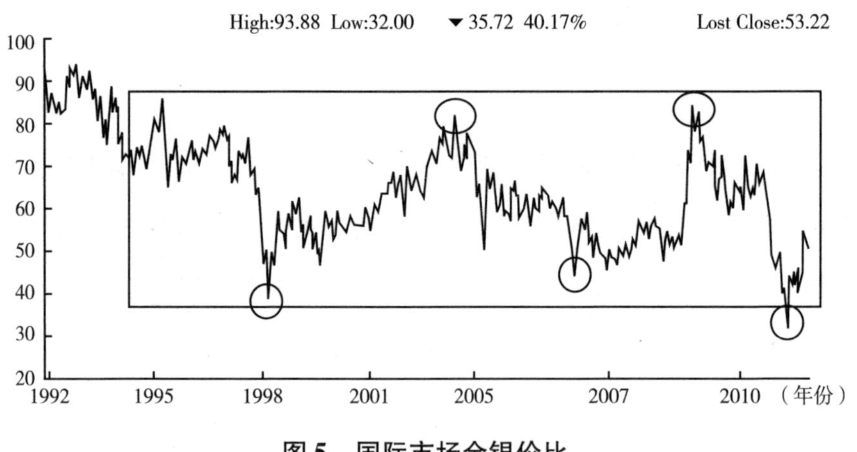

图 5　国际市场金银价比

资料来源：彭博，狮王黄金。

而当经济由盛转衰，黄金与白银的比价也会逐渐走高，这是因为在经济过热到滞胀的过程中，黄金的对冲、套保需求会增加；而经济由滞胀过渡到衰退的过程中，黄金的货币属性同样会使黄金获得一个相应的溢价，其表现也会好于白银及其他大宗商品。比如，2000 年美国互联网泡沫破裂及 2001 年后世界经济走向萧条；2008 年金融危机后世界经济探底，都造成金银比值走向区间上沿（图 5 椭圆圈出部分）。

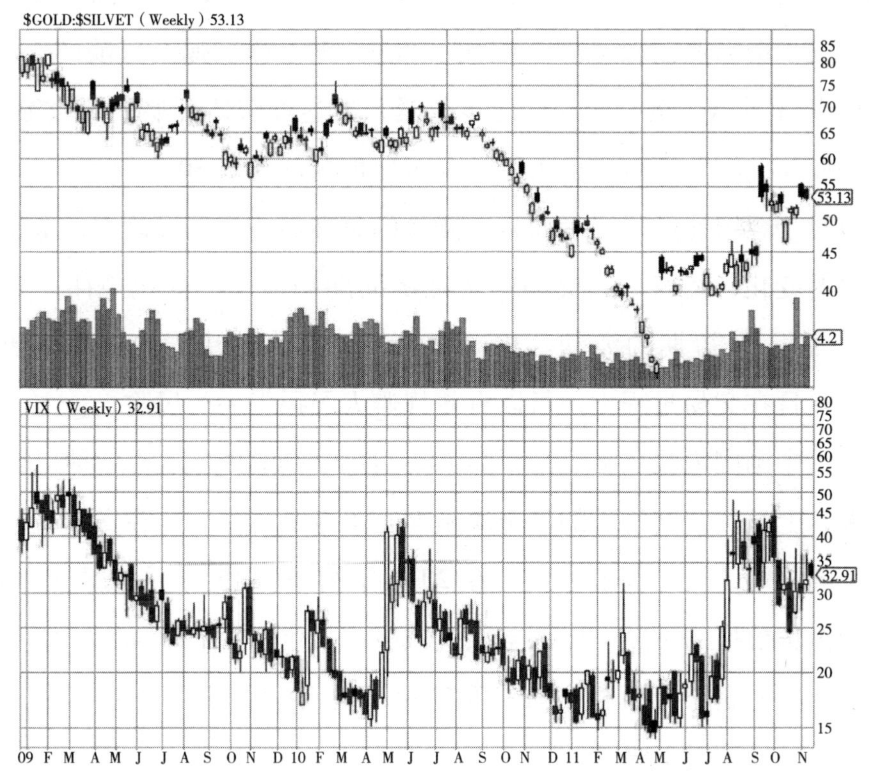

图 6　金银叠加示意

比值套利的比较理想时机发生在 2009 ~ 2013 年，2009 年至 2011 年上半年，因美国连续推出量化宽松政策，中国推出四万亿元计划，日本的宽松政策，欧元区和英国货币宽松政策集中释放，一时间，市场流动性泛滥，大宗商品受到追捧，白银在短短几个月

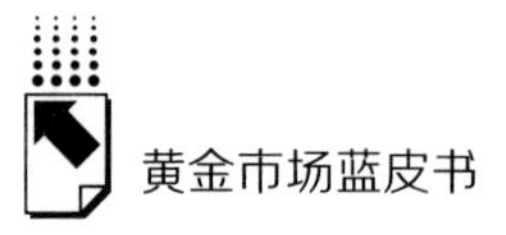

时间内被投机力量推高了 220%，也将金银比价打到了几个世纪以来的低位 32。

2011～2012 年，新兴市场国家的通胀压力开始加大，各国政府失望地发现，所投入的各类经济刺激计划开始难以成正比地转化成相应的 GDP 增长。世界经济在经历了 2009～2010 年的复苏后，开始逐步向滞胀过渡了，金银比率也由 32 迅速反弹至目前的 53。2011 年 8 月后，美元流动性逐步收紧，发达经济体开始战略收缩，大宗商品的泡沫变得难以为继，金银比值重新向着 80 关口运行。

对于金银比的投资者而言，操作的是在经济周期过渡中，金银比率的变化，简言之，交易的是经济周期切换中的变化规律（趋势），而不是短期的波动。相对而言，可操作性更强，成功率更高。并且在交易过程中，可以有效规避人民币汇率的风险。

就中国国内投资者而言，2011～2013 年可供选择的品种已经较多，上海黄金交易所的贵金属延期是可选品种之一，在做多一手黄金的同时，做空等值白银，在 2011 年约需要 15 万元的保证金，随着金银价格的下跌，保证金相应减少。投资者相应增加白银空单的数量，使金银比值相一致，2011～2013 年，金银的比值套利年化收益一度超过 10%。

此外，银行账户贵金属业务的全面放开和交易模式的与时俱进，使其同样可以实现对于金银比率的操作。账户贵金属业务较金交所的延期业务门槛更低，金银比值套利模型的配套资金最低可低于千元，更适合中小投资者使用。

金银比值的套利模型建立，显示市场中的套利者已经不满足仅仅是通过套利获取市场间的价差，随着中国黄金市场的发展，黄金交易产品的多样化，国内金市套利交易者的专业化、高科技化进程也在加快。

（四）2014～2017年，中国金市接轨国际，程序化被广泛应用

随着境内黄金市场的健全和发展，2014 年上海黄金交易所开通国际板业务，接入国际黄金贸易商和投资者，2016 年开通“上海金”，发出争取世界黄金中国定价权之声音，国内黄金市场逐步接轨国际市场，境内外投资者交流越发频繁，但国家对传统黄金企业的进出口额度仍有限制，使在不发生实物转移时跨境套利存在诸多障碍。

在 2016 年的大部分时间及 2017 年的第一季度，笔者发现国内黄金价格与国际黄金价格的价差经常为 3～4 元/克。

进出口仍有限制，境内市场在走向完善，游资不断涌入，走向充分交易的市场使单纯的传统价差套利交易越发难从市场中获取收益，金市套利投资者开始寻求变革，利用 IT 技术在黄金的期现正向及反向套利中开发量化和程序化套利交易模型，套利的量化时代开启。

量化时代初期的套利模型建立。量化时代初期，市场中比较流行的是 VAR 模型和 VECM 模型。两种期货交易的计算模型都是以一种最合理的价格来计算套利的收益。

截取一个简单的想法，计算公式可以进行如下设定。

$$Rs = (InFA,T+1, - InFA,j) - (InFA,B, + - InFB,T)$$

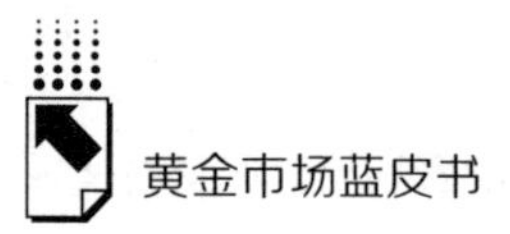

公式中：Rs 指的是价差套利收益；FA、FB 指的是期货合约 A 和 B 的价格；Rs 指的是黄金期货和黄金现货的价差套利头寸比例；L 指的是时间窗。

如果假设黄金期货的价格在期现的结构特征下，所有的成本条件都是连续的状态，就可以通过线性函数来构建期现套利模型。黄金期现套利模型主要是根据已有的合约，对未来的期货和现货二者之间的差值进行交互并同时进行平仓的一种交易形式。黄金期货的价格主要立足于黄金现货的基础上，对两者之间的价格差控制在一个有效的范围内，计算有效成本后，就可以对期现套利的获利多寡做出预期。

三　未来的市场发展潮流

2017 年，黄金市场在规范和健全的平衡之下发展壮大，套期保值和套利作为市场主要参与者之二，套保者保持着老学究式的严谨，近年对冲份额维持在产量的 10% ~20%，套利者则顺应潮流，不断推陈出新，两大类的市场参与者不可或缺，共同维护着市场的健康发展。

对于发展方向，在 2017 年 5 月举行的一个期货行业的套利交易高端闭门会议上就透露了一些端倪，会议的主题是量化、套利与速度，集合了一批走在市场最前沿的套利交易者。与以往套利交易者集会多讨论策略优劣不同，此次会议套利者们讨论的主题从策略转向了交易的速度，从秒到微秒，从微秒到毫秒，科技的发展，信息流通的便利，使贵金属市场套利交易者之间在策略模型上的差距缩小，套利者转而追求交易速度上的差距，在策略相似的情况下，有时数十毫秒，甚至数十微秒的交易速度差距就决定了一个套利策略执行时的盈亏。

因此，步入2017年，展望贵金属套利交易的推进路线，是大众化、科技化，是策略与速度并行的多重竞争化。大众化是指随着市场的发展，贵金属套利交易的入门门槛在降低，资金和网络科技的需求个人投资者就可满足；科技化是指随着IT技术的发展，策略的实现更多的是依赖于计算机而不是人工，套利策略所需的硬件和软件，也将成为战场之一；策略与速度并行，速度是执行交易的重要因素，交易不够快会成为高频交易竞技场上的致命伤。但光靠速度是不够的，无论计算机的速度有多快，如果没有一个成功的交易策略，可以产生稳定的赢利，也不会成功。

B.9

中国商业银行黄金业务的参与者

倪金合*

摘　要：市场是人建立的，交易是人的一种行为，所以，市场发展的第一要素是人，但在讨论市场发展时基本上都没涉及这个第一发展要素问题，这是需要加以研究的理论问题。参与者的行为研究是黄金市场应该研究的一项重要课题，本文探讨的核心话题之一就是参与者行为对黄金市场发展的影响，并以参与者行为特征的研究为切入口，从参与者行为特征以及他们之间影响的角度，形成对黄金市场运行的微观和宏观研究，在对市场参与者研究的基础上，结合微观行为研究，从相对较新的角度得出我国黄金市场运行状况结论，并探寻造成中国黄金市场运行存在缺陷的根本原因，进而提出政策建议。

关键词：监管者　产用金企业　投资者　上海黄金交易所　上海期货交易所

* 倪金合，北京黄金经济发展研究中心高级研究员，中国黄金报社采编中心主任，从事黄金矿业、黄金市场研究多年。

从我国黄金市场发展现状来看，监管者、交易者和平台提供者共同构成了我国商业银行黄金业务的参与者。其中，监管者包括央行、中国证监会、中国银监会等部门，其中以央行为首；交易者包括买金者、卖金者、投资者、央行，而投资者又分为短期投机盈利者和长期投资套保者，投资者是主体；平台提供者包括上海黄金交易所、上海期货交易所、商业银行柜台交易平台，其中以上海黄金交易所为主导。

一　监管者

目前，我国黄金市场的监管架构已经初步建立，主要由央行、证监会和银监会进行多头监管。其中，中国人民银行对我国黄金进出口业务、上海黄金交易所进行监管，与银监会共同对商业银行黄金业务进行监管；银监会负责商业银行黄金业务的审批；证监会对黄金期货业务和上海期货交易所进行监管。监管黄金生产和首饰经销商的是工商局。

（一）政府对全球主要黄金市场的监管

对政府在黄金市场中的行为，经济学界存在两种对立观念。观点一认为，黄金市场存在自我维持的运行机制，不需要政府干预，有时政府干预非但不能促进反而会阻碍黄金市场运行机制发挥作用，降低黄金市场运行效率。观点二认为，黄金市场存在市场失灵问题，有时不能通过自身机制克服，或可以通过自身机制克服，但过程十分漫长，会给黄金市场带来严重影响，在此情况下，政府进

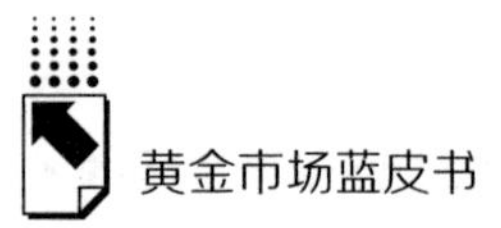

行干预会纠正市场失灵，提高黄金市场运行效率。

从国际上来看，政府和自律组织分别在场内和场外黄金市场的监管上各有分工：对场外黄金市场，自律组织起的作用较大，除了必要的立法外，政府一般不对场外黄金市场进行监管，比如香港金银业贸易场、伦敦黄金市场等；而对场内黄金市场，国家一般会授权政府部门或监管机构进行监管，而自律组织则起协调配合作用，如日本和美国黄金期货市场。

（二）我国的情况

我国黄金市场经历了严格管制、统购统配、市场化改革探索和全面实施黄金市场化四个发展阶段。在严格管制和统购统配阶段，中国人民银行是黄金市场的统一主管机关，通过计划经济手段进行管理，目的主要是维护市场安全，效率与公平未受到重视，黄金市场处于金融抑制阶段。从 1993 年开始，中国人民银行对黄金市场实施了渐进的市场化改革，市场效率纳入监管层视野。随着 2001 年中国人民银行宣布取消黄金“统购统配”的计划管理体制，2002 年组建上海黄金交易所，2003 年取消黄金生产、加工、流通审批制，2008 年推动黄金期货在上海期货交易所上市等市场化改革措施的稳步实施，我国较快建成了现货与衍生品相结合、面向机构和个人的多层次黄金市场，金融效率与金融安全成为黄金市场监管的主要目标，黄金市场处于金融深化阶段。金融危机发生后，宏观审慎安全引起高度关切，各国在金融监管改革中对功能监管更加重视。顺应这一趋势，我国也大力提升功能监管地位。2011 年，中编办在《关于进一步明确黄金市场及黄金衍生品交易监管职责的意见》中再次明确了中国人民银行统一监督管理黄金市场及黄金衍生品交易。2013 年 8 月，国务院批复同意中国人民银行牵头建立金融监管协调机制，就是功能监管理念地位提升的实践表征。

（三）制度法规建设有待推进

只有建立法律制度完善的黄金市场，才能对其依法进行有效监管。然而我国对黄金市场监管的法律体系并不完善：1983 年出台的《金银管理条例》是在计划经济的背景下制定的，早已不适合目前高度市场化的黄金市场；虽然《中国人民银行法》对中国人民银行履行黄金市场监管职能有明确规定，但过于笼统，可操作性较弱。

从现实的情况来看，由于缺乏法律依据，我国对黄金市场的管理往往是“头疼医头，脚疼医脚”，出台了很多临时性的行政性规定，并没有上升到法律层面。早在 2009 年，中国人民银行就起草了《黄金市场管理条例（征求意见稿）》，却迟迟未出台。2010 年，六部委出台了《关于促进黄金市场发展的若干意见》，但从那开始便再无实质性政策措施。当前，我国黄金市场除不断市场化外，还不断国际化，面临的情况更加复杂，风险更大，因此，加强黄金市场法制化建设已势在必行。

因此，对我国黄金市场来讲，应尽快废止《金银管理条例》，制定新的黄金市场管理条例，并完善黄金市场准入制度，创新黄金产品监管体制，建立日常信息披露机制，以促进我国黄金市场健康发展，维护黄金市场投资者的合法权益。

二　交易者

在黄金市场上，交易主体主要有以下三类：大型做市商，多为实力雄厚的商业银行，它们凭借自身实力打造系统分销网络；黄金产金用金企业，多为处于产业链上下游的大型黄金生产和加工企业；众多散户投资者。

（一）投资者

改革开放以来，随着人均收入的不断增长，中国的消费者开始越来越注意财富的保值和增值，除了传统的银行储蓄外，股市、债市、理财产品都成了中国消费者最为常见的投资渠道。随着中国贵金属市场的发展，越来越多的消费者将目光转向了这个领域，特别是金融危机爆发后，希腊主权债务危机及欧洲债务危机等，给欧元区带来了创伤，新兴经济体通胀水平也居高不下，北非、中东等地区政局不稳，受多因素影响，股市、债市等传统的投资市场损失严重，黄金却因为其天然的货币属性，因避险需求猛增而屡创新高。虽然近期因为美国经济形势好转和利率上升的预期，金价起伏不定，但是其作为避险投资产品的属性一直没有改变。

1. 黄金投资者行为特征

投资者的目标是明确的：追求货币在未来的增值。但受到年龄、心理、动机、风险偏好等的影响，投资者的行为呈现巨大的差异，我国黄金投资者也是这样。总体上来讲，我国黄金市场投资者的投资行为有如下特征。

（1）投资主体多样化

黄金投资者既有国家（央行），也有大型企业、中小企业、个人等，呈现投资主体多样的特点。投资主体的多样，也让黄金投资资金的来源多样，既有财政资金，也有企业或机构资金，还有个人资金。

（2）投资目标多元化

在我国，黄金投资者的目标追求各不相同，如国家是为了国际储备多样化，降低储备风险，提高人民币“含金量”，一些企业是为了规避产品价格风险或进行融资，一些机构和个人是为了保值增值，或者转移风险、投机赢利等。

（3）投资方式差异化

按照资金规模大小，黄金投资者可分为机构大户和中小散户。机构大户拥有资金、信息优势，且抗风险能力较强，对黄金市场具有较大影响，也为黄金市场提供了流通性。对中小投资者而言，由于缺乏组织性、计划性，其投资行为往往呈现非理性特征。另外，从年龄来看，年轻投资者往往更加富有冒险精神，而中老年投资者往往更理性，并趋于保守。

（4）投资决策感性化

黄金价格与黄金投资者的利益直接相关，因此，投资者对黄金价格波动极为敏感，为了获取更大利益，并且由于经常需要自己做出有重大风险的决策，投资者往往对群体行为和信息高度依赖，且出现情绪化、非理性的“羊群效益”。

2. 商业银行是首选

传统的中国收藏投资主要是收藏金器、金条等实物金。但当前中国人传统的实物黄金投资习惯已经逐渐改变，账户贵金属因其方

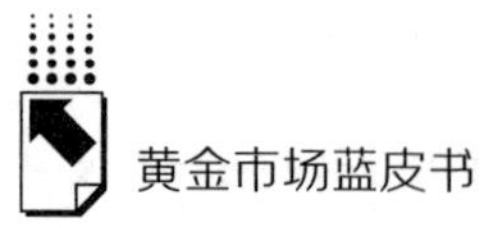

便快捷、易操作成了最受欢迎的贵金属业务。传统的黄金业务紧随其后。从未来的趋势来看，贵金属投资产品的多样化要求更为明显，消费者对于实物黄金和账户黄金的兴趣下降，对于新的贵金属投资产品，例如，对贵金属挂钩的理财产品的兴趣更为浓厚。高收入阶层对贵金属产品的了解度较高，也就更加倾向于投资多样化的贵金属产品，而低收入阶层则更加倾向于实物黄金。

世界黄金协会的调研数据显示，中国的贵金属投资者相对成熟。我国有60%的黄金投资需求通过商业银行实现，其他依次为黄金交易所、期货交易所、基金、券商和其他。对于选择投资渠道的标准，大部分投资者都认为安全性是最重要的，其次为信誉好、门槛低和网点较多。针对商业银行来说，交易平台的稳定可靠，交易的便捷性、多样性和安全性及收费透明是投资者选择最重要的依据。

近年来，商业银行的黄金理财逐步走入中国民众家庭。黄金投资作为一种古老又新兴的投资方式也吸引了越来越多的投资者的目光。从黄金人均消费量来看，我国的消费量不仅低于欧美发达国家，甚至还低于印度等发展中国家。因此，随着中国经济高速增长及黄金投资渠道逐步放开，个人投资黄金市场将有巨大的发展空间。因此，商业银行应进一步降低个人黄金门槛，方便个人投资黄金，设计更加合理的黄金投资理财产品，扩大黄金市场投资主体规模。

3. 移动互联时代的黄金投资者

当前，中国移动互联网迅速发展，手机成为投资者的重要工具。基于投资者在移动互联时代投资心态、投资行为方式的变化，2014年，“互联网+黄金”模式出现，京东金、腾讯微黄金、阿里存金宝等互联网黄金产品应运而生。除传统互联网企业外，紫金矿业、山东招金集团、国美等企业也开始进军互联网黄金业务。面对价值两三万亿元的民间存量黄金，使存量变成增量，真正流动起来，成为各方努力的方向。而机遇的出现则在于如何充分迎合投资者投资心态的变化。

（二）产用金企业

作为绝对的财富，黄金越来越受人类重视。黄金虽然已不是货币，但仍然是现代金融市场上的重要投资标的，所以，产用金企业在我国黄金市场开放后进入的是一个金融属性主导的市场，这意味着产用金企业的社会功能已变化，即从商品生产加工者变为金融产品的生产者和融通者。黄金企业的产品无论是金锭还是黄金制品，都因其具有很强的金融属性而与货币有很好的互通性。因此，黄金产品除与一般商品一样进行交易外，还可以进行借贷交易，或实现与货币的互换，或在流动中产生利息。

1. 黄金融资

当前，产金企业发展面临着巨量资金需求，而黄金金融属性为它们带来了一条新的融资途径——黄金租赁。黄金租赁是以黄金使用权的暂时让渡来获得利息收入。由于黄金的特殊金融属性，对商业银行而言，黄金租赁实际上是卖出即期合约后买入远期合约。卖出是黄金实物的交易过程，买入是货币的流通过程。对黄金供给者来讲，黄金租赁是通过增加黄金流动性而获得利息的手段。在我国，黄金租赁还有其特殊之处，因为商业银行贷款有额度限制，而黄金租赁不受贷款额度限制，这成为商业银行增加贷款总额的途径。为规避价格风险，黄金加工商在一般情况下不进入黄金交易市场，而进入租赁市场，成为黄金租赁最大的客户群体。从融资成本来看，企业从银行借金的年利率为3% ~5%。目前，银行借金业务主要针对大型产用金企业，这些企业再将黄金转借给黄金加工企业和黄金经销商，在一定程度上缓解资金压力的同时，也可以使这些企业规避黄金价格波动风险。

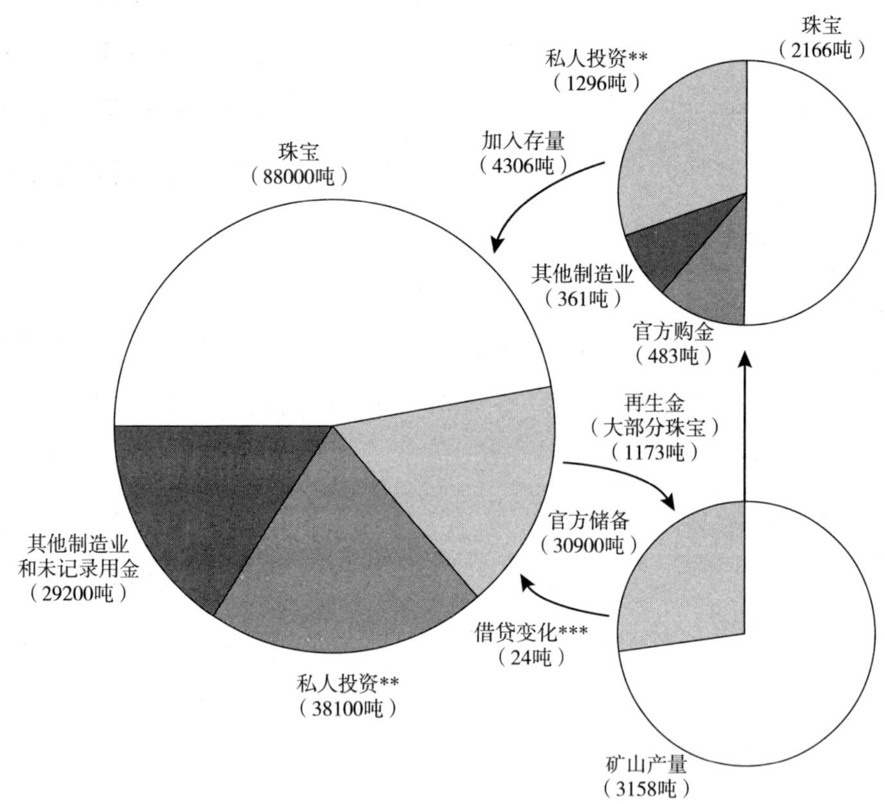

图1　全球地表存金流向

注：* 不包括黄金借贷；** 包括金条投资，隐含净投资和金币；*** 包括从私人和官方借贷。

资料来源：世界黄金协会。

官方数据显示，2016 年商业银行租赁 3070.38 吨，相比 2015 年增长 26.15%，其中对客户租赁业务 1827.78 吨，同比增长 42.1%；银行间租赁增长 46.32%，至 1242.59 吨。

2. 风险防控

黄金金融化的本质就使黄金这种自然界的物质具有了钱的功能，因而极大地增强了黄金的流动性，因价格的波动而产生了时间上和空间上的价值差，而成为以营利为目的的投资标的。显然，黄金金融化使产用金企业有了利用黄金标的流动性实现盈利的机会，这是在黄金管制缺少流动性历史时期所没有的，这种新机会是黄金市场化带来的，但黄金流动性增强和交易的频繁使金价成为重大风险，稍有不慎即可深陷泥潭不能自拔，甚至产生的损失足以使其破产。所以，进入黄金金融化时代的黄金企业要发展不仅要有过硬的黄金采、选、冶、加工技术，同时还必须有过硬的市场风控能力。

在黄金金融化环境中发展，必须把风险控制放在工作的首位。风控的目标一是安全收回投资，二是实现投资的适度增值，而要抑制的是对利润最大化的追逐，这需要对传统经营理念进行修正。对产用金企业来讲，要建立两支功能有别的工作团队，实现生产运营团队与市场风险运营团队分设，各司其职，从而在实现生产运营稳定的同时也可追求超常利润。现在中国黄金集团、山东黄金集团、紫金矿业集团、招金集团等都组建了独立的财务公司，并成立了专门的风控团队，这是它们已经认识到涉足金融市场的必要性和风险控制的重要性。

3. 产业链金融

当前，我国黄金矿业和黄金首饰生产加工业的高速发展期已经过去，黄金产量和加工量有可能已经到顶，而资金瓶颈已经开始制约我国黄金产业发展。因此，商业银行可围绕黄金全产业链——开采、生产加工、精炼、销售，做好产业链金融服务。对企业来讲，由于黄金行业企业的资金需求有较强产业特性，迫切需要商业银行提供有针对性的金融服务。而商业银行应借鉴国内外经验，围绕黄金全产业链条创新金融产品，除开展黄金租赁外，还可以开展黄金远期和黄金期权等业务，并根据黄金企业的产业特点，形成从流动资金贷款到货物销售等一系列金融服务体系，通过应收账款质押、黄金质押融资和存货抵押等方式，满足企业金融需要，构建以产融结合为特点的黄金产业链金融服务市场，以黄金产业带动整体黄金市场的快速发展。

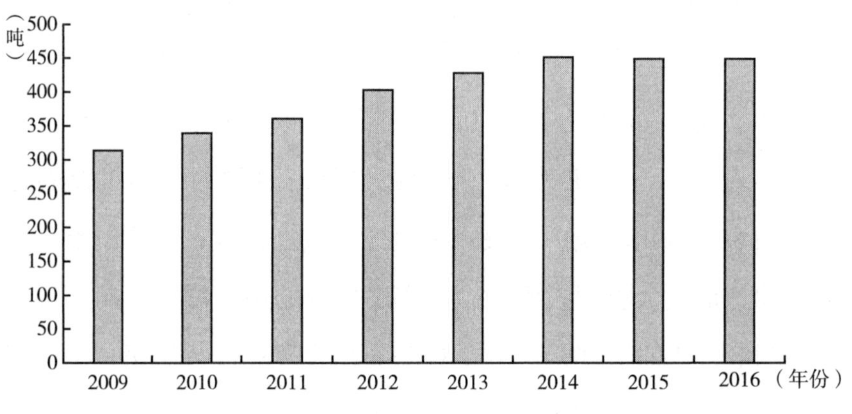

图2　我国近年来黄金产量

资料来源：《中国黄金年鉴》。

（三）央行

对商业银行来讲，央行不仅是其黄金业务的监管者，还是黄金的提供者，央行的黄金储备对黄金价格是重要指标，对商业银行黄金业务具有重要意义。地球上的黄金除个人和机构投资者外，其实大部分都储存在各国央行（包括 IMF）手中。黄金具有货币属性，因此一般被作为外汇储备的补充存在于各国央行的资产负债表里。

表 1　全球央行官方黄金储备前十位（截至 2017 年 4 月末）

单位：吨，%

名次	国家(国际组织)	黄金储备	在国际储备中的占比
1	美国	8133.50	75.40
2	德国	3377.90	69.60
3	国际货币基金组织	2814.00	
4	意大利	2451.80	68.50
5	法国	2435.80	64.00
6	中国	1842.60	2.40
7	俄罗斯	1655.40	16.80
8	瑞士	1040.00	6.00
9	日本	765.20	2.50
10	荷兰	612.50	64.90

资料来源：世界黄金协会。

从历史上来看，各国央行出售的黄金一直是市场实物黄金供给的主要来源，2004 ~ 2008 年，全球央行累计售金超过 2000 吨。2008 年全球金融危机爆发后，各国央行开始逐步缩减售金规模，有的开始买入黄金。央行对实物黄金的大量买卖，无疑会引起供需基本面变化，进而影响金价。欧洲各国央行于 2014 年 5 月 19 日达成协议，承诺不会出售“可观”数量的黄金，并根据于 9 月到期的现有《央行黄金协议》，欧元区国家外加瑞典和瑞士承诺，每年售黄金将不超过 400 吨。新达成的协议再次确认了黄金作为储备货币的地位，并且不再提及出售限额——这相当于承认欧洲各国无意出售黄金。

目前，我国因其人口基数大在黄金的生产和消费上一直遥遥领先于其他国家。自2015年6月我国重新更新黄金储备数据开始，央行保持着每个月50万盎司左右的增持速度稳步增长。截至2017年5月末，我国现有黄金储备1842.6吨。截至2017年5月末，我国外汇储备规模为30536亿美元。我国黄金储备在外汇储备中所占的比重十分小，仅有2.3%，与10%的国际黄金平均储备水平也相差甚远。而综观西方发达国家的黄金占外汇储备比重，基本维持在50%～70%，说明我国的黄金储备水平还有待提高，并且未来的发展空间十分广阔。

黄金储备作为国际储备形式之一，有其自身独特的优势，但在增加黄金储备时，需要谨慎行事，要将其作为一个长期战略规划进行，不能急于求成。首先，在增加黄金储备时，需要选择恰当的时机，在能够降低购买成本的同时，降低储备风险，实现保值增值；其次，国家可以通过吸引社会资金购买黄金的方式，来使官方储备增加的同时，民间储备得以同步增长，实现“藏金于民”。

三　交易平台

2001年4月，中国人民银行宣布取消黄金“统购统配”的计划管理体制，并组建了上海黄金交易所。2002年10月上海黄金交易所开业，标志着中国的黄金业开始走向市场化。2008年1月9日，经国务院同意和中国证监会批准，黄金期货在上海期货交易所上市。目前，我国黄金市场体系已基本建成，且初步形成了上海黄金交易所黄金业务、商业银行黄金业务和上海期货交易所黄金期货业务齐头并进的格局，形成了与黄金产业协同发展的局面。

（一）上海黄金交易所

目前，上海黄金交易所已形成黄金现货交易和衍生产品日益丰富，面向广大机构投资者和个人投资者，竞价、询价、定价、租赁等市场共同组成，境内主板与国际板融合发展的多层次的黄金市场体系。

1. 影响力不断扩大

2016 年，上海黄金交易所共成交 13.02 万亿元，同比增长 62.63%。截至 2016 年末，共有会员 253 家，境内机构客户 10808 户，个人投资者 891 万余人。在规模迅速扩大的同时，上海黄金交易所投资者数量不断增加，结构持续优化，类别继续呈现多样化，期货公司（包括期货子公司）、证券公司、私募投资公司、基金公司等非银行类金融机构和国际黄金集团、知名银行及投资机构等国际会员积极参与黄金交易，与传统商业银行、黄金行业企业共同构成了我国黄金市场机构投资者群体。

2. 国际化程度加快

2014 年 9 月 18 日，上海黄金交易所国际板启动。从此以后，国际投资者便可以直接参与以人民币计价的黄金、白银等产品交易。上海黄金交易所还在上海自贸区内建立了黄金库，规模达千吨，国际投资者可利用自贸区政策优势，通过国际板开展实物黄金进口和转口服务。目前，上海黄金交易所已有国际会员 67 家，通过这些国际会员代理的国际客户共 60 家。以人民币定价的黄金市场影响力日趋增强。

2016 年 4 月 19 日，“上海金”推出。“上海金”上线以来，已成为黄金企业套期保值交易结算的基准，被许多国内商业银行作为

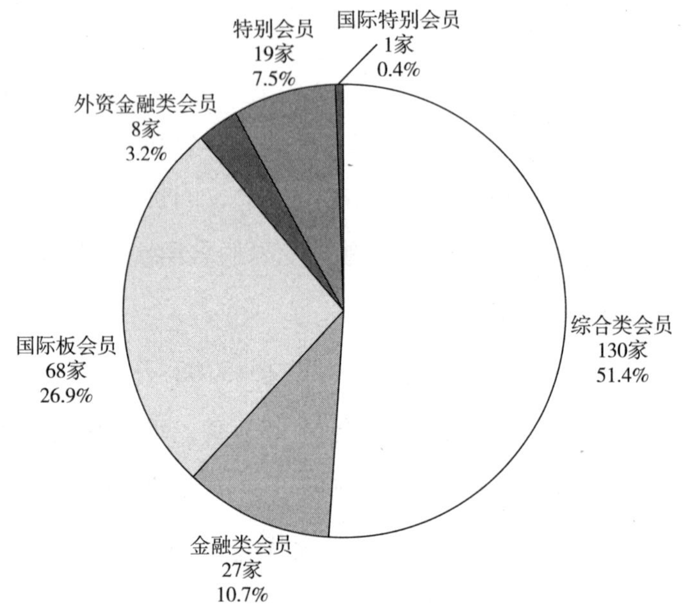

图 3　上海黄金交易所会员构成

资料来源：上海黄金交易所。

黄金抵押、租赁等的计价依据。另外，与“上海金”基准价相挂钩的黄金金融产品也在不断面世。2016 年 10 月 28 日，上海黄金交易所与迪拜黄金与商品交易所签署《上海金基准价授权使用协议》，迪拜黄金与商品交易所在其开发的以离岸人民币计价的黄金期货合约中，使用“上海金”基准价作为该合约的现金结算价。

（二）上海期货交易所

上海期货交易所目前上市交易的有黄金、白银、铜、铝、锌、铅、螺纹钢、线材、燃料油、天然橡胶、沥青等 11 种期货合约，其中黄金业务是上海期货交易所最主要的业务之一。上海期货交易所目前拥有会员 402 家，各会员在全国开通远程交易终端超过 250

个。就黄金期货业务量来说，上海期货交易所仅次于位于美国纽约的COMEX黄金期货交易市场（2016年交易量为5756万手）。黄金期货作为上期所的战略性品种，近年来市场成熟度不断提高，成长迅速，主要表现在价格发现和套期保值功能发挥等方面。

1. 交易规模稳步增长

2016年，在全球黄金期货成交量排名中，上海期货交易所黄金期货名列第二。同时，上海期货交易所投资者结构不断优化，表现在法人客户参与度逐年增长，持仓量和成交量保持相对较高水平。2016年，上海黄金交易所黄金期货法人客户持仓占比为61.71%，成交占比为17.61%。参与黄金期货交易的券商集合理财、基金专户，以及期货公司资管等特殊单位客户已经超过1.1万个，国内商业银行等金融机构、黄金生产消费企业也已成为市场的重要参与力量。

2. 发挥套期保值功能

近年来，黄金期货套期保值效率在90%以上。自2008年黄金期货上市以来，特别是连续交易实施后，上海期货交易所黄金期货已摆脱影子市场造成的被动跟随局面，价格与国内现货、境外同类品种期货市场价格高度紧密相关，并有效降低了市场参与者“跳空”风险。目前，上海期货交易所黄金期货价格已成为我国远期报价重要定价依据。这些都为黄金产用金企业进行套期保值提供了巨大便利。

四　结语

我国黄金市场的不同参与者对市场的影响力不同，使我国黄金

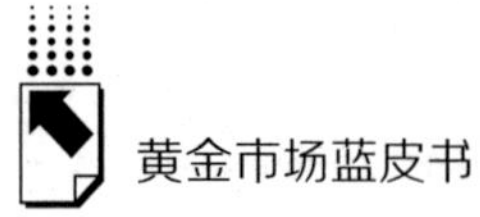

市场发展呈现以下特征：以金融市场稳定为第一要务、央行的强势参与，使我国黄金市场成为一个并非完全开放而是服务国内需求主导的市场；基于投资者是主导性交易者，所以我国黄金市场已成为一个黄金金融市场；基于上海黄金交易所是我国主导性平台，其改革在很大程度上可代表中国黄金市场的风向标。

专题篇　黄金银行专论

Special Report：Gold Bank

B.10

黄金市场的蜕变与升华

——黄金银行的时代价值与未来

张伟超*

摘　要：构建黄金银行是中国黄金市场化高度发展的必然需求，它意味着我国黄金市场正在经历从量变到质变的蜕变与升华。在黄金回归货币化的全球市场浪潮中，我国深入挖掘黄金金融货币属性，率先冲入黄金市场创新的无人区，引领全球黄金市场的跨越式

* 张伟超，北京黄金经济发展研究中心高级研究员，中国黄金报社首席记者，长期跟踪报道和研究中国黄金市场、黄金产业链的发展。

发展。这是一份难能可贵的探索，需要攻克诸多挑战，其探索和经验值得深入思考和总结。早在2009年，中国工商银行成立贵金属业务专营机构——贵金属业务部。2014年，平安银行率先提出黄金银行的概念和品牌，引起了业界的强烈反响和广泛关注。2016年，民生银行也正式推出了黄金银行品牌。此时，黄金市场上打出黄金银行口号的机构、平台越来越多，一股强大的黄金银行风潮正在酝酿。现阶段市场上最具争议的话题是，黄金银行风潮的背后，是“噱头”还是风口？黄金银行的黄金业务，是停留在现有黄金业务的整合，还是以整合为基础进一步创新？本文从黄金货币金融属性回归趋势、商业银行黄金业务规模变化的角度阐述黄金银行筹建的背景与机遇，就当前黄金银行的黄金业务现状、思路以及整合创新分析黄金银行的特征，并在黄金银行政策牌照、黄金市场基础设施、国际化范例等方面思考黄金银行发展面临的挑战。

关键词：黄金银行　商业银行黄金业务　黄金货币化　中国黄金市场

一　启蒙与创新

自2009年中国工商银行成立总行直属的贵金属业务专营机

构——贵金属业务部，我国就离实现贵金属业务国际一流“中国梦”不再遥远了。鉴于黄金有商品属性和金融属性，国外许多著名金融机构的黄金业务由其贵金属专营机构来进行专业化、事业部制的管理，而在国内，大多数商业银行的黄金业务，则按照黄金商品和金融属性，被人为地分属于不同的管理部门，分散化经营和管理。工行贵金属业务部的成立，打破了过去的黄金业务的分散化管理体制，将原来不同部门的黄金业务统一到一个部门，对黄金等贵金属业务进行集中经营与管理。

正是由于商业银行业务机制的创新，我国首家贵金属业务专营机构被赋予了敏锐的嗅觉、前瞻的布局和在巨变的市场环境中持续发掘黄金市场潜力的能力，率先推出黄金互换、套期保值、融资租赁、质押等金融服务，市场规模迅速扩大，并在市场中崛起。即便在2013年、2014年，黄金、白银等贵金属持续振荡，行业进入低迷的市场阶段，工行贵金属业务部也一直保持着优异的业绩。据其上市公司2015年的年报，工行贵金属业务客户超过2900万户，同比增长20%，当年贵金属业务交易额达到1.25万亿元，同比增长了21%，交易量达15.9万吨，同比增长了38%，均居市场领先地位。

工行贵金属业务部由自营业务，代理业务，实物仓储、交割、调运业务，清算业务，租赁业务等组成，这些业务之间在某种程度上存在高度相关性。贵金属业务部的管理权限和独立性进一步增强后，有了业务协同、创新探索的动力和机制，再加上依托中国工商银行3亿多户的客户群体及1.7万个营业网点，贵金属业务的迅速崛起就“顺理成章”了。

工行贵金属业务部体制改革的先知先觉，为更多的商业银行黄金业务机制创新与改革提供了范例。尤其是近年来，商业银行在黄金市场迅猛发展中尝到了甜头，黄金业务交易量、规模连年高速增长，黄金业务在银行中的角色、地位越来越重要。为了把握住黄金市场快速发展的机遇，在市场创新发展中掌握先机，商业银行创新与改革黄金业务的动力越来越足。

2014 年，平安银行推出由黄金零售业务，积存金、纸黄金等账户类黄金业务，黄金交易类业务，黄金租赁业务，黄金质押业务组成的一体的黄金银行。

通过黄金银行，零售客户使用类似人民币账户的“黄金账户”进行黄金购买、定存、定投、兑换、转账、质押；公司客户使用“黄金账户”进行融资、结算、托管、销售、套保。

相比工行贵金属业务部，平安银行的黄金银行在理念上更进一步。它率先提出黄金货币化的理念，退出以黄金计价和结算的产品与服务，建立黄金资产负债表和资产池，从而满足客户全方位的需求。平安银行的新理念，为业界打开了黄金银行的想象空间，更为商业银行黄金业务的未来发展提供了探索路径。

2016 年，民生银行推出黄金银行品牌，尝试实现一般货币、黄金实物和“账户黄金”的可自由兑换，打造集黄金实物、积存、投资、交易、理财和融资于一体的线上线下互通的黄金综合服务平台。民生银行的黄金银行的框架由横向和纵向两个方面组成，横向为对公黄金银行、零售黄金银行、“互联网 + 黄金银行”三大模块，纵向由各项黄金产品组成。

总体来看，当前阶段黄金银行多为黄金业务整合、协同，提出的创新思想、概念多停留在认识理念层次上，更多的落实性框架还在搭建中。因此，对于黄金银行，业界也有些不同的声音，比如，其业务仅为现有黄金业务的整合，只是为扩大影响力和业务量的商业“噱头”而已等。

为此，我们必须理性地看到，近年来，商业银行黄金业务发展实践中，不少银行从业者对黄金银行的概念和认识早有所考虑，并且有所期待，但囿于各银行的体制机制、规模现状以及市场形势，并没有实现从个人想法到银行意志的转变。对更多的商业银行黄金业务而言，工行贵金属业务部的成立和黄金银行概念和品牌的提出及筹建，具有重要的积极意义和示范作用，或者说为我国黄金市场转型升级释放了一种信号。两者都是黄金市场创新发展进入新的阶段的里程碑事件，见证着我国商业银行黄金业务从分散到集中、从集中到创新的历史进程。

在黄金市场迅猛发展的势头不减、创新政策环境宽松的条件下，黄金银行未来绝不会满足于黄金业务整合、协同，而是沿着黄金货币化的思维路径，向更深层次的创新发展迈进。因此，黄金银行概念和品牌的提出，本身就是理论概念、思维方式的解放，是一种创新和进步，更是商业银行在充分论证我国黄金市场现状与未来发展趋势的基础上做出的应时顺势之举。

二　顺应黄金货币化回归潮流

黄金银行应运于黄金货币化回归的时代潮流。

且不说是商业噱头，还是市场大势所趋的风口，黄金银行概念

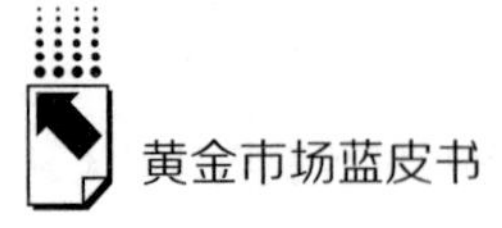

和品牌的提出和构建于当前这个时代，不能说存在即合理，但是存在历史背景和环境的就应该值得思考。因为，在黄金非货币化的那股历史潮流里，全世界包括各国央行纷纷抛售黄金，减持黄金储备，黄金银行是绝没有扎根生存的土壤的。

直到进入 21 世纪，美国“9·11”事件、金融危机、欧债危机、英国脱欧等风险事件接连爆发，黄金作为稳定金融的“锚”，才又重新回到人们的视野中，为人们所青睐。在过去的 40 多年时间里，信用货币体系取代黄金本位体系，全球经济并未因此彻底走向繁荣，而是出现了当初意想不到的后果：经济泡沫化趋势，通货膨胀率居高不下，金融危机频发，全球失衡，贫富差距加大，国际货币体系的不公平性正在日益凸显。这一系列矛盾和挑战困扰着全球化时代的经济和社会。

包括世界央行、中国人民银行在内的多家机构的领导人开始反思以美元为中心的信用货币体系，试图探寻革除当前货币体系的弊病，创新出一种更有利于全世界人民利益、推动经济发展的货币体系。黄金的价值得到重新审视，货币的稳定性、货币体系的多元化成为探寻新货币体系的重要路径之一。从 2010 年开始，全球央行由黄金净卖家转变为黄金净买家，至今已连续 7 年，买入量持续增加。

而且，自 2013 年以来，德国联邦银行等多个国家央行发起“黄金回家”运动，将储存在美国金库中的黄金运回本国。新修订的《巴塞尔协议Ⅲ》将黄金从三等资产上升为一等资产，黄金成为银行的核心资产，可以作为信贷的重要抵押物。土耳其商业银行从 2011 年开始被允许使用黄金来满足土耳其里拉的准备金监管要求。

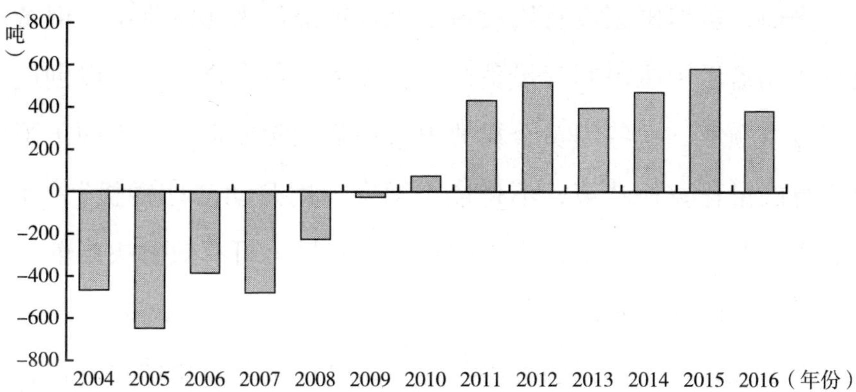

图 1　世界央行黄金净买入

资料来源：世界黄金协会，上海黄金交易所。

值得一提的是，在美国犹他州承认黄金作为法定货币后，近日美国亚利桑那州州长道格·杜西签署了 2014 法案，认定黄金、白银等贵金属为法定货币，允许亚利桑那州的居民使用贵金属代替美联储的钞票。

在此背景下，黄金投资需求格局也发生了显著变化：黄金投资需求在黄金总需求中的比重持续上升，到 2015 年投资需求比重达到 46.85%，而 20 世纪 90 年代投资需求仅占 8.55%，90% 以上的黄金需求是商品需求。黄金货币化已经成为不争的事实。

而迅速崛起的中国黄金市场，正在构建黄金银行，推行黄金货币化，尝试实现一般货币、黄金实物和“账户黄金”的可自由兑换，打造集黄金实物、积存、投资、交易、理财和融资于一体，线上线下互通的黄金综合服务平台。实际上，这迎合了中国央行增储黄金、“藏金于民”的思路和想法。不仅如此，它是用市场化的手段，将社会中的黄金重新流动起来，无异于再造一座大型金库。

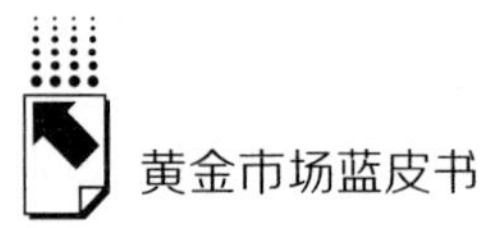

当前，虽然国家没有用政策来规定黄金作为法定货币，但黄金银行依靠盘活中国民间存量黄金，沉淀大量黄金资产，可以创造大量的贷款额度。这些因黄金释放出来的贷款额度资产，不同于国际上流行的量化宽松政策，不是依靠国家信用开动“印钞机”，而是以实实在在的黄金为依托产生的市场流动性，可有效解决当前信用货币体系下的诸多弊端。

可以说，黄金银行的提出与建设，是在黄金非货币化时代，顺应黄金回归货币趋势下，为当前国际货币体系改革进行的一次有益探索，为去美元化、建立新国际信用货币体系做了铺垫。

三　缘起银行黄金业务的崛起

在黄金货币化属性再显现的同时，黄金投资需求空前高涨。

近年来，全球持续的量化宽松货币政策，特朗普政策主张导致的全球政治经济秩序、国际贸易格局的不确定性进一步加剧，以及英国脱欧引发一波脱欧潮，欧洲主要国家进入大选年等一系列因素的叠加，不断助长市场避险情绪，为黄金投资创造了有利的条件，包括央行在内的各类投资者纷纷进入黄金市场，加大了对黄金投资的需求。

首先是金条和金币需求获得全球避险资金的青睐。全球金融危机唤醒了投资多样化和对冲尾部风险的需求，在 2008 年还尚未建立金条和金币市场的欧洲，近年来对金条和金币的需求特别强劲。其在 2015 年投资性需求同比增长了 12%，达到 219.3 吨，成为金条和金币需求量最大的地区。

以德国为例，2015 年度金条金币需求量超过 100 吨，相比之下，在全球金融危机以前，其年均需求仅约为 15 吨。法国市场尽管规模不大，但其黄金投资需求已经连续 7 年增长。

而在中国，近年来，金条和金币的需求也不断增加，如今也达到 2013 年以来的最高水平。

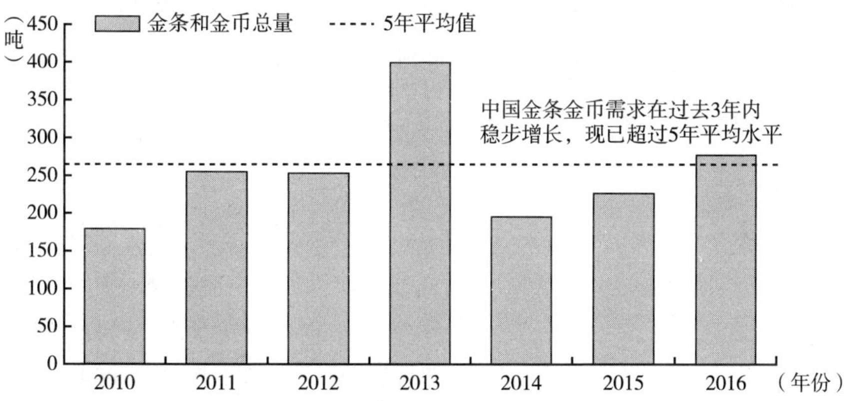

图 2　中国的金条金币需求情况

资料来源：《2017 中国黄金市场报告》。

黄金投资交易市场表现得也非常突出。全球大多数交易所的黄金交易量均增加，2016 年，全球最大交易规模的芝加哥商品交易所集团的纽约商品交易所（COMEX）总交易额同比剧增 38%，达到创纪录的最高点。

在国内黄金市场旺盛需求和巨大潜力的带动下，上海黄金交易所在 2013 ~ 2016 年四年的时间里，黄金交易量分别以 82.90%、59.17%、79.42%、61.73% 的速度，连续飞速增长。上海期货交易所的黄金期货合约的交易量和交易金额也呈现持续提升的势头。

近年来黄金投资需求的旺盛，最终也体现在商业银行黄金业务规模的增长上。

据世界黄金协会的数据，60% 的黄金投资需求，在中国是通过各商业银行解决的。自 2012 年以来，商业银行的黄金业务交易量大幅增长，2016 年，商业银行黄金业务量达 62354. 3 吨，同比增长了 32. 86% 。不论是上海黄金交易所（简称“金交所”），还是上海期货交易所的黄金期货交易量，商业银行在其中的业务比重都独占鳌头。此外，商业银行境内柜台黄金业务规模也呈现较好的增长势头。

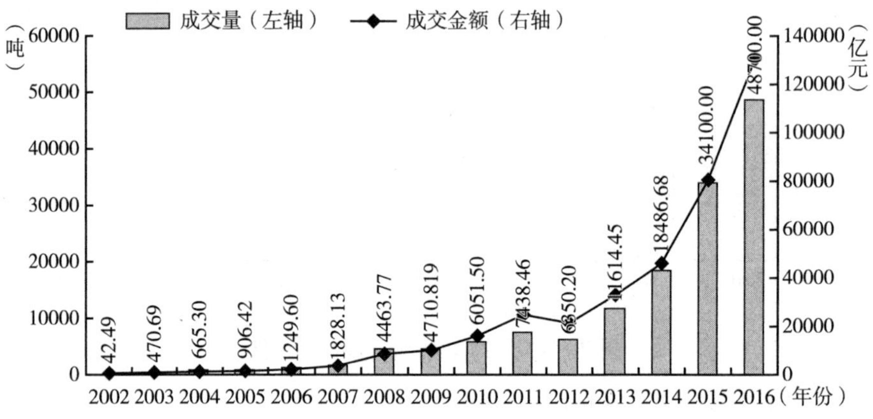

图 3　2002 ~ 2016 年上海黄金交易所成交量与成交金额

资料来源：《2017 中国黄金市场报告》。

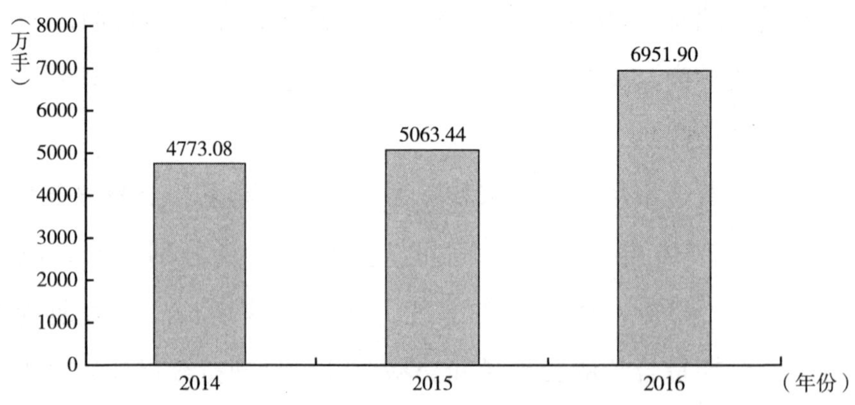

图 4　2014 ~ 2016 年 SHFE 黄金期货成交量

资料来源：《2017 中国黄金市场报告》。

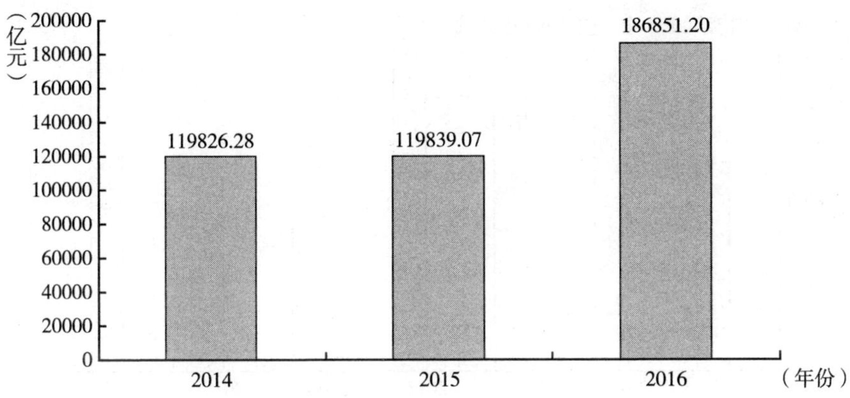

图5　2014～2016年SHFE黄金期货成交金额

资料来源：《2017中国黄金市场报告》。

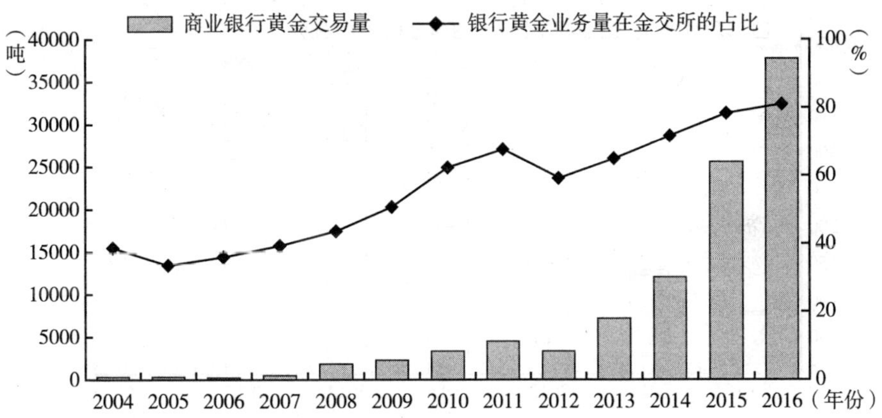

图6　商业银行在金交所的黄金交易总量和占比情况

资料来源：《2017中国黄金市场报告》。

其中，小克重的黄金是银行黄金实物销售的主导产品。比如1公斤金条、几百克金条，甚至克重更低的金条，在庞大的银行分支机构网络中广受欢迎。2016年，商业银行自营品牌金条销量达111.66吨，占国内金条销量的43.34%。

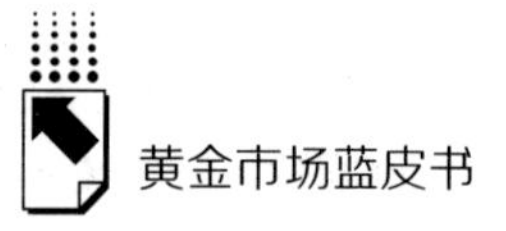

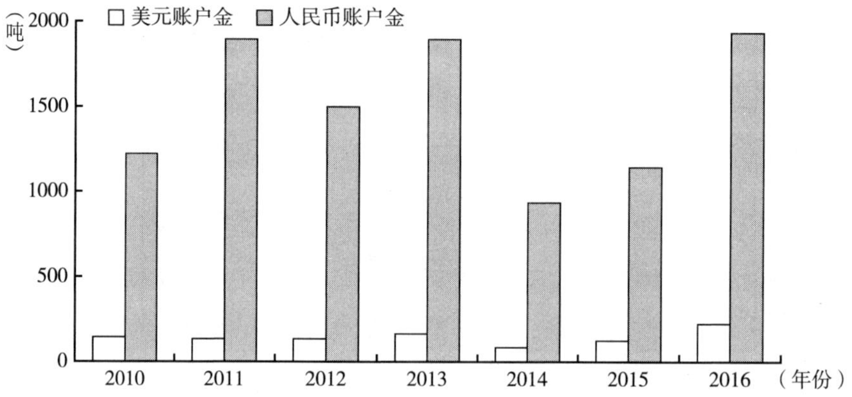

图 7　2010～2016 年商业银行账户金历年成交量情况

资料来源：《2017 中国黄金市场报告》。

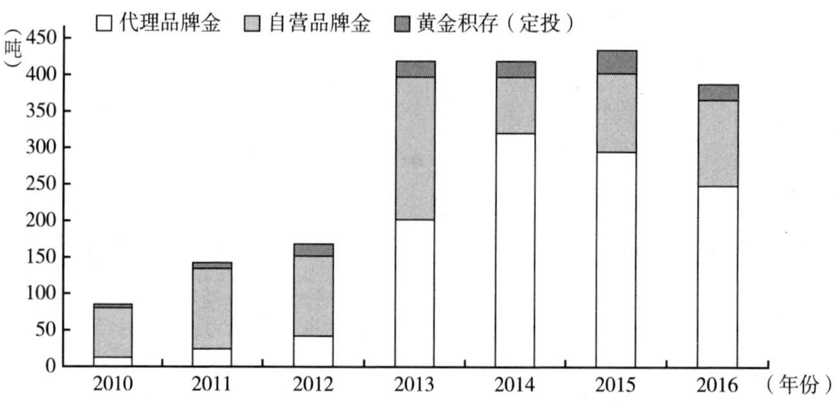

图 8　2010～2016 年商业银行实物黄金销售量

资料来源：《2017 中国黄金市场报告》。

同时，商业银行的积存金业务也很受老百姓的欢迎，2016 年，商业银行账户金交易 2102.6 吨，交易额 5638.1 亿元，同比分别增长了 71.34% 和 95.57%。同时在黄金产业链中，银行的黄金租赁得到广泛推广，业务量也大幅提升，2016 年商业银行累计租出黄金（含黄金拆借）3070.38 吨，名义金额达 8175.36 亿元，同比增长 26.15% 和 42.1%。

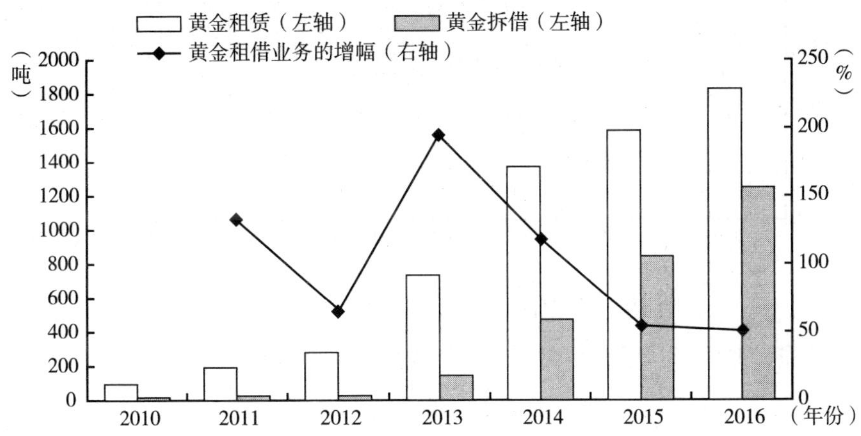

图 9　2010～2016 年黄金租赁、黄金拆借业务量及黄金租借业务的增长幅度

资料来源：《2017 中国黄金市场报告》。

除了国内黄金市场，在国际黄金市场中，我国商业银行的地位也不断提高，在国外的黄金衍生品交易量大幅增长。据中国人民银行的数据统计，2015 年、2016 年商业银行境外场内和场外交易黄金分别达到 1.39 万吨和 1.58 万吨，同比分别增长 34% 和 13%。

随着黄金租赁业务的发展，商业银行黄金持有量也在成倍增加。世界黄金协会在 2016 年研究发现，国内 15 家银行的总黄金持有量在 2015 年达到 2700 吨左右，同比增长了 38%。其中工、农、中、建四大银行的黄金持有量同比增长了 27%，接近 1900 吨。

总之，在商业银行存贷业务赢利缩减的严峻形势下，主动介入黄金市场，深入挖掘其中潜力，拓展交易模式，成为商业银行转型

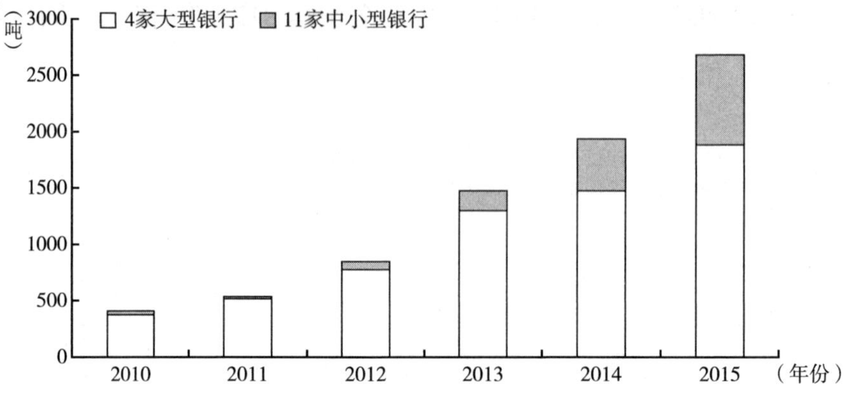

图 10　我国商业银行黄金持有量增长情况

资料来源：世界黄金协会。

发展的重要领域和撬动整个商品市场的有力工具。商业银行参与黄金市场，开展黄金交易相关的中间业务，在不突破现有银行准备金制度的同时，还增加了利润来源。除了赚取交易手续费，银行还可以因提供更强的理财服务而取得更大的创利。这也是构建黄金银行的动力之一。

黄金资产变现能力强，收益率水平比较高，符合收益率和流动性要求，而且我国黄金市场空间比较大，有发展潜力。此外，构建黄金银行，提高黄金资产比例，在一定程度上还可以优化银行资产结构，提高银行资产的安全性。

如果黄金银行深耕黄金市场，创新推出更多符合产业链需求和老百姓喜欢的产品和服务，必然会创造大量的中间业务收入。当黄金银行持有的黄金数量足够大的时候，黄金银行可以利用黄金持有量，自由调整国内信用货币供应量，为央行调控货币政策增加更多灵活性。

因此，不论是黄金货币属性的回归，还是黄金市场的潜力挖掘，商业银行开拓黄金业务、构建黄金银行都具有充分的动力，于公于私也都具备了天时地利的条件，具有时代价值和意义。

四　黄金业务创新与新市场开拓

商业银行构建黄金银行，拥有其他机构不具备的诸多优势，给业界留下了无限的想象空间。

首先，商业银行传统的黄金业务已经较完备，管理体系也较完善。集中整合黄金零售业务，积存金、纸黄金等账户类黄金业务，黄金交易类业务，黄金租赁业务，黄金质押业务等，便是黄金银行构建的基础工作和开端。当然，这要通过整合商业银行内部资源，冲破商业银行内部制度的藩篱，调整商业银行黄金业务管理机制，从而提高黄金业务发展的统一协调能力和创新能力，形成一股发展和壮大黄金业务的创新实干力量来实现。

黄金银行进一步发展，关键靠理念的创新。黄金是一种特殊的货币金融资产，是国际认可的价值和财富的象征，在国际货币体系和金融体系中有着重要的地位。

而且也要认识到，自从金融危机以来，国际信用货币体系的不公正性和脆弱性暴露出来，对于人为干预货币供应量，从而导致市场平衡机制失灵的问题，黄金可以发挥制衡的作用。黄金货币化不仅是时代命题，而且在人民币国际化进程中，国际货币体系改革的道路上，黄金货币化都具有非同小可的意义，进而黄金银行也具有了时代价值。

近年来，“互联网+”的东风席卷而来，大家纷纷触网，金融交易互联网化也不例外。“互联网+”、黄金交易互联网终端成为商业银行发展黄金业务的有力工具。借助移动互联网等新技术，黄金银行可以满足黄金企业机构与普通百姓的各方面需求，完全可以撬动黄金的流动性。这顺应了黄金货币化回归的历史时代趋势，也为老百姓的黄金买、卖、提、存、回购、支付行为提供了解决路径。

目前，我国的藏金达到1万吨以上，以300元/克的金价计算，这些沉淀的黄金资产的价值达3万亿元以上。如果其中有20%，即以0.6万亿元进入黄金银行，那么可以创造4.8万亿~6万亿元的贷款额度。

此外，我国还有一个不可小觑的增量黄金市场，目前我国人均黄金持有量不足10克，黄金消费需求非常旺盛，人均持有黄金量还在大幅增加。黄金银行以老百姓手中的黄金为目标，致力于提升黄金资产流动性，在黄金流动中，黄金资产的价值还可以继续被挖掘出来。

比如，黄金银行可以在黄金与货币兑换、黄金生息和黄金支付领域进一步发展。

在当前全球货币的滥发与贬值的大环境下，黄金的价值又逐步回归，黄金的流通手段也慢慢地得到发展与强化。而我国在流通方面的基础设施严重不足。大多数民间的购金都是放在家里保存，变现和流通处于被动状态，黄金银行可以打通黄金支付领域的梗阻，让黄金用于日常的支付房车和购物。这条通道打通后，沉睡的黄金将不再沉睡。

不过，当前我国并没有黄金的定价权，美联储政策、国际经济政治形势等方面深刻影响着金价，短期内金价的波动较大。此外，信贷、管理、系统性风险等，也都考验着黄金银行业务的发展。2016 年，中国人民银行发文要求，银行账户黄金业务需要全额交易，不得开展杠杆性交易；建立完善的防火墙制度，严格区分账户黄金业务与其他黄金业务，账户黄金业务应支持客户提取黄金实物，实物形式包括但不限于投资金条、工艺金条等，目的是防控银行黄金业务的风险。

不同于传统银行的黄金业务，黄金银行是专门以黄金为资产管理的特色银行，具有先行先试的特点。而且，黄金银行的业务具有一定的公共性和政策性，在调控货币供应量方面可发挥调节作用，因此，风控问题更需要注意，各项创新需要将风控放在首位。

为了国家更好地管理黄金市场，防范风险，推进黄金银行稳健运行，国家可以挑选较成熟的商业银行作为黄金银行试点，发放一定数额的牌照，给予便利性政策，鼓励业务创新，为我国黄金市场创新发展蹚出一条路子。

五　挑战与风险规避

我国从 2014 年才开始布局黄金银行业务，起步比较晚，影响也比较小，市场化探索黄金银行，经验教训不足。

当前，除了平安银行、民生银行等商业银行外，与黄金银行业务有关的也就是互联网黄金平台，如阿里存金宝、腾讯微众金、京东金、紫金金行、国美黄金、黄金钱包等，这些平台起步也较晚，

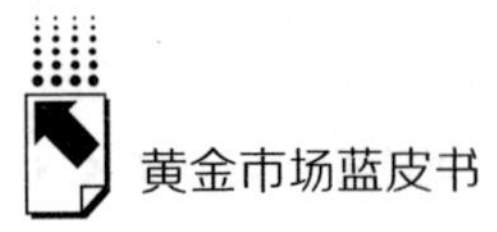

管理水平参差不齐，而且也处在探索创新中，有太多不确定性，因此均难以借鉴。唯一可借鉴经验的是印度的黄金储蓄项目和黄金货币化改革。

印度从1999年开始推动黄金储蓄项目，老百姓既可以拿金条，也可以拿金饰存入银行，存金利率只有0.75%～1%，储蓄期结束后，老百姓可以选择取回等量的黄金或者换回等值的现金，收益无须缴税。即便是这样低成本、低门槛的政策，印度当年也只揽储了15吨左右的黄金。据了解，这样的改革并未成功，并没有真正起到激活民间藏金市场的作用。

这一黄金货币化举措并未成功，总结有多方面的原因。

一是基础设施不足，初期缺乏黄金检测和银行存储中心。大多数分支银行没有检验金饰品质的能力，只有上一级、更大型的银行才具备这样的能力，老百姓不能在家门口存金，挫伤了存金积极性。而且，银行也要将金饰拿到经认证的纯度测试中心，以验证其纯度，最终到将存金租赁给用金方也需要很多烦琐的流程。

因此，要构建黄金银行，就必须保证便利性和覆盖度。尽管移动互联网为黄金买卖提供了快捷渠道，但黄金检测、存入、提取等环节均需要实体网点的支撑。

二是黄金的收益情况。印度百姓将黄金存入银行，自己承担验纯和熔化的费用，因而黄金收益率不高。比如，印度国家银行的年限为12年以上的黄金存款年利率仅为2.5%，而三年以内的年利率则低至0.5%。相比之下，现金存款利率在7%左右，所以，老百姓存黄金的动力不足，银行的动力也不足。

就中国市场而言，平安银行推出的黄金银行的产品，存金利息在2%左右，而当前互联网黄金平台存金利率在5%左右，存在市场竞争压力，同时金融市场上其他金融产品的利率竞争也不容忽视。在存金利息设计中，黄金银行必须要慎重考虑利率问题，尽最大可能提高收益，这是黄金银行取得成功的关键。

三是文化理念的阻力。印度人喜爱黄金，并将黄金传承给后代，许多家庭的黄金饰品都是结婚时购置的，具有特殊的纪念意义。老百姓对将黄金存进银行，然后被熔炼掉，显然是不乐意的。

中国人同样如此，将黄金饰品、金条定位为传家宝。而且，有不少人购买黄金是为了隐藏财富，因此，让他们将黄金首饰或黄金产品再存入银行，设立实名制的账户，并非易事。

当然，我国黄金银行和印度的黄金货币化项目的市场环境和推出目的有不同之处。印度政府面临庞大的经常性账户赤字，其重要的原因是黄金进口耗费大量外汇，因而，推动黄金货币化的目的是减少进口，以缩小经常性账户收支赤字。对于常年拥有大额贸易顺差的中国来说，黄金银行在设计上可以更加灵活，面临的市场环境更宽松。

近年来，在“上海金”“百姓金”两大品牌的指引下，上海黄金交易所致力于实物黄金投资标的的小型化，降低市场参与门槛，推动黄金投资交易“触网”，实现黄金投资便利普惠，而商业银行以及互联网黄金平台也在深入挖掘现有黄金产业链的潜力，解决企业、百姓参与黄金市场交易的痛点问题，积极开拓存量金和增量金市场，为我国黄金银行的构建、创新、发展营造了很好的市场氛围，也奠定了很好的市场基础。

挑战与风险就是机遇和市场。总体而言，在黄金回归货币化的全球市场浪潮中，我国深入挖掘黄金金融货币属性，率先打造黄金银行，冲入黄金市场创新的无人区，引领全球黄金市场的跨越式发展，前景可期。

参考文献

《全球黄金年鉴 2017》。

《2017 中国黄金市场报告》。

《中国黄金报》。

《2017 中国黄金年鉴》。

热 点 篇

Key Issues

B.11

移动互联网黄金交易模式与风险之辩

张盈盈*

摘 要： 互联网黄金不能简单地等同于“黄金版的余额宝”。从广义上讲，互联网黄金的本质是基于当代先进互联网科学技术的黄金实物资产数字化、账户化和移动化，是金融科技（Fintech）的一个垂直和细分领域。从狭义上讲，互联网黄金包括但不局限于互联网化的不同场景下的实物黄金消费、交易、投资、积存、理财、融资、征信、支付、转让、社交、馈

* 张盈盈，硕士，CFA（特许金融分析师）持证人，黄金管家联合创始人及首席风控官，对全球外汇市场、债券市场和衍生品市场有深入研究。

赠和传承。作为创新业务，互联网黄金面临传统黄金和金融行业以及互联网技术所面临的典型风险，包括政策风险、价格风险、信用风险和技术风险等。在移动互联网普及化发展、黄金资产备受关注的大背景下，现有的互联网黄金产品，已经成功解决了黄金的消费、投资、生息等难题，竞争也逐步进入白热化的阶段，如果说互联网黄金的终极目标是将黄金全面融入老百姓在衣、食、住、行、玩中的每一个消费场景，那么其未来5年的发展目标可能是通过互联网技术手段，实现实物黄金的通存通兑。

关键词: 实物黄金　金融科技　通存通兑

一　互联网黄金

2016年，“互联网+黄金”的商业模式加速走红，相关产品的创新层出不穷。互联网黄金领域的发展不仅倒逼传统黄金企业开始战略转型，更吸引了包括中国工商银行、平安银行在内的大量商业银行，包括京东金融、蚂蚁金服在内的大型金融科技平台及众多以风险投资资金为代表的金融资本的深入关注。2014年，新浪推出了“金生宝”产品，同年底，阿里巴巴与博时基金联合推出了

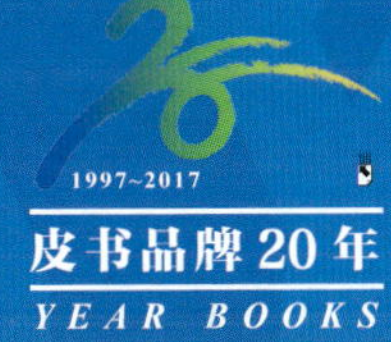

皮书系列

2017年

智 库 成 果 出 版 与 传 播 平 台

社会科学文献出版社
SOCIAL SCIENCES ACADEMIC PRESS (CHINA)

社长致辞

伴随着今冬的第一场雪，2017年很快就要到了。世界每天都在发生着让人眼花缭乱的变化，而唯一不变的，是面向未来无数的可能性。作为个体，如何获取专业信息以备不时之需？作为行政主体或企事业主体，如何提高决策的科学性让这个世界变得更好而不是更糟？原创、实证、专业、前沿、及时、持续，这是1997年“皮书系列”品牌创立的初衷。

1997～2017，从最初一个出版社的学术产品名称到媒体和公众使用频率极高的热点词语，从专业术语到大众话语，从官方文件到独特的出版型态，作为重要的智库成果，“皮书”始终致力于成为海量信息时代的信息过滤器，成为经济社会发展的记录仪，成为政策制定、评估、调整的智力源，社会科学研究的资料集成库。“皮书”的概念不断延展，“皮书”的种类更加丰富，“皮书”的功能日渐完善。

1997～2017，皮书及皮书数据库已成为中国新型智库建设不可或缺的抓手与平台，成为政府、企业和各类社会组织决策的利器，成为人文社科研究最基本的资料库，成为世界系统完整及时认知当代中国的窗口和通道！“皮书”所具有的凝聚力正在形成一种无形的力量，吸引着社会各界关注中国的发展，参与中国的发展。

二十年的“皮书”正值青春，愿每一位皮书人付出的年华与智慧不辜负这个时代！

社会科学文献出版社社长
中国社会学会秘书长

2016年11月

社会科学文献出版社简介

社会科学文献出版社成立于1985年，是直属于中国社会科学院的人文社会科学专业学术出版机构。

成立以来，社科文献依托于中国社会科学院丰厚的学术出版和专家学者资源，坚持“创社科经典，出传世文献”的出版理念和“权威、前沿、原创”的产品定位，逐步走上了智库产品与专业学术成果系列化、规模化、数字化、国际化、市场化发展的经营道路，取得了令人瞩目的成绩。

学术出版 社科文献先后策划出版了“皮书”系列、“列国志”、“社科文献精品译库”、“全球化译丛”、“全面深化改革研究书系”、“近世中国”、“甲骨文”、“中国史话”等一大批既有学术影响又有市场价值的图书品牌和学术品牌，形成了较强的学术出版能力和资源整合能力。2016年社科文献发稿5.5亿字，出版图书2000余种，承印发行中国社会科学院院属期刊72种。

数字出版 凭借着雄厚的出版资源整合能力，社科文献长期以来一直致力于从内容资源和数字平台两个方面实现传统出版的再造，并先后推出了皮书数据库、列国志数据库、中国田野调查数据库等一系列数字产品。2016年数字化加工图书近4000种，文字处理量达10亿字。数字出版已经初步形成了产品设计、内容开发、编辑标引、产品运营、技术支持、营销推广等全流程体系。

国际出版 社科文献通过学术交流和国际书展等方式积极参与国际学术和国际出版的交流合作，努力将中国优秀的人文社会科学研究成果推向世界，从构建国际话语体系的角度推动学术出版国际化。目前已与英、荷、法、德、美、日、韩等国及港澳台地区近 40 家出版和学术文化机构建立了长期稳定的合作关系。

融合发展 紧紧围绕融合发展战略，社科文献全面布局融合发展和数字化转型升级，成效显著。以核心资源和重点项目为主的社科文献数据库产品群和数字出版体系日臻成熟，“一带一路”系列研究成果与专题数据库、阿拉伯问题研究国别基础库及中阿文化交流数据库平台等项目开启了社科文献向专业知识服务商转型的新篇章，成为行业领先。

此外，社科文献充分利用网络媒体平台，积极与各类媒体合作，并联合大型书店、学术书店、机场书店、网络书店、图书馆，构建起强大的学术图书内容传播平台，学术图书的媒体曝光率居全国之首，图书馆藏率居于全国出版机构前十位。

有温度，有情怀，有视野，更有梦想。未来社科文献将继续坚持专业化学术出版之路不动摇，着力搭建最具影响力的智库产品整合及传播平台、学术资源共享平台，为实现“社科文献梦”奠定坚实基础。

经 济 类

经济类皮书涵盖宏观经济、城市经济、大区域经济，
提供权威、前沿的分析与预测

经济蓝皮书

2017年中国经济形势分析与预测

李扬 / 主编　2016年12月出版　定价：89.00元

◆　本书为总理基金项目，由著名经济学家李扬领衔，联合中国社会科学院等数十家科研机构、国家部委和高等院校的专家共同撰写，系统分析了2016年的中国经济形势并预测2017年我国经济运行情况。

中国省域竞争力蓝皮书

中国省域经济综合竞争力发展报告（2015～2016）

李建平　李闽榕　高燕京 / 主编　2017年2月出版　估价：198.00元

◆　本书融多学科的理论为一体，深入追踪研究了省域经济发展与中国国家竞争力的内在关系，为提升中国省域经济综合竞争力提供有价值的决策依据。

城市蓝皮书

中国城市发展报告No.10

潘家华　单菁菁 / 主编　2017年9月出版　估价：89.00元

◆　本书是由中国社会科学院城市发展与环境研究中心编著的，多角度、全方位地立体展示了中国城市的发展状况，并对中国城市的未来发展提出了许多建议。该书有强烈的时代感，对中国城市发展实践有重要的参考价值。

人口与劳动绿皮书

中国人口与劳动问题报告 No.18

蔡昉　张车伟 / 主编　2017 年 10 月出版　估价：89.00 元

◆　本书为中国社科院人口与劳动经济研究所主编的年度报告，对当前中国人口与劳动形势做了比较全面和系统的深入讨论，为研究我国人口与劳动问题提供了一个专业性的视角。

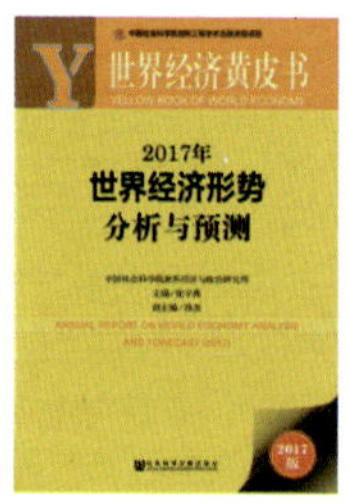

世界经济黄皮书

2017 年世界经济形势分析与预测

张宇燕 / 主编　2016 年 12 月出版　定价：89.00 元

◆　本书由中国社会科学院世界经济与政治研究所的研究团队撰写，2016 年世界经济增速进一步放缓，就业增长放慢。世界经济面临许多重大挑战同时，地缘政治风险、难民危机、大国政治周期、恐怖主义等问题也仍然在影响世界经济的稳定与发展。预计 2017 年按 PPP 计算的世界 GDP 增长率约为 3.0%。

国际城市蓝皮书

国际城市发展报告（2017）

屠启宇 / 主编　2017 年 2 月出版　估价：89.00 元

◆　本书作者以上海社会科学院从事国际城市研究的学者团队为核心，汇集同济大学、华东师范大学、复旦大学、上海交通大学、南京大学、浙江大学相关城市研究专业学者。立足动态跟踪介绍国际城市发展时间中，最新出现的重大战略、重大理念、重大项目、重大报告和最佳案例。

金融蓝皮书

中国金融发展报告（2017）

李扬　王国刚 / 主编　2017 年 1 月出版　估价：89.00 元

◆　本书由中国社会科学院金融研究所组织编写，概括和分析了 2016 年中国金融发展和运行中的各方面情况，研讨和评论了 2016 年发生的主要金融事件，有利于读者了解掌握 2016 年中国的金融状况，把握 2017 年中国金融的走势。

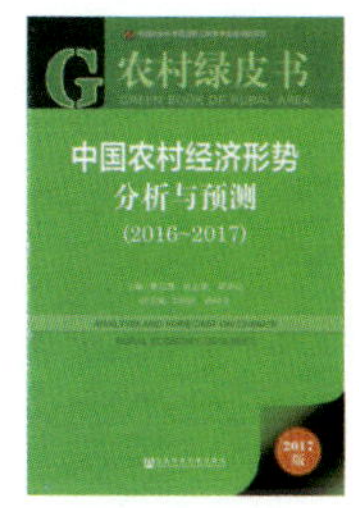

农村绿皮书

中国农村经济形势分析与预测（2016 ~ 2017）

魏后凯　杜志雄　黄秉信 / 著　2017 年 4 月出版　估价：89.00 元

◆　本书描述了 2016 年中国农业农村经济发展的一些主要指标和变化，并对 2017 年中国农业农村经济形势的一些展望和预测，提出相应的政策建议。

西部蓝皮书

中国西部发展报告（2017）

姚慧琴　徐璋勇 / 主编　2017 年 9 月出版　估价：89.00 元

◆　本书由西北大学中国西部经济发展研究中心主编，汇集了源自西部本土以及国内研究西部问题的权威专家的第一手资料，对国家实施西部大开发战略进行年度动态跟踪，并对 2017 年西部经济、社会发展态势进行预测和展望。

经济蓝皮书・夏季号

中国经济增长报告（2016 ~ 2017）

李扬 / 主编　2017 年 9 月出版　估价：98.00 元

◆　中国经济增长报告主要探讨 2016~2017 年中国经济增长问题，以专业视角解读中国经济增长，力求将其打造成一个研究中国经济增长、服务宏微观各级决策的周期性、权威性读物。

就业蓝皮书

2017 年中国本科生就业报告

麦可思研究院 / 编著　2017 年 6 月出版　估价：98.00 元

◆　本书基于大量的数据和调研，内容翔实，调查独到，分析到位，用数据说话，对我国大学生教育与发展起到了很好的建言献策作用。

社 会 政 法 类

社会政法类皮书聚焦社会发展领域的热点、难点问题，
提供权威、原创的资讯与视点

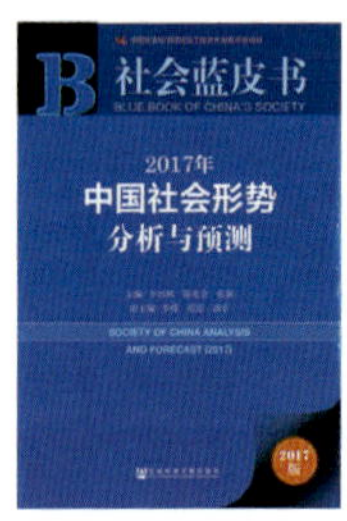

社会蓝皮书

2017年中国社会形势分析与预测

李培林　陈光金　张翼 / 主编　2016年12月出版　定价：89.00元

◆　本书由中国社会科学院社会学研究所组织研究机构专家、高校学者和政府研究人员撰写，聚焦当下社会热点，对2016年中国社会发展的各个方面内容进行了权威解读，同时对2017年社会形势发展趋势进行了预测。

法治蓝皮书

中国法治发展报告 No.15（2017）

李林　田禾 / 主编　2017年3月出版　估价：118.00元

◆　本年度法治蓝皮书回顾总结了2016年度中国法治发展取得的成就和存在的不足，并对2017年中国法治发展形势进行了预测和展望。

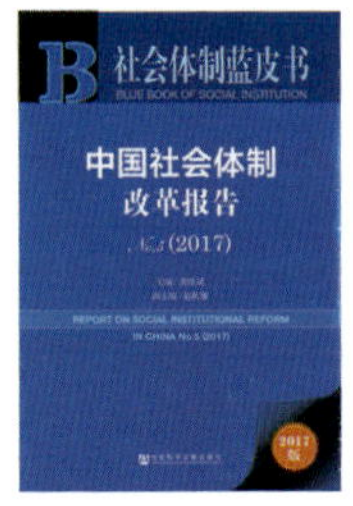

社会体制蓝皮书

中国社会体制改革报告 No.5（2017）

龚维斌 / 主编　2017年4月出版　估价：89.00元

◆　本书由国家行政学院社会治理研究中心和北京师范大学中国社会管理研究院共同组织编写，主要对2016年社会体制改革情况进行回顾和总结，对2017年的改革走向进行分析，提出相关政策建议。

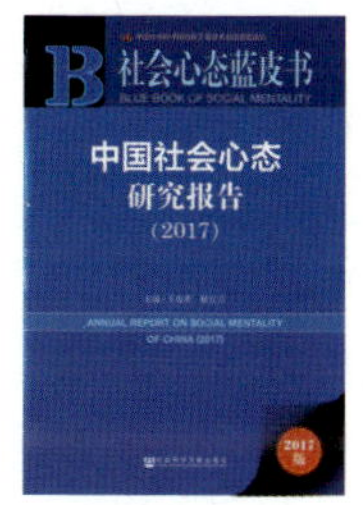

社会心态蓝皮书

中国社会心态研究报告（2017）

王俊秀　杨宜音 / 主编　2017 年 12 月出版　估价：89.00 元

◆　本书是中国社会科学院社会学研究所社会心理研究中心“社会心态蓝皮书课题组”的年度研究成果，运用社会心理学、社会学、经济学、传播学等多种学科的方法进行了调查和研究，对于目前我国社会心态状况有较广泛和深入的揭示。

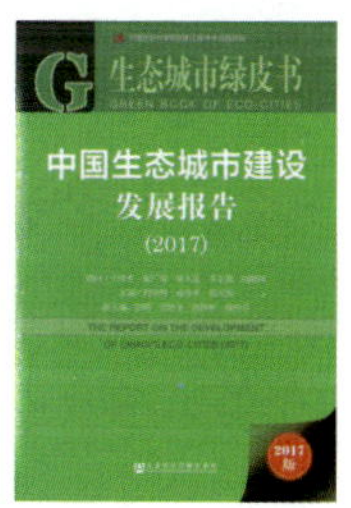

生态城市绿皮书

中国生态城市建设发展报告（2017）

刘举科　孙伟平　胡文臻 / 主编　2017 年 7 月出版　估价：118.00 元

◆　报告以绿色发展、循环经济、低碳生活、民生宜居为理念，以更新民众观念、提供决策咨询、指导工程实践、引领绿色发展为宗旨，试图探索一条具有中国特色的城市生态文明建设新路。

城市生活质量蓝皮书

中国城市生活质量报告（2017）

中国经济实验研究院 / 主编　2017 年 7 月出版　估价：89.00 元

◆　本书对全国 35 个城市居民的生活质量主观满意度进行了电话调查，同时对 35 个城市居民的客观生活质量指数进行了计算，为我国城市居民生活质量的提升，提出了针对性的政策建议。

公共服务蓝皮书

中国城市基本公共服务力评价（2017）

钟君　吴正杲 / 主编　2017 年 12 月出版　估价：89.00 元

◆　中国社会科学院经济与社会建设研究室与华图政信调查组成联合课题组，从 2010 年开始对基本公共服务力进行研究，研创了基本公共服务力评价指标体系，为政府考核公共服务与社会管理工作提供了理论工具。

行业报告类

行业报告类皮书立足重点行业、新兴行业领域，
提供及时、前瞻的数据与信息

企业社会责任蓝皮书

中国企业社会责任研究报告（2017）

黄群慧　钟宏武　张蒽　翟利峰 / 著　2017 年 10 月出版　估价：89.00 元

◆　本书剖析了中国企业社会责任在 2016 ~ 2017 年度的最新发展特征，详细解读了省域国有企业在社会责任方面的阶段性特征，生动呈现了国内外优秀企业的社会责任实践。对了解中国企业社会责任履行现状、未来发展，以及推动社会责任建设有重要的参考价值。

新能源汽车蓝皮书

中国新能源汽车产业发展报告（2017）

中国汽车技术研究中心　日产（中国）投资有限公司
东风汽车有限公司 / 编著　2017 年 7 月出版　估价：98.00 元

◆　本书对我国 2016 年新能源汽车产业发展进行了全面系统的分析，并介绍了国外的发展经验。有助于相关机构、行业和社会公众等了解中国新能源汽车产业发展的最新动态，为政府部门出台新能源汽车产业相关政策法规、企业制定相关战略规划，提供必要的借鉴和参考。

杜仲产业绿皮书

中国杜仲橡胶资源与产业发展报告（2016 ~ 2017）

杜红岩　胡文臻　俞锐 / 主编　2017 年 1 月出版　估价：85.00 元

◆　本书对 2016 年来的杜仲产业的发展情况、研究团队在杜仲研究方面取得的重要成果、部分地区杜仲产业发展的具体情况、杜仲新标准的制定情况等进行了较为详细的分析与介绍，使广大关心杜仲产业发展的读者能够及时跟踪产业最新进展。

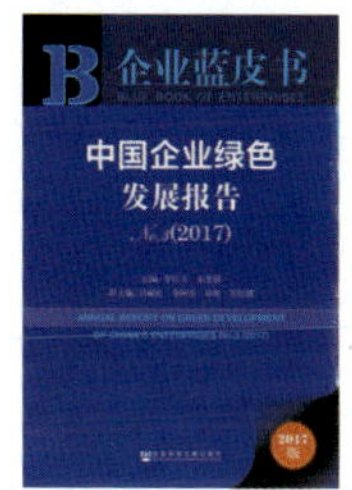

企业蓝皮书

中国企业绿色发展报告 No.2（2017）

李红玉　朱光辉 / 主编　　2017 年 8 月出版　　估价：89.00 元

◆　本书深入分析中国企业能源消费、资源利用、绿色金融、绿色产品、绿色管理、信息化、绿色发展政策及绿色文化方面的现状，并对目前存在的问题进行研究，剖析因果，谋划对策。为企业绿色发展提供借鉴，为我国生态文明建设提供支撑。

中国上市公司蓝皮书

中国上市公司发展报告（2017）

张平　王宏淼 / 主编　　2017 年 10 月出版　　估价：98.00 元

◆　本书由中国社会科学院上市公司研究中心组织编写的，着力于全面、真实、客观反映当前中国上市公司财务状况和价值评估的综合性年度报告。本书详尽分析了 2016 年中国上市公司情况，特别是现实中暴露出的制度性、基础性问题，并对资本市场改革进行了探讨。

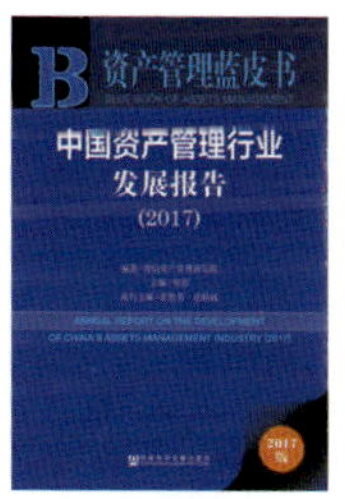

资产管理蓝皮书

中国资产管理行业发展报告（2017）

智信资产管理研究院 / 编著　　2017 年 6 月出版　　估价：89.00 元

◆　中国资产管理行业刚刚兴起，未来将中国金融市场最有看点的行业。本书主要分析了 2016 年度资产管理行业的发展情况，同时对资产管理行业的未来发展做出科学的预测。

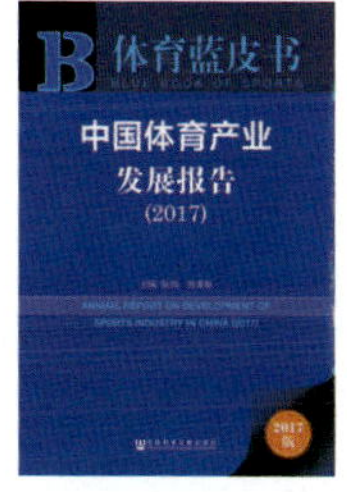

体育蓝皮书

中国体育产业发展报告（2017）

阮伟　钟秉枢 / 主编　　2017 年 12 月出版　　估价：89.00 元

◆　本书运用多种研究方法，在对于体育竞赛业、体育用品业、体育场馆业、体育传媒业等传统产业研究的基础上，紧紧围绕 2016 年体育领域内的各种热点事件进行研究和梳理，进一步拓宽了研究的广度、提升了研究的高度、挖掘了研究的深度。

国别与地区类

国别与地区类皮书关注全球重点国家与地区，
提供全面、独特的解读与研究

美国蓝皮书

美国研究报告（2017）

郑秉文 黄平 / 主编 2017 年 6 月出版 估价：89.00 元

◆ 本书是由中国社会科学院美国所主持完成的研究成果，它回顾了美国 2016 年的经济、政治形势与外交战略，对 2017 年以来美国内政外交发生的重大事件及重要政策进行了较为全面的回顾和梳理。

日本蓝皮书

日本研究报告（2017）

杨伯江 / 主编 2017 年 5 月出版 估价：89.00 元

◆ 本书对 2016 年拉丁美洲和加勒比地区诸国的政治、经济、社会、外交等方面的发展情况做了系统介绍，对该地区相关国家的热点及焦点问题进行了总结和分析，并在此基础上对该地区各国 2017 年的发展前景做出预测。

亚太蓝皮书

亚太地区发展报告（2017）

李向阳 / 主编 2017 年 3 月出版 估价：89.00 元

◆ 本书是中国社会科学院亚太与全球战略研究院的集体研究成果。2016 年的“亚太蓝皮书”继续关注中国周边环境的变化。该书盘点了 2016 年亚太地区的焦点和热点问题，为深入了解 2016 年及未来中国与周边环境的复杂形势提供了重要参考。

德国蓝皮书

德国发展报告（2017）

郑春荣 / 主编 2017 年 6 月出版 估价：89.00 元

◆ 本报告由同济大学德国研究所组织编撰，由该领域的专家学者对德国的政治、经济、社会文化、外交等方面的形势发展情况，进行全面的阐述与分析。

日本经济蓝皮书

日本经济与中日经贸关系研究报告（2017）

王洛林 张季风 / 编著 2017 年 5 月出版 估价：89.00 元

◆ 本书系统、详细地介绍了 2016 年日本经济以及中日经贸关系发展情况，在进行了大量数据分析的基础上，对 2017 年日本经济以及中日经贸关系的大致发展趋势进行了分析与预测。

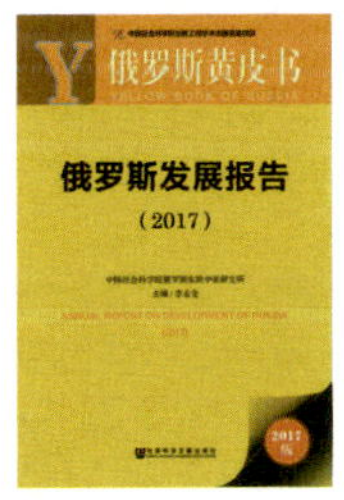

俄罗斯黄皮书

俄罗斯发展报告（2017）

李永全 / 编著 2017 年 7 月出版 估价：89.00 元

◆ 本书系统介绍了 2016 年俄罗斯经济政治情况，并对 2016 年该地区发生的焦点、热点问题进行了分析与回顾；在此基础上，对该地区 2017 年的发展前景进行了预测。

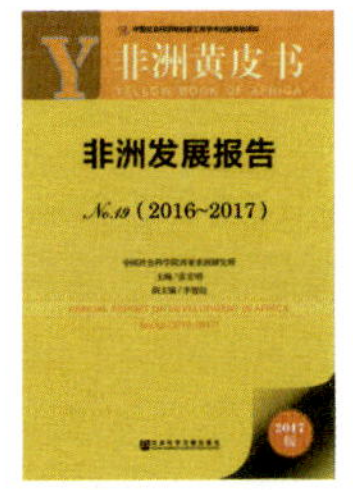

非洲黄皮书

非洲发展报告 No.19（2016 ~ 2017）

张宏明 / 主编 2017 年 8 月出版 估价：89.00 元

◆ 本书是由中国社会科学院西亚非洲研究所组织编撰的非洲形势年度报告，比较全面、系统地分析了 2016 年非洲政治形势和热点问题，探讨了非洲经济形势和市场走向，剖析了大国对非洲关系的新动向；此外，还介绍了国内非洲研究的新成果。

地方发展类

地方发展类皮书关注中国各省份、经济区域，
提供科学、多元的预判与资政信息

北京蓝皮书

北京公共服务发展报告（2016~2017）

施昌奎 / 主编　2017 年 2 月出版　估价：89.00 元

◆ 本书是由北京市政府职能部门的领导、首都著名高校的教授、知名研究机构的专家共同完成的关于北京市公共服务发展与创新的研究成果。

河南蓝皮书

河南经济发展报告（2017）

张占仓 / 编著　2017 年 3 月出版　估价：89.00 元

◆ 本书以国内外经济发展环境和走向为背景，主要分析当前河南经济形势，预测未来发展趋势，全面反映河南经济发展的最新动态、热点和问题，为地方经济发展和领导决策提供参考。

广州蓝皮书

2017 年中国广州经济形势分析与预测

庾建设　陈浩钿　谢博能 / 主编　2017 年 7 月出版　估价：85.00 元

◆ 本书由广州大学与广州市委政策研究室、广州市统计局联合主编，汇集了广州科研团体、高等院校和政府部门诸多经济问题研究专家、学者和实际部门工作者的最新研究成果，是关于广州经济运行情况和相关专题分析、预测的重要参考资料。

文化传媒类

文化传媒类皮书透视文化领域、文化产业，
探索文化大繁荣、大发展的路径

新媒体蓝皮书

中国新媒体发展报告 No.8（2017）

唐绪军 / 主编　2017 年 6 月出版　估价：89.00 元

◆　本书是由中国社会科学院新闻与传播研究所组织编写的关于新媒体发展的最新年度报告，旨在全面分析中国新媒体的发展现状，解读新媒体的发展趋势，探析新媒体的深刻影响。

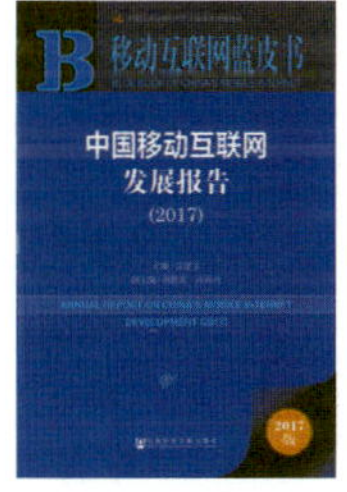

移动互联网蓝皮书

中国移动互联网发展报告（2017）

官建文 / 编著　2017 年 6 月出版　估价：89.00 元

◆　本书着眼于对中国移动互联网 2016 年度的发展情况做深入解析，对未来发展趋势进行预测，力求从不同视角、不同层面全面剖析中国移动互联网发展的现状、年度突破及热点趋势等。

传媒蓝皮书

中国传媒产业发展报告（2017）

崔保国 / 主编　2017 年 5 月出版　估价：98.00 元

◆　“传媒蓝皮书”连续十多年跟踪观察和系统研究中国传媒产业发展。本报告在对传媒产业总体以及各细分行业发展状况与趋势进行深入分析基础上，对年度发展热点进行跟踪，剖析新技术引领下的商业模式，对传媒各领域发展趋势、内体经营、传媒投资进行解析，为中国传媒产业正在发生的变革提供前瞻行参考。

经济类

“三农”互联网金融蓝皮书
中国“三农”互联网金融发展报告（2017）
著(编)者：李勇坚 王弢　2017年8月出版 / 估价：98.00元
PSN B-2016-561-1/1

G20国家创新竞争力黄皮书
二十国集团（G20）国家创新竞争力发展报告（2016~2017）
著(编)者：李建平 李闽榕 赵新力 周天勇
2017年8月出版 / 估价：158.00元
PSN Y-2011-229-1/1

产业蓝皮书
中国产业竞争力报告（2017）No.7
著(编)者：张其仔　2017年12月出版 / 估价：98.00元
PSN B-2010-175-1/1

城市创新蓝皮书
中国城市创新报告（2017）
著(编)者：周天勇 旷建伟　2017年11月出版 / 估价：89.00元
PSN B-2013-340-1/1

城市蓝皮书
中国城市发展报告 No.10
著(编)者：潘家华 单菁菁　2017年9月出版 / 估价：89.00元
PSN B-2007-091-1/1

城乡一体化蓝皮书
中国城乡一体化发展报告（2016～2017）
著(编)者：汝信 付崇兰　2017年7月出版 / 估价：85.00元
PSN B-2011-226-1/2

城镇化蓝皮书
中国新型城镇化健康发展报告（2017）
著(编)者：张占斌　2017年8月出版 / 估价：89.00元
PSN B-2014-396-1/1

创新蓝皮书
创新型国家建设报告（2016～2017）
著(编)者：詹正茂　2017年12月出版 / 估价：89.00元
PSN B-2009-140-1/1

创业蓝皮书
中国创业发展报告（2016～2017）
著(编)者：黄群慧 赵卫星 钟宏武等
2017年11月出版 / 估价：89.00元
PSN B-2016-578-1/1

低碳发展蓝皮书
中国低碳发展报告（2016~2017）
著(编)者：齐晔 张希良　2017年3月出版 / 估价：98.00元
PSN B-2011-223-1/1

低碳经济蓝皮书
中国低碳经济发展报告（2017）
著(编)者：薛进军 赵忠秀　2017年6月出版 / 估价：85.00元
PSN B-2011-194-1/1

东北蓝皮书
中国东北地区发展报告（2017）
著(编)者：朱宇 张新颖　2017年12月出版 / 估价：89.00元
PSN B-2006-067-1/1

发展与改革蓝皮书
中国经济发展和体制改革报告No.8
著(编)者：邹东涛 王再文　2017年1月出版 / 估价：98.00元
PSN B-2008-122-1/1

工业化蓝皮书
中国工业化进程报告（2017）
著(编)者：黄群慧　2017年12月出版 / 估价：158.00元
PSN B-2007-095-1/1

管理蓝皮书
中国管理发展报告（2017）
著(编)者：张晓东　2017年10月出版 / 估价：98.00元
PSN B-2014-416-1/1

国际城市蓝皮书
国际城市发展报告（2017）
著(编)者：屠启宇　2017年2月出版 / 估价：89.00元
PSN B-2012-260-1/1

国家创新蓝皮书
中国创新发展报告（2017）
著(编)者：陈劲　2017年12月出版 / 估价：89.00元
PSN B-2014-370-1/1

金融蓝皮书
中国金融发展报告（2017）
著(编)者：李杨 王国刚　2017年12月出版 / 估价：89.00元
PSN B-2004-031-1/6

京津冀金融蓝皮书
京津冀金融发展报告（2017）
著(编)者：王爱俭 李向前
2017年3月出版 / 估价：89.00元
PSN B-2016-528-1/1

京津冀蓝皮书
京津冀发展报告（2017）
著(编)者：文魁 祝尔娟　2017年4月出版 / 估价：89.00元
PSN B-2012-262-1/1

经济蓝皮书
2017年中国经济形势分析与预测
著(编)者：李扬　2016年12月出版 / 定价：89.00元
PSN B-1996-001-1/1

经济蓝皮书・春季号
2017年中国经济前景分析
著(编)者：李扬　2017年6月出版 / 估价：89.00元
PSN B-1999-008-1/1

经济蓝皮书・夏季号
中国经济增长报告（2016～2017）
著(编)者：李扬　2017年9月出版 / 估价：98.00元
PSN B-2010-176-1/1

经济信息绿皮书
中国与世界经济发展报告（2017）
著(编)者：杜平　2017年12月出版 / 估价：89.00元
PSN G-2003-023-1/1

就业蓝皮书
2017年中国本科生就业报告
著(编)者：麦可思研究院　2017年6月出版 / 估价：98.00元
PSN B-2009-146-1/2

就业蓝皮书
2017年中国高职高专生就业报告
著(编)者：麦可思研究院　2017年6月出版 / 估价：98.00元
PSN B-2015-472-2/2

科普能力蓝皮书
中国科普能力评价报告（2017）
著(编)者：李富 强李群　2017年8月出版 / 估价：89.00元
PSN B-2016-556-1/1

临空经济蓝皮书
中国临空经济发展报告（2017）
著(编)者：连玉明　2017年9月出版 / 估价：89.00元
PSN B-2014-421-1/1

农村绿皮书
中国农村经济形势分析与预测（2016～2017）
著(编)者：魏后凯 杜志雄 黄秉信
2017年4月出版 / 估价：89.00元
PSN G-1998-003-1/1

农业应对气候变化蓝皮书
气候变化对中国农业影响评估报告 No.3
著(编)者：矫梅燕　2017年8月出版 / 估价：98.00元
PSN B-2014-413-1/1

气候变化绿皮书
应对气候变化报告（2017）
著(编)者：王伟光 郑国光　2017年6月出版 / 估价：89.00元
PSN G-2009-144-1/1

区域蓝皮书
中国区域经济发展报告（2016～2017）
著(编)者：赵弘　2017年6月出版 / 估价：89.00元
PSN B-2004-034-1/1

全球环境竞争力绿皮书
全球环境竞争力报告（2017）
著(编)者：李建平 李闽榕 王金南
2017年12月出版 / 估价：198.00元
PSN G-2013-363-1/1

人口与劳动绿皮书
中国人口与劳动问题报告 No.18
著(编)者：蔡昉 张车伟　2017年11月出版 / 估价：89.00元
PSN G-2000-012-1/1

商务中心区蓝皮书
中国商务中心区发展报告 No.3（2016）
著(编)者：李国红 单菁菁　2017年1月出版 / 估价：89.00元
PSN B-2015-444-1/1

世界经济黄皮书
2017年世界经济形势分析与预测
著(编)者：张宇燕　2016年12月出版 / 定价：89.00元
PSN Y-1999-006-1/1

世界旅游城市绿皮书
世界旅游城市发展报告（2017）
著(编)者：宋宇　2017年1月出版 / 估价：128.00元
PSN G-2014-400-1/1

土地市场蓝皮书
中国农村土地市场发展报告（2016～2017）
著(编)者：李光荣　2017年3月出版 / 估价：89.00元
PSN B-2016-527-1/1

西北蓝皮书
中国西北发展报告（2017）
著(编)者：高建龙　2017年3月出版 / 估价：89.00元
PSN B-2012-261-1/1

西部蓝皮书
中国西部发展报告（2017）
著(编)者：姚慧琴 徐璋勇　2017年9月出版 / 估价：89.00元
PSN B-2005-039-1/1

新型城镇化蓝皮书
新型城镇化发展报告（2017）
著(编)者：李伟 宋敏 沈体雁　2017年3月出版 / 估价：98.00元
PSN B-2014-431-1/1

新兴经济体蓝皮书
金砖国家发展报告（2017）
著(编)者：林跃勤 周文　2017年12月出版 / 估价：89.00元
PSN B-2011-195-1/1

长三角蓝皮书
2017年新常态下深化一体化的长三角
著(编)者：王庆五　2017年12月出版 / 估价：88.00元
PSN B-2005-038-1/1

中部竞争力蓝皮书
中国中部经济社会竞争力报告（2017）
著(编)者：教育部人文社会科学重点研究基地
南昌大学中国中部经济社会发展研究中心
2017年12月出版 / 估价：89.00元
PSN B-2012-276-1/1

中部蓝皮书
中国中部地区发展报告（2017）
著(编)者：宋亚平　2017年12月出版 / 估价：88.00元
PSN B-2007-089-1/1

中国省域竞争力蓝皮书
中国省域经济综合竞争力发展报告（2017）
著(编)者：李建平 李闽榕 高燕京
2017年2月出版 / 估价：198.00元
PSN B-2007-088-1/1

中三角蓝皮书
长江中游城市群发展报告（2017）
著(编)者：秦尊文　2017年9月出版 / 估价：89.00元
PSN B-2014-417-1/1

中小城市绿皮书
中国中小城市发展报告（2017）
著(编)者：中国城市经济学会中小城市经济发展委员会
中国城镇化促进会中小城市发展委员会
《中国中小城市发展报告》编纂委员会
中小城市发展战略研究院
2017年11月出版 / 估价：128.00元
PSN G-2010-161-1/1

中原蓝皮书
中原经济区发展报告（2017）
著(编)者：李英杰　2017年6月出版 / 估价：88.00元
PSN B-2011-192-1/1

自贸区蓝皮书
中国自贸区发展报告（2017）
著(编)者：王力　2017年7月出版 / 估价：89.00元
PSN B-2016-559-1/1

社会政法类

北京蓝皮书
中国社区发展报告（2017）
著(编)者：于燕燕　　2017年2月出版 / 估价：89.00元
PSN B-2007-083-5/8

殡葬绿皮书
中国殡葬事业发展报告（2017）
著(编)者：李伯森　　2017年4月出版 / 估价：158.00元
PSN G-2010-180-1/1

城市管理蓝皮书
中国城市管理报告（2016~2017）
著(编)者：刘林　刘承水　2017年5月出版 / 估价：158.00元
PSN B-2013-336-1/1

城市生活质量蓝皮书
中国城市生活质量报告（2017）
著(编)者：中国经济实验研究院
2017年7月出版 / 估价：89.00元
PSN B-2013-326-1/1

城市政府能力蓝皮书
中国城市政府公共服务能力评估报告（2017）
著(编)者：何艳玲　　2017年4月出版 / 估价：89.00元
PSN B-2013-338-1/1

慈善蓝皮书
中国慈善发展报告（2017）
著(编)者：杨团　　2017年6月出版 / 估价：89.00元
PSN B-2009-142-1/1

党建蓝皮书
党的建设研究报告 No.2（2017）
著(编)者：崔建民　陈东平　　2017年2月出版 / 估价：89.00元
PSN B-2016-524-1/1

地方法治蓝皮书
中国地方法治发展报告 No.3（2017）
著(编)者：李林　田禾　2017年3出版 / 估价：108.00元
PSN B-2015-442-1/1

法治蓝皮书
中国法治发展报告 No.15（2017）
著(编)者：李林 田禾　　2017年3月出版 / 估价：118.00元
PSN B-2004-027-1/1

法治政府蓝皮书
中国法治政府发展报告（2017）
著(编)者：中国政法大学法治政府研究院
2017年2月出版 / 估价：98.00元
PSN B-2015-502-1/2

法治政府蓝皮书
中国法治政府评估报告（2017）
著(编)者：中国政法大学法治政府研究院
2016年11月出版 / 估价：98.00元
PSN B-2016-577-2/2

反腐倡廉蓝皮书
中国反腐倡廉建设报告 No.7
著(编)者：张英伟　　2017年12月出版 / 估价：89.00元
PSN B-2012-259-1/1

非传统安全蓝皮书
中国非传统安全研究报告（2016～2017）
著(编)者：余潇枫 魏志江　　2017年6月出版 / 估价：89.00元
PSN B-2012-273-1/1

妇女发展蓝皮书
中国妇女发展报告 No.7
著(编)者：王金玲　　2017年9月出版 / 估价：148.00元
PSN B-2006-069-1/1

妇女教育蓝皮书
中国妇女教育发展报告 No.4
著(编)者：张李玺　2017年10月出版 / 估价：78.00元
PSN B-2008-121-1/1

妇女绿皮书
中国性别平等与妇女发展报告（2017）
著(编)者：谭琳　　2017年12月出版 / 估价：99.00元
PSN G-2006-073-1/1

公共服务蓝皮书
中国城市基本公共服务力评价（2017）
著(编)者：钟君　吴正杲　　2017年12月出版 / 估价：89.00元
PSN B-2011-214-1/1

公民科学素质蓝皮书
中国公民科学素质报告（2016～2017）
著(编)者：李群　陈雄　马宗文
2017年1月出版 / 估价：89.00元
PSN B-2014-379-1/1

公共关系蓝皮书
中国公共关系发展报告（2017）
著(编)者：柳斌杰　　2017年11月出版 / 估价：89.00元
PSN B-2016-580-1/1

公益蓝皮书
中国公益慈善发展报告（2017）
著(编)者：朱健刚　　2017年4月出版 / 估价：118.00元
PSN B-2012-283-1/1

国际人才蓝皮书
海外华侨华人专业人士报告（2017）
著(编)者：王辉耀 苗绿　　2017年8月出版 / 估价：89.00元
PSN B-2014-409-4/4

国际人才蓝皮书
中国国际移民报告（2017）
著(编)者：王辉耀　　2017年2月出版 / 估价：89.00元
PSN B-2012-304-3/4

国际人才蓝皮书
中国留学发展报告（2017）No.5
著(编)者：王辉耀 苗绿　　2017年10月出版 / 估价：89.00元
PSN B-2012-244-2/4

海洋社会蓝皮书
中国海洋社会发展报告（2017）
著(编)者：崔凤 宋宁而　　2017年7月出版 / 估价：89.00元
PSN B-2015-478-1/1

行政改革蓝皮书
中国行政体制改革报告（2017）No.6
著(编)者：魏礼群　2017年5月出版 / 估价：98.00元
PSN B-2011-231-1/1

华侨华人蓝皮书
华侨华人研究报告（2017）
著(编)者：贾益民　2017年12月出版 / 估价：128.00元
PSN B-2011-204-1/1

环境竞争力绿皮书
中国省域环境竞争力发展报告（2017）
著(编)者：李建平 李闽榕 王金南
2017年11月出版 / 估价：198.00元
PSN G-2010-165-1/1

环境绿皮书
中国环境发展报告（2017）
著(编)者：刘鉴强　2017年11月出版 / 估价：89.00元
PSN G-2006-048-1/1

基金会蓝皮书
中国基金会发展报告（2016~2017）
著(编)者：中国基金会发展报告课题组
2017年4月出版 / 估价：85.00元
PSN B-2013-368-1/1

基金会绿皮书
中国基金会发展独立研究报告（2017）
著(编)者：基金会中心网 中央民族大学基金会研究中心
2017年6月出版 / 估价：88.00元
PSN G-2011-213-1/1

基金会透明度蓝皮书
中国基金会透明度发展研究报告（2017）
著(编)者：基金会中心网 清华大学廉政与治理研究中心
2017年12月出版 / 估价：89.00元
PSN B-2015-509-1/1

家庭蓝皮书
中国“创建幸福家庭活动”评估报告（2017）
国务院发展研究中心“创建幸福家庭活动评估”课题组著
2017年8月出版 / 估价：89.00元
PSN B-2012-261-1/1

健康城市蓝皮书
中国健康城市建设研究报告（2017）
著(编)者：王鸿春 解树江 盛继洪
2017年9月出版 / 估价：89.00元
PSN B-2016-565-2/2

教师蓝皮书
中国中小学教师发展报告（2017）
著(编)者：曾晓东 鱼霞　2017年6月出版 / 估价：89.00元
PSN B-2012-289-1/1

教育蓝皮书
中国教育发展报告（2017）
著(编)者：杨东平　2017年4月出版 / 估价：89.00元
PSN B-2006-047-1/1

科普蓝皮书
中国基层科普发展报告（2016~2017）
著(编)者：赵立 新陈玲　2017年9月出版 / 估价：89.00元
PSN B-2016-569-3/3

科普蓝皮书
中国科普基础设施发展报告（2017）
著(编)者：任福君　2017年6月出版 / 估价：89.00元
PSN B-2010-174-1/3

科普蓝皮书
中国科普人才发展报告（2017）
著(编)者：郑念 任嵘嵘　2017年4月出版 / 估价：98.00元
PSN B-2015-513-2/3

科学教育蓝皮书
中国科学教育发展报告（2017）
著(编)者：罗晖 王康友　2017年10月出版 / 估价：89.00元
PSN B-2015-487-1/1

劳动保障蓝皮书
中国劳动保障发展报告（2017）
著(编)者：刘燕斌　2017年9月出版 / 估价：188.00元
PSN B-2014-415-1/1

老龄蓝皮书
中国老年宜居环境发展报告（2017）
著(编)者：党俊武 周燕珉　2017年1月出版 / 估价：89.00元
PSN B-2013-320-1/1

连片特困区蓝皮书
中国连片特困区发展报告（2017）
著(编)者：游俊 冷志明 丁建军
2017年3月出版 / 估价：98.00元
PSN B-2013-321-1/1

民间组织蓝皮书
中国民间组织报告（2017）
著(编)者：黄晓勇　2017年12月出版 / 估价：89.00元
PSN B-2008-118-1/1

民调蓝皮书
中国民生调查报告（2017）
著(编)者：谢耘耕　2017年12月出版 / 估价：98.00元
PSN B-2014-398-1/1

民族发展蓝皮书
中国民族发展报告（2017）
著(编)者：郝时远 王延中 王希恩
2017年4月出版 / 估价：98.00元
PSN B-2006-070-1/1

女性生活蓝皮书
中国女性生活状况报告 No.11（2017）
著(编)者：韩湘景　2017年10月出版 / 估价：98.00元
PSN B-2006-071-1/1

汽车社会蓝皮书
中国汽车社会发展报告（2017）
著(编)者：王俊秀　2017年1月出版 / 估价：89.00元
PSN B-2011-224-1/1

青年蓝皮书
中国青年发展报告（2017）No.3
著(编)者：廉思 等　2017年4月出版 / 估价：89.00元
PSN B-2013-333-1/1

青少年蓝皮书
中国未成年人互联网运用报告（2017）
著(编)者：李文革 沈杰 季为民
2017年11月出版 / 估价：89.00元
PSN B-2010-156-1/1

青少年体育蓝皮书
中国青少年体育发展报告（2017）
著(编)者：郭建军 杨桦　2017年9月出版 / 估价：89.00元
PSN B-2015-482-1/1

群众体育蓝皮书
中国群众体育发展报告（2017）
著(编)者：刘国永 杨桦　2017年12月出版 / 估价：89.00元
PSN B-2016-519-2/3

人权蓝皮书
中国人权事业发展报告 No.7（2017）
著(编)者：李君如　2017年9月出版 / 估价：98.00元
PSN B-2011-215-1/1

社会保障绿皮书
中国社会保障发展报告（2017）No.9
著(编)者：王延中　2017年4月出版 / 估价：89.00元
PSN G-2001-014-1/1

社会风险评估蓝皮书
风险评估与危机预警评估报告（2017）
著(编)者：唐钧　2017年8月出版 / 估价：85.00元
PSN B-2016-521-1/1

社会工作蓝皮书
中国社会工作发展报告（2017）
著(编)者：民政部社会工作研究中心
2017年8月出版 / 估价：89.00元
PSN B-2009-141-1/1

社会管理蓝皮书
中国社会管理创新报告 No.5
著(编)者：连玉明　2017年11月出版 / 估价：89.00元
PSN B-2012-300-1/1

社会蓝皮书
2017年中国社会形势分析与预测
著(编)者：李培林 陈光金 张翼
2016年12月出版 / 定价：89.00元
PSN B-1998-002-1/1

社会体制蓝皮书
中国社会体制改革报告No.5（2017）
著(编)者：龚维斌　2017年4月出版 / 估价：89.00元
PSN B-2013-330-1/1

社会心态蓝皮书
中国社会心态研究报告（2017）
著(编)者：王俊秀 杨宜音　2017年12月出版 / 估价：89.00元
PSN B-2011-199-1/1

社会组织蓝皮书
中国社会组织评估发展报告（2017）
著(编)者：徐家良 廖鸿　2017年12月出版 / 估价：89.00元
PSN B-2013-366-1/1

生态城市绿皮书
中国生态城市建设发展报告（2017）
著(编)者：刘举科 孙伟平 胡文臻
2017年9月出版 / 估价：118.00元
PSN G-2012-269-1/1

生态文明绿皮书
中国省域生态文明建设评价报告（ECI 2017）
著(编)者：严耕　2017年12月出版 / 估价：98.00元
PSN G-2010-170-1/1

体育蓝皮书
中国公共体育服务发展报告（2017）
著(编)者：戴健　2017年12月出版 / 估价：89.00元
PSN B-2013-367-2/4

土地整治蓝皮书
中国土地整治发展研究报告 No.4
著(编)者：国土资源部土地整治中心
2017年7月出版 / 估价：89.00元
PSN B-2014-401-1/1

土地政策蓝皮书
中国土地政策研究报告（2017）
著(编)者：高延利 李宪文
2017年12月出版 / 估价：89.00元
PSN B-2015-506-1/1

医改蓝皮书
中国医药卫生体制改革报告（2017）
著(编)者：文学国 房志武　2017年11月出版 / 估价：98.00元
PSN B-2014-432-1/1

医疗卫生绿皮书
中国医疗卫生发展报告 No.7（2017）
著(编)者：申宝忠 韩玉珍　2017年4月出版 / 估价：85.00元
PSN G-2004-033-1/1

应急管理蓝皮书
中国应急管理报告（2017）
著(编)者：宋英华　2017年9月出版 / 估价：98.00元
PSN B-2016-563-1/1

政治参与蓝皮书
中国政治参与报告（2017）
著(编)者：房宁　2017年9月出版 / 估价：118.00元
PSN B-2011-200-1/1

中国农村妇女发展蓝皮书
农村流动女性城市生活发展报告（2017）
著(编)者：谢丽华　2017年12月出版 / 估价：89.00元
PSN B-2014-434-1/1

宗教蓝皮书
中国宗教报告（2017）
著(编)者：邱永辉　2017年4月出版 / 估价：89.00元
PSN B-2008-117-1/1

行业报告类

SUV蓝皮书
中国SUV市场发展报告（2016~2017）
著(编)者：靳军　　2017年9月出版 / 估价：89.00元
PSN B-2016-572-1/1

保健蓝皮书
中国保健服务产业发展报告 No.2
著(编)者：中国保健协会 中共中央党校
2017年7月出版 / 估价：198.00元
PSN B-2012-272-3/3

保健蓝皮书
中国保健食品产业发展报告 No.2
著(编)者：中国保健协会
中国社会科学院食品药品产业发展与监管研究中心
2017年7月出版 / 估价：198.00元
PSN B-2012-271-2/3

保健蓝皮书
中国保健用品产业发展报告 No.2
著(编)者：中国保健协会
国务院国有资产监督管理委员会研究中心
2017年3月出版 / 估价：198.00元
PSN B-2012-270-1/3

保险蓝皮书
中国保险业竞争力报告（2017）
著(编)者：项俊波　　2017年12月出版 / 估价：99.00元
PSN B-2013-311-1/1

冰雪蓝皮书
中国滑雪产业发展报告（2017）
著(编)者：孙承华 伍斌 魏庆华 张鸿俊
2017年8月出版 / 估价：89.00元
PSN B-2016-560-1/1

彩票蓝皮书
中国彩票发展报告（2017）
著(编)者：益彩基金　　2017年4月出版 / 估价：98.00元
PSN B-2015-462-1/1

餐饮产业蓝皮书
中国餐饮产业发展报告（2017）
著(编)者：邢颖　　2017年6月出版 / 估价：98.00元
PSN B-2009-151-1/1

测绘地理信息蓝皮书
新常态下的测绘地理信息研究报告（2017）
著(编)者：库热西・买合苏提
2017年12月出版 / 估价：118.00元
PSN B-2009-145-1/1

茶业蓝皮书
中国茶产业发展报告（2017）
著(编)者：杨江帆 李闽榕　　2017年10月出版 / 估价：88.00元
PSN B-2010-164-1/1

产权市场蓝皮书
中国产权市场发展报告（2016~2017）
著(编)者：曹和平　　2017年5月出版 / 估价：89.00元
PSN B-2009-147-1/1

产业安全蓝皮书
中国出版传媒产业安全报告（2016~2017）
著(编)者：北京印刷学院文化产业安全研究院
2017年3月出版 / 估价：89.00元
PSN B-2014-384-13/14

产业安全蓝皮书
中国文化产业安全报告（2017）
著(编)者：北京印刷学院文化产业安全研究院
2017年12月出版 / 估价：89.00元
PSN B-2014-378-12/14

产业安全蓝皮书
中国新媒体产业安全报告（2017）
著(编)者：北京印刷学院文化产业安全研究院
2017年12月出版 / 估价：89.00元
PSN B-2015-500-14/14

城投蓝皮书
中国城投行业发展报告（2017）
著(编)者：王晨艳　丁伯康　　2017年11月出版 / 估价：300.00元
PSN B-2016-514-1/1

电子政务蓝皮书
中国电子政务发展报告（2016~2017）
著(编)者：李季 杜平　　2017年7月出版 / 估价：89.00元
PSN B-2003-022-1/1

杜仲产业绿皮书
中国杜仲橡胶资源与产业发展报告（2016~2017）
著(编)者：杜红岩 胡文臻 俞锐
2017年1月出版 / 估价：85.00元
PSN G-2013-350-1/1

房地产蓝皮书
中国房地产发展报告 No.14（2017）
著(编)者：李春华 王业强　　2017年5月出版 / 估价：89.00元
PSN B-2004-028-1/1

服务外包蓝皮书
中国服务外包产业发展报告（2017）
著(编)者：王晓红 刘德军
2017年6月出版 / 估价：89.00元
PSN B-2013-331-2/2

服务外包蓝皮书
中国服务外包竞争力报告（2017）
著(编)者：王力 刘春生 黄育华
2017年11月出版 / 估价：85.00元
PSN B-2011-216-1/2

工业和信息化蓝皮书
世界网络安全发展报告（2016~2017）
著(编)者：洪京一　　2017年4月出版 / 估价：89.00元
PSN B-2015-452-5/5

工业和信息化蓝皮书
世界信息化发展报告（2016~2017）
著(编)者：洪京一　　2017年4月出版 / 估价：89.00元
PSN B-2015-451-4/5

工业和信息化蓝皮书
世界信息技术产业发展报告（2016~2017）
著(编)者：洪京一　2017年4月出版 / 估价：89.00元
PSN B-2015-449-2/5

工业和信息化蓝皮书
移动互联网产业发展报告（2016~2017）
著(编)者：洪京一　2017年4月出版 / 估价：89.00元
PSN B-2015-448-1/5

工业和信息化蓝皮书
战略性新兴产业发展报告（2016~2017）
著(编)者：洪京一　2017年4月出版 / 估价：89.00元
PSN B-2015-450-3/5

工业设计蓝皮书
中国工业设计发展报告（2017）
著(编)者：王晓红 于炜 张立群
2017年9月出版 / 估价：138.00元
PSN B-2014-420-1/1

黄金市场蓝皮书
中国商业银行黄金业务发展报告（2016~2017）
著(编)者：平安银行　2017年3月出版 / 估价：98.00元
PSN B-2016-525-1/1

互联网金融蓝皮书
中国互联网金融发展报告（2017）
著(编)者：李东荣　2017年9月出版 / 估价：128.00元
PSN B-2014-374-1/1

互联网医疗蓝皮书
中国互联网医疗发展报告（2017）
著(编)者：宫晓东　2017年9月出版 / 估价：89.00元
PSN B-2016-568-1/1

会展蓝皮书
中外会展业动态评估年度报告（2017）
著(编)者：张敏　2017年1月出版 / 估价：88.00元
PSN B-2013-327-1/1

金融监管蓝皮书
中国金融监管报告（2017）
著(编)者：胡滨　2017年6月出版 / 估价：89.00元
PSN B-2012-281-1/1

金融蓝皮书
中国金融中心发展报告（2017）
著(编)者：王力 黄育华　2017年11月出版 / 估价：85.00元
PSN B-2011-186-6/6

建筑装饰蓝皮书
中国建筑装饰行业发展报告（2017）
著(编)者：刘晓一 葛顺道　2017年7月出版 / 估价：198.00元
PSN B-2016-554-1/1

客车蓝皮书
中国客车产业发展报告（2016~2017）
著(编)者：姚蔚　2017年10月出版 / 估价：85.00元
PSN B-2013-361-1/1

旅游安全蓝皮书
中国旅游安全报告（2017）
著(编)者：郑向敏 谢朝武　2017年5月出版 / 估价：128.00元
PSN B-2012-280-1/1

旅游绿皮书
2016～2017年中国旅游发展分析与预测
著(编)者：张广瑞 刘德谦　2017年4月出版 / 估价：89.00元
PSN G-2002-018-1/1

煤炭蓝皮书
中国煤炭工业发展报告（2017）
著(编)者：岳福斌　2017年12月出版 / 估价：85.00元
PSN B-2008-123-1/1

民营企业社会责任蓝皮书
中国民营企业社会责任报告（2017）
著(编)者：中华全国工商业联合会
2017年12月出版 / 估价：89.00元
PSN B-2015-511-1/1

民营医院蓝皮书
中国民营医院发展报告（2017）
著(编)者：庄一强　2017年10月出版 / 估价：85.00元
PSN B-2012-299-1/1

闽商蓝皮书
闽商发展报告（2017）
著(编)者：李闽榕 王日根 林琛
2017年12月出版 / 估价：89.00元
PSN B-2012-298-1/1

能源蓝皮书
中国能源发展报告（2017）
著(编)者：崔民选 王军生 陈义和
2017年10月出版 / 估价：98.00元
PSN B-2006-049-1/1

农产品流通蓝皮书
中国农产品流通产业发展报告（2017）
著(编)者：贾敬敦 张东科 张玉玺 张鹏毅 周伟
2017年1月出版 / 估价：89.00元
PSN B-2012-288-1/1

企业公益蓝皮书
中国企业公益研究报告（2017）
著(编)者：钟宏武 汪杰 顾一 黄晓娟 等
2017年12月出版 / 估价：89.00元
PSN B-2015-501-1/1

企业国际化蓝皮书
中国企业国际化报告（2017）
著(编)者：王辉耀　2017年11月出版 / 估价：98.00元
PSN B-2014-427-1/1

企业蓝皮书
中国企业绿色发展报告 No.2（2017）
著(编)者：李红玉 朱光辉　2017年8月出版 / 估价：89.00元
PSN B-2015-481-2/2

企业社会责任蓝皮书
中国企业社会责任研究报告（2017）
著(编)者：黄群慧 钟宏武 张蒽 翟利峰
2017年11月出版 / 估价：89.00元
PSN B-2009-149-1/1

汽车安全蓝皮书
中国汽车安全发展报告（2017）
著(编)者：中国汽车技术研究中心
2017年7月出版 / 估价：89.00元
PSN B-2014-385-1/1

汽车电子商务蓝皮书
中国汽车电子商务发展报告（2017）
著(编)者：中华全国工商业联合会汽车经销商商会
北京易观智库网络科技有限公司
2017年10月出版 / 估价：128.00元
PSN B-2015-485-1/1

汽车工业蓝皮书
中国汽车工业发展年度报告（2017）
著(编)者：中国汽车工业协会 中国汽车技术研究中心
丰田汽车（中国）投资有限公司
2017年4月出版 / 估价：128.00元
PSN B-2015-463-1/2

汽车工业蓝皮书
中国汽车零部件产业发展报告（2017）
著(编)者：中国汽车工业协会 中国汽车工程研究院
2017年10月出版 / 估价：98.00元
PSN B-2016-515-2/2

汽车蓝皮书
中国汽车产业发展报告（2017）
著(编)者：国务院发展研究中心产业经济研究部
中国汽车工程学会 大众汽车集团（中国）
2017年8月出版 / 估价：98.00元
PSN B-2008-124-1/1

人力资源蓝皮书
中国人力资源发展报告（2017）
著(编)者：余兴安　2017年11月出版 / 估价：89.00元
PSN B-2012-287-1/1

融资租赁蓝皮书
中国融资租赁业发展报告（2016～2017）
著(编)者：李光荣 王力　2017年8月出版 / 估价：89.00元
PSN B-2015-443-1/1

商会蓝皮书
中国商会发展报告No.5（2017）
著(编)者：王钦敏　2017年7月出版 / 估价：89.00元
PSN B-2008-125-1/1

输血服务蓝皮书
中国输血行业发展报告（2017）
著(编)者：朱永明 耿鸿武　2016年8月出版 / 估价：89.00元
PSN B-2016-583-1/1

上市公司蓝皮书
中国上市公司社会责任信息披露报告（2017）
著(编)者：张旺 张杨　2017年11月出版 / 估价：89.00元
PSN B-2011-234-1/2

社会责任管理蓝皮书
中国上市公司社会责任能力成熟度报告（2017）No.2
著(编)者：肖红军 王晓光 李伟阳
2017年12月出版 / 估价：98.00元
PSN B-2015-507-2/2

社会责任管理蓝皮书
中国企业公众透明度报告(2017)No.3
著(编)者：黄速建 熊梦 王晓光 肖红军
2017年1月出版 / 估价：98.00元
PSN B-2015-440-1/2

食品药品蓝皮书
食品药品安全与监管政策研究报告（2016～2017）
著(编)者：唐民皓　2017年6月出版 / 估价：89.00元
PSN B-2009-129-1/1

世界能源蓝皮书
世界能源发展报告（2017）
著(编)者：黄晓勇　2017年6月出版 / 估价：99.00元
PSN B-2013-349-1/1

水利风景区蓝皮书
中国水利风景区发展报告（2017）
著(编)者：谢婵才 兰思仁　2017年5月出版 / 估价：89.00元
PSN B-2015-480-1/1

私募市场蓝皮书
中国私募股权市场发展报告（2017）
著(编)者：曹和平　2017年12月出版 / 估价：89.00元
PSN B-2010-162-1/1

碳市场蓝皮书
中国碳市场报告（2017）
著(编)者：定金彪　2017年11月出版 / 估价：89.00元
PSN B-2014-430-1/1

体育蓝皮书
中国体育产业发展报告（2017）
著(编)者：阮伟 钟秉枢　2017年12月出版 / 估价：89.00元
PSN B-2010-179-1/4

网络空间安全蓝皮书
中国网络空间安全发展报告（2017）
著(编)者：惠志斌 唐涛　2017年4月出版 / 估价：89.00元
PSN B-2015-466-1/1

西部金融蓝皮书
中国西部金融发展报告（2017）
著(编)者：李忠民　2017年8月出版 / 估价：85.00元
PSN B-2010-160-1/1

协会商会蓝皮书
中国行业协会商会发展报告（2017）
著(编)者：景朝阳 李勇　2017年4月出版 / 估价：99.00元
PSN B-2015-461-1/1

新能源汽车蓝皮书
中国新能源汽车产业发展报告（2017）
著(编)者：中国汽车技术研究中心
日产（中国）投资有限公司 东风汽车有限公司
2017年7月出版 / 估价：98.00元
PSN B-2013-347-1/1

新三板蓝皮书
中国新三板市场发展报告（2017）
著(编)者：王力　2017年6月出版 / 估价：89.00元
PSN B-2016-534-1/1

信托市场蓝皮书
中国信托业市场报告（2016～2017）
著(编)者：用益信托工作室
2017年1月出版 / 估价：198.00元
PSN B-2014-371-1/1

信息化蓝皮书
中国信息化形势分析与预测（2016~2017）
著(编)者：周宏仁 2017年8月出版 / 估价：98.00元
PSN B-2010-168-1/1

信用蓝皮书
中国信用发展报告（2017）
著(编)者：章政 田侃 2017年4月出版 / 估价：99.00元
PSN B-2013-328-1/1

休闲绿皮书
2017年中国休闲发展报告
著(编)者：宋瑞 2017年10月出版 / 估价：89.00元
PSN G-2010-158-1/1

休闲体育蓝皮书
中国休闲体育发展报告（2016～2017）
著(编)者：李相如 钟炳枢 2017年10月出版 / 估价：89.00元
PSN G-2016-516-1/1

养老金融蓝皮书
中国养老金融发展报告（2017）
著(编)者：董克用 姚余栋
2017年6月出版 / 估价：89.00元
PSN B-2016-584-1/1

药品流通蓝皮书
中国药品流通行业发展报告（2017）
著(编)者：佘鲁林 温再兴 2017年8月出版 / 估价：158.00元
PSN B-2014-429-1/1

医院蓝皮书
中国医院竞争力报告（2017）
著(编)者：庄一强 曾益新 2017年3月出版 / 估价：128.00元
PSN B-2016-529-1/1

医药蓝皮书
中国中医药产业园战略发展报告（2017）
著(编)者：裴长洪 房书亭 吴滌心
2017年8月出版 / 估价：89.00元
PSN B-2012-305-1/1

邮轮绿皮书
中国邮轮产业发展报告（2017）
著(编)者：汪泓 2017年10月出版 / 估价：89.00元
PSN G-2014-419-1/1

智能养老蓝皮书
中国智能养老产业发展报告（2017）
著(编)者：朱勇 2017年10月出版 / 估价：89.00元
PSN B-2015-488-1/1

债券市场蓝皮书
中国债券市场发展报告（2016～2017）
著(编)者：杨农 2017年10月出版 / 估价：89.00元
PSN B-2016-573-1/1

中国节能汽车蓝皮书
中国节能汽车发展报告（2016~2017）
著(编)者：中国汽车工程研究院股份有限公司
2017年9月出版 / 估价：98.00元
PSN B-2016-566-1/1

中国上市公司蓝皮书
中国上市公司发展报告（2017）
著(编)者：张平 王宏淼
2017年10月出版 / 估价：98.00元
PSN B-2014-414-1/1

中国陶瓷产业蓝皮书
中国陶瓷产业发展报告（2017）
著(编)者：左和平 黄速建 2017年10月出版 / 估价：98.00元
PSN B-2016-574-1/1

中国总部经济蓝皮书
中国总部经济发展报告（2016～2017）
著(编)者：赵弘 2017年9月出版 / 估价：89.00元
PSN B-2005-036-1/1

中医文化蓝皮书
中国中医药文化传播发展报告（2017）
著(编)者：毛嘉陵 2017年7月出版 / 估价：89.00元
PSN B-2015-468-1/1

装备制造业蓝皮书
中国装备制造业发展报告（2017）
著(编)者：徐东华 2017年12月出版 / 估价：148.00元
PSN B-2015-505-1/1

资本市场蓝皮书
中国场外交易市场发展报告（2016～2017）
著(编)者：高峦 2017年3月出版 / 估价：89.00元
PSN B-2009-153-1/1

资产管理蓝皮书
中国资产管理行业发展报告（2017）
著(编)者：智信资产管理研究院
2017年6月出版 / 估价：89.00元
PSN B-2014-407-2/2

文化传媒类

传媒竞争力蓝皮书
中国传媒国际竞争力研究报告（2017）
著(编)者：李本乾 刘强
2017年11月出版 / 估价：148.00元
PSN B-2013-356-1/1

传媒蓝皮书
中国传媒产业发展报告（2017）
著(编)者：崔保国 2017年5月出版 / 估价：98.00元
PSN B-2005-035-1/1

传媒投资蓝皮书
中国传媒投资发展报告（2017）
著(编)者：张向东 谭云明
2017年6月出版 / 估价：128.00元
PSN B-2015-474-1/1

动漫蓝皮书
中国动漫产业发展报告（2017）
著(编)者：卢斌 郑玉明 牛兴侦
2017年9月出版 / 估价：89.00元
PSN B-2011-198-1/1

非物质文化遗产蓝皮书
中国非物质文化遗产发展报告（2017）
著(编)者：陈平 2017年5月出版 / 估价：98.00元
PSN B-2015-469-1/1

广电蓝皮书
中国广播电影电视发展报告（2017）
著(编)者：国家新闻出版广电总局发展研究中心
2017年7月出版 / 估价：98.00元
PSN B-2006-072-1/1

广告主蓝皮书
中国广告主营销传播趋势报告 No.9
著(编)者：黄升民 杜国清 邵华冬 等
2017年10月出版 / 估价：148.00元
PSN B-2005-041-1/1

国际传播蓝皮书
中国国际传播发展报告（2017）
著(编)者：胡正荣 李继东 姬德强
2017年11月出版 / 估价：89.00元
PSN B-2014-408-1/1

纪录片蓝皮书
中国纪录片发展报告（2017）
著(编)者：何苏六 2017年9月出版 / 估价：89.00元
PSN B-2011-222-1/1

科学传播蓝皮书
中国科学传播报告（2017）
著(编)者：詹正茂 2017年7月出版 / 估价：89.00元
PSN B-2008-120-1/1

两岸创意经济蓝皮书
两岸创意经济研究报告（2017）
著(编)者：罗昌智 林咏能
2017年10月出版 / 估价：98.00元
PSN B-2014-437-1/1

两岸文化蓝皮书
两岸文化产业合作发展报告（2017）
著(编)者：胡惠林 李保宗 2017年7月出版 / 估价：89.00元
PSN B-2012-285-1/1

媒介与女性蓝皮书
中国媒介与女性发展报告(2016~2017)
著(编)者：刘利群 2017年9月出版 / 估价：118.00元
PSN B-2013-345-1/1

媒体融合蓝皮书
中国媒体融合发展报告（2017）
著(编)者：梅宁华 宋建武 2017年7月出版 / 估价：89.00元
PSN B-2015-479-1/1

全球传媒蓝皮书
全球传媒发展报告（2017）
著(编)者：胡正荣 李继东 唐晓芬
2017年11月出版 / 估价：89.00元
PSN B-2012-237-1/1

少数民族非遗蓝皮书
中国少数民族非物质文化遗产发展报告（2017）
著(编)者：肖远平（彝） 柴立（满）
2017年8月出版 / 估价：98.00元
PSN B-2015-467-1/1

视听新媒体蓝皮书
中国视听新媒体发展报告（2017）
著(编)者：国家新闻出版广电总局发展研究中心
2017年7月出版 / 估价：98.00元
PSN B-2011-184-1/1

文化创新蓝皮书
中国文化创新报告（2017）No.7
著(编)者：于平 傅才武 2017年7月出版 / 估价：98.00元
PSN B-2009-143-1/1

文化建设蓝皮书
中国文化发展报告（2016~2017）
著(编)者：江畅 孙伟平 戴茂堂
2017年6月出版 / 估价：116.00元
PSN B-2014-392-1/1

文化科技蓝皮书
文化科技创新发展报告（2017）
著(编)者：于平 李凤亮 2017年11月出版 / 估价：89.00元
PSN B-2013-342-1/1

文化蓝皮书
中国公共文化服务发展报告（2017）
著(编)者：刘新成 张永新 张旭
2017年12月出版 / 估价：98.00元
PSN B-2007-093-2/10

文化蓝皮书
中国公共文化投入增长测评报告（2017）
著(编)者：王亚南 2017年4月出版 / 估价：89.00元
PSN B-2014-435-10/10

文化蓝皮书
中国少数民族文化发展报告（2016~2017）
著(编)者：武翠英 张晓明 任乌晶
2017年9月出版 / 估价：89.00元
PSN B-2013-369-9/10

文化蓝皮书
中国文化产业发展报告（2016~2017）
著(编)者：张晓明 王家新 章建刚
2017年2月出版 / 估价：89.00元
PSN B-2002-019-1/10

文化蓝皮书
中国文化产业供需协调检测报告（2017）
著(编)者：王亚南 2017年2月出版 / 估价：89.00元
PSN B-2013-323-8/10

文化蓝皮书
中国文化消费需求景气评价报告（2017）
著(编)者：王亚南 2017年4月出版 / 估价：89.00元
PSN B-2011-236-4/10

文化品牌蓝皮书
中国文化品牌发展报告（2017）
著(编)者：欧阳友权 2017年5月出版 / 估价：98.00元
PSN B-2012-277-1/1

文化遗产蓝皮书
中国文化遗产事业发展报告（2017）
著(编)者：苏杨 张颖岚 王宇飞
2017年8月出版 / 估价：98.00元
PSN B-2008-119-1/1

文学蓝皮书
中国文情报告（2016～2017）
著(编)者：白烨 2017年5月出版 / 估价：49.00元
PSN B-2011-221-1/1

新媒体蓝皮书
中国新媒体发展报告No.8（2017）
著(编)者：唐绪军 2017年6月出版 / 估价：89.00元
PSN B-2010-169-1/1

新媒体社会责任蓝皮书
中国新媒体社会责任研究报告（2017）
著(编)者：钟瑛 2017年11月出版 / 估价：89.00元
PSN B-2014-423-1/1

移动互联网蓝皮书
中国移动互联网发展报告（2017）
著(编)者：官建文 2017年6月出版 / 估价：89.00元
PSN B-2012-282-1/1

舆情蓝皮书
中国社会舆情与危机管理报告（2017）
著(编)者：谢耘耕 2017年9月出版 / 估价：128.00元
PSN B-2011-235-1/1

影视风控蓝皮书
中国影视舆情与风控报告 （2017）
著(编)者：司若 2017年4月出版 / 估价：138.00元
PSN B-2016-530-1/1

地方发展类

安徽经济蓝皮书
合芜蚌国家自主创新综合示范区研究报告（2016～2017）
著(编)者：王开玉 2017年11月出版 / 估价：89.00元
PSN B-2014-383-1/1

安徽蓝皮书
安徽社会发展报告（2017）
著(编)者：程桦 2017年4月出版 / 估价：89.00元
PSN B-2013-325-1/1

安徽社会建设蓝皮书
安徽社会建设分析报告（2016～2017）
著(编)者：黄家海 王开玉 蔡宪
2016年4月出版 / 估价：89.00元
PSN B-2013-322-1/1

澳门蓝皮书
澳门经济社会发展报告（2016～2017）
著(编)者：吴志良 郝雨凡 2017年6月出版 / 估价：98.00元
PSN B-2009-138-1/1

北京蓝皮书
北京公共服务发展报告（2016～2017）
著(编)者：施昌奎 2017年2月出版 / 估价：89.00元
PSN B-2008-103-7/8

北京蓝皮书
北京经济发展报告（2016～2017）
著(编)者：杨松 2017年6月出版 / 估价：89.00元
PSN B-2006-054-2/8

北京蓝皮书
北京社会发展报告（2016～2017）
著(编)者：李伟东 2017年6月出版 / 估价：89.00元
PSN B-2006-055-3/8

北京蓝皮书
北京社会治理发展报告（2016～2017）
著(编)者：殷星辰 2017年5月出版 / 估价：89.00元
PSN B-2014-391-8/8

北京蓝皮书
北京文化发展报告（2016～2017）
著(编)者：李建盛 2017年4月出版 / 估价：89.00元
PSN B-2007-082-4/8

北京律师绿皮书
北京律师发展报告No.3（2017）
著(编)者：王隽 2017年7月出版 / 估价：88.00元
PSN G-2012-301-1/1

北京旅游蓝皮书
北京旅游发展报告（2017）
著(编)者：北京旅游学会　2017年1月出版 / 估价：88.00元
PSN B-2011-217-1/1

北京人才蓝皮书
北京人才发展报告（2017）
著(编)者：于淼　2017年12月出版 / 估价：128.00元
PSN B-2011-201-1/1

北京社会心态蓝皮书
北京社会心态分析报告（2016~2017）
著(编)者：北京社会心理研究所
2017年8月出版 / 估价：89.00元
PSN B-2014-422-1/1

北京社会组织管理蓝皮书
北京社会组织发展与管理（2016~2017）
著(编)者：黄江松　2017年4月出版 / 估价：88.00元
PSN B-2015-446-1/1

北京体育蓝皮书
北京体育产业发展报告（2016~2017）
著(编)者：钟秉枢 陈杰 杨铁黎
2017年9月出版 / 估价：89.00元
PSN B-2015-475-1/1

北京养老产业蓝皮书
北京养老产业发展报告（2017）
著(编)者：周明明 冯喜良　2017年8月出版 / 估价：89.00元
PSN B-2015-465-1/1

滨海金融蓝皮书
滨海新区金融发展报告（2017）
著(编)者：王爱俭 张锐钢　2017年12月出版 / 估价：89.00元
PSN B-2014-424-1/1

城乡一体化蓝皮书
中国城乡一体化发展报告•北京卷（2016~2017）
著(编)者：张宝秀 黄序　2017年5月出版 / 估价：89.00元
PSN B-2012-258-2/2

创意城市蓝皮书
北京文化创意产业发展报告（2017）
著(编)者：张京成 王国华　2017年10月出版 / 估价：89.00元
PSN B-2012-263-1/7

创意城市蓝皮书
青岛文化创意产业发展报告（2017）
著(编)者：马达 张丹妮　2017年8月出版 / 估价：89.00元
PSN B-2011-235-1/1

创意城市蓝皮书
天津文化创意产业发展报告（2016~2017）
著(编)者：谢思全　2017年6月出版 / 估价：89.00元
PSN B-2016-537-7/7

创意城市蓝皮书
无锡文化创意产业发展报告（2017）
著(编)者：谭军 张鸣年　2017年10月出版 / 估价：89.00元
PSN B-2013-346-3/7

创意城市蓝皮书
武汉文化创意产业发展报告（2017）
著(编)者：黄永林 陈汉桥　2017年9月出版 / 估价：99.00元
PSN B-2013-354-4/7

创意上海蓝皮书
上海文化创意产业发展报告（2016~2017）
著(编)者：王慧敏 王兴全　2017年8月出版 / 估价：89.00元
PSN B-2016-562-1/1

福建妇女发展蓝皮书
福建省妇女发展报告（2017）
著(编)者：刘群英　2017年11月出版 / 估价：88.00元
PSN B-2011-220-1/1

福建自贸区蓝皮书
中国（福建）自由贸易实验区发展报告（2016~2017）
著(编)者：黄茂兴　2017年4月出版 / 估价：108.00元
PSN B-2017-532-1/1

甘肃蓝皮书
甘肃经济发展分析与预测（2017）
著(编)者：朱智文 罗哲　2017年1月出版 / 估价：89.00元
PSN B-2013-312-1/6

甘肃蓝皮书
甘肃社会发展分析与预测（2017）
著(编)者：安文华 包晓霞 谢增虎
2017年1月出版 / 估价：89.00元
PSN B-2013-313-2/6

甘肃蓝皮书
甘肃文化发展分析与预测（2017）
著(编)者：安文华 周小华　2017年1月出版 / 估价：89.00元
PSN B-2013-314-3/6

甘肃蓝皮书
甘肃县域和农村发展报告（2017）
著(编)者：刘进军 柳民 王建兵
2017年1月出版 / 估价：89.00元
PSN B-2013-316-5/6

甘肃蓝皮书
甘肃舆情分析与预测（2017）
著(编)者：陈双梅 郝树声　2017年1月出版 / 估价：89.00元
PSN B-2013-315-4/6

甘肃蓝皮书
甘肃商贸流通发展报告（2017）
著(编)者：杨志武 王福生 王晓芳
2017年1月出版 / 估价：89.00元
PSN B-2016-523-6/6

广东蓝皮书
广东全面深化改革发展报告（2017）
著(编)者：周林生 涂成林　2017年12月出版 / 估价：89.00元
PSN B-2015-504-3/3

广东蓝皮书
广东社会工作发展报告（2017）
著(编)者：罗观翠　2017年6月出版 / 估价：89.00元
PSN B-2014-402-2/3

广东蓝皮书
广东省电子商务发展报告（2017）
著(编)者：程晓 邓顺国　2017年7月出版 / 估价：89.00元
PSN B-2013-360-1/3

广东社会建设蓝皮书
广东省社会建设发展报告（2017）
著(编)者：广东省社会工作委员会
2017年12月出版 / 估价：99.00元
PSN B-2014-436-1/1

广东外经贸蓝皮书
广东对外经济贸易发展研究报告（2016~2017）
著(编)者：陈万灵　2017年8月出版 / 估价：98.00元
PSN B-2012-286-1/1

广西北部湾经济区蓝皮书
广西北部湾经济区开放开发报告（2017）
著(编)者：广西北部湾经济区规划建设管理委员会办公室
广西社会科学院广西北部湾发展研究院
2017年2月出版 / 估价：89.00元
PSN B-2010-181-1/1

巩义蓝皮书
巩义经济社会发展报告（2017）
著(编)者：丁同民 朱军　2017年4月出版 / 估价：58.00元
PSN B-2016-533-1/1

广州蓝皮书
2017年中国广州经济形势分析与预测
著(编)者：庾建设 陈浩钿 谢博能
2017年7月出版 / 估价：85.00元
PSN B-2011-185-9/14

广州蓝皮书
2017年中国广州社会形势分析与预测
著(编)者：张强 陈怡霓 杨秦　2017年6月出版 / 估价：85.00元
PSN B-2008-110-5/14

广州蓝皮书
广州城市国际化发展报告（2017）
著(编)者：朱名宏　2017年8月出版 / 估价：79.00元
PSN B-2012-246-11/14

广州蓝皮书
广州创新型城市发展报告（2017）
著(编)者：尹涛　2017年7月出版 / 估价：79.00元
PSN B-2012-247-12/14

广州蓝皮书
广州经济发展报告（2017）
著(编)者：朱名宏　2017年7月出版 / 估价：79.00元
PSN B-2005-040-1/14

广州蓝皮书
广州农村发展报告（2017）
著(编)者：朱名宏　2017年8月出版 / 估价：79.00元
PSN B-2010-167-8/14

广州蓝皮书
广州汽车产业发展报告（2017）
著(编)者：杨再高 冯兴亚　2017年7月出版 / 估价：79.00元
PSN B-2006-066-3/14

广州蓝皮书
广州青年发展报告（2016～2017）
著(编)者：徐柳 张强　2017年9月出版 / 估价：79.00元
PSN B-2013-352-13/14

广州蓝皮书
广州商贸业发展报告（2017）
著(编)者：李江涛 肖振宇 荀振英
2017年7月出版 / 估价：79.00元
PSN B-2012-245-10/14

广州蓝皮书
广州社会保障发展报告（2017）
著(编)者：蔡国萱　2017年8月出版 / 估价：79.00元
PSN B-2014-425-14/14

广州蓝皮书
广州文化创意产业发展报告（2017）
著(编)者：徐咏虹　2017年7月出版 / 估价：79.00元
PSN B-2008-111-6/14

广州蓝皮书
中国广州城市建设与管理发展报告（2017）
著(编)者：董皞 陈小钢 李江涛
2017年7月出版 / 估价：85.00元
PSN B-2007-087-4/14

广州蓝皮书
中国广州科技创新发展报告（2017）
著(编)者：邹采荣 马正勇 陈爽
2017年7月出版 / 估价：79.00元
PSN B-2006-065-2/14

广州蓝皮书
中国广州文化发展报告（2017）
著(编)者：徐俊忠 陆志强 顾涧清
2017年7月出版 / 估价：79.00元
PSN B-2009-134-7/14

贵阳蓝皮书
贵阳城市创新发展报告No.2（白云篇）
著(编)者：连玉明　2017年10月出版 / 估价：89.00元
PSN B-2015-491-3/10

贵阳蓝皮书
贵阳城市创新发展报告No.2（观山湖篇）
著(编)者：连玉明　2017年10月出版 / 估价：89.00元
PSN B-2011-235-1/1

贵阳蓝皮书
贵阳城市创新发展报告No.2（花溪篇）
著(编)者：连玉明　2017年10月出版 / 估价：89.00元
PSN B-2015-490-2/10

贵阳蓝皮书
贵阳城市创新发展报告No.2（开阳篇）
著(编)者：连玉明　2017年10月出版 / 估价：89.00元
PSN B-2015-492-4/10

贵阳蓝皮书
贵阳城市创新发展报告No.2（南明篇）
著(编)者：连玉明　2017年10月出版 / 估价：89.00元
PSN B-2015-496-8/10

贵阳蓝皮书
贵阳城市创新发展报告No.2（清镇篇）
著(编)者：连玉明　2017年10月出版 / 估价：89.00元
PSN B-2015-489-1/10

贵阳蓝皮书
贵阳城市创新发展报告No.2（乌当篇）
著(编)者：连玉明　2017年10月出版 / 估价：89.00元
PSN B-2015-495-7/10

贵阳蓝皮书
贵阳城市创新发展报告No.2（息烽篇）
著(编)者：连玉明　2017年10月出版 / 估价：89.00元
PSN B-2015-493-5/10

贵阳蓝皮书
贵阳城市创新发展报告No.2（修文篇）
著(编)者：连玉明　2017年10月出版 / 估价：89.00元
PSN B-2015-494-6/10

贵阳蓝皮书
贵阳城市创新发展报告No.2（云岩篇）
著(编)者：连玉明　2017年10月出版 / 估价：89.00元
PSN B-2015-498-10/10

贵州房地产蓝皮书
贵州房地产发展报告No.4（2017）
著(编)者：武廷方　2017年7月出版 / 估价：89.00元
PSN B-2014-426-1/1

贵州蓝皮书
贵州册亨经济社会发展报告 (2017)
著(编)者：黄德林　2017年3月出版 / 估价：89.00元
PSN B-2016-526-8/9

贵州蓝皮书
贵安新区发展报告（2016~2017）
著(编)者：马长青 吴大华　2017年6月出版 / 估价：89.00元
PSN B-2015-459-4/9

贵州蓝皮书
贵州法治发展报告（2017）
著(编)者：吴大华　2017年5月出版 / 估价：89.00元
PSN B-2012-254-2/9

贵州蓝皮书
贵州国有企业社会责任发展报告（2016～2017）
著(编)者：郭丽 周航 万强
2017年12月出版 / 估价：89.00元
PSN B-2015-512-6/9

贵州蓝皮书
贵州民航业发展报告（2017）
著(编)者：申振东 吴大华　2017年10月出版 / 估价：89.00元
PSN B-2015-471-5/9

贵州蓝皮书
贵州民营经济发展报告（2017）
著(编)者：杨静 吴大华　2017年3月出版 / 估价：89.00元
PSN B-2016-531-9/9

贵州蓝皮书
贵州人才发展报告（2017）
著(编)者：于杰 吴大华　2017年9月出版 / 估价：89.00元
PSN B-2014-382-3/9

贵州蓝皮书
贵州社会发展报告（2017）
著(编)者：王兴骥　2017年6月出版 / 估价：89.00元
PSN B-2010-166-1/9

贵州蓝皮书
贵州国家级开放创新平台发展报告（2017）
著(编)者：申晓庆　吴大华　李泓
2017年6月出版 / 估价：89.00元
PSN B-2016-518-1/9

海淀蓝皮书
海淀区文化和科技融合发展报告（2017）
著(编)者：陈名杰 孟景伟　2017年5月出版 / 估价：85.00元
PSN B-2013-329-1/1

杭州都市圈蓝皮书
杭州都市圈发展报告（2017）
著(编)者：沈翔 戚建国　2017年5月出版 / 估价：128.00元
PSN B-2012-302-1/1

杭州蓝皮书
杭州妇女发展报告（2017）
著(编)者：魏颖　2017年6月出版 / 估价：89.00元
PSN B-2014-403-1/1

河北经济蓝皮书
河北省经济发展报告（2017）
著(编)者：马树强 金浩 张贵
2017年4月出版 / 估价：89.00元
PSN B-2014-380-1/1

河北蓝皮书
河北经济社会发展报告（2017）
著(编)者：郭金平　2017年1月出版 / 估价：89.00元
PSN B-2014-372-1/1

河北食品药品安全蓝皮书
河北食品药品安全研究报告（2017）
著(编)者：丁锦霞　2017年6月出版 / 估价：89.00元
PSN B-2015-473-1/1

河南经济蓝皮书
2017年河南经济形势分析与预测
著(编)者：胡五岳　2017年2月出版 / 估价：89.00元
PSN B-2007-086-1/1

河南蓝皮书
2017年河南社会形势分析与预测
著(编)者：刘道兴 牛苏林　2017年4月出版 / 估价89.00元
PSN B-2005-043-1/8

河南蓝皮书
河南城市发展报告（2017）
著(编)者：张占仓 王建国　2017年5月出版 / 估价：89.00元
PSN B-2009-131-3/8

河南蓝皮书
河南法治发展报告（2017）
著(编)者：丁同民 张林海　2017年5月出版 / 估价：89.00元
PSN B-2014-376-6/8

河南蓝皮书
河南工业发展报告（2017）
著(编)者：张占仓 丁同民　2017年5月出版 / 估价：89.00元
PSN B-2013-317-5/8

河南蓝皮书
河南金融发展报告（2017）
著(编)者：河南省社会科学院
2017年6月出版 / 估价：89.00元
PSN B-2014-390-7/8

河南蓝皮书
河南经济发展报告（2017）
著(编)者：张占仓　　2017年3月出版 / 估价：89.00元
PSN B-2010-157-4/8

河南蓝皮书
河南农业农村发展报告（2017）
著(编)者：吴海峰　　2017年4月出版 / 估价：89.00元
PSN B-2015-445-8/8

河南蓝皮书
河南文化发展报告（2017）
著(编)者：卫绍生　　2017年3月出版 / 估价：88.00元
PSN B-2008-106-2/8

河南商务蓝皮书
河南商务发展报告（2017）
著(编)者：焦锦淼 穆荣国　2017年6月出版 / 估价：88.00元
PSN B-2014-399-1/1

黑龙江蓝皮书
黑龙江经济发展报告（2017）
著(编)者：朱宇　　2017年1月出版 / 估价：89.00元
PSN B-2011-190-2/2

黑龙江蓝皮书
黑龙江社会发展报告（2017）
著(编)者：谢宝禄　2017年1月出版 / 估价：89.00元
PSN B-2011-189-1/2

湖北文化蓝皮书
湖北文化发展报告（2017）
著(编)者：吴成国　　2017年10月出版 / 估价：95.00元
PSN B-2016-567-1/1

湖南城市蓝皮书
区域城市群整合
著(编)者：童中贤 韩未名
2017年12月出版 / 估价：89.00元
PSN B-2006-064-1/1

湖南蓝皮书
2017年湖南产业发展报告
著(编)者：梁志峰　　2017年5月出版 / 估价：128.00元
PSN B-2011-207-2/8

湖南蓝皮书
2017年湖南电子政务发展报告
著(编)者：梁志峰　　2017年5月出版 / 估价：128.00元
PSN B-2014-394-6/8

湖南蓝皮书
2017年湖南经济展望
著(编)者：梁志峰　　2017年5月出版 / 估价：128.00元
PSN B-2011-206-1/8

湖南蓝皮书
2017年湖南两型社会与生态文明发展报告
著(编)者：梁志峰　　2017年5月出版 / 估价：128.00元
PSN B-2011-208-3/8

湖南蓝皮书
2017年湖南社会发展报告
著(编)者：梁志峰　　2017年5月出版 / 估价：128.00元
PSN B-2014-393-5/8

湖南蓝皮书
2017年湖南县域经济社会发展报告
著(编)者：梁志峰　　2017年5月出版 / 估价：128.00元
PSN B-2014-395-7/8

湖南蓝皮书
湖南城乡一体化发展报告（2017）
著(编)者：陈文胜 王文强 陆福兴 邝奕轩
2017年6月出版 / 估价：89.00元
PSN B-2015-477-8/8

湖南县域绿皮书
湖南县域发展报告 No.3
著(编)者：袁准 周小毛　2017年9月出版 / 估价：89.00元
PSN G-2012-274-1/1

沪港蓝皮书
沪港发展报告（2017）
著(编)者：尤安山　2017年9月出版 / 估价：89.00元
PSN B-2013-362-1/1

吉林蓝皮书
2017年吉林经济社会形势分析与预测
著(编)者：马克　　2015年12月出版 / 估价：89.00元
PSN B-2013-319-1/1

吉林省城市竞争力蓝皮书
吉林省城市竞争力报告（2017）
著(编)者：崔岳春 张磊　　2017年3月出版 / 估价：89.00元
PSN B-2015-508-1/1

济源蓝皮书
济源经济社会发展报告（2017）
著(编)者：喻新安　2017年4月出版 / 估价：89.00元
PSN B-2014-387-1/1

健康城市蓝皮书
北京健康城市建设研究报告（2017）
著(编)者：王鸿春　　2017年8月出版 / 估价：89.00元
PSN B-2015-460-1/2

江苏法治蓝皮书
江苏法治发展报告 No.6（2017）
著(编)者：蔡道通 龚廷泰　　2017年8月出版 / 估价：98.00元
PSN B-2012-290-1/1

江西蓝皮书
江西经济社会发展报告（2017）
著(编)者：张勇 姜玮 梁勇　　2017年10月出版 / 估价：89.00元
PSN B-2015-484-1/2

江西蓝皮书
江西设区市发展报告（2017）
著(编)者：姜玮 梁勇　　2017年10月出版 / 估价：79.00元
PSN B-2016-517-2/2

江西文化蓝皮书
江西文化产业发展报告（2017）
著(编)者：张圣才 汪春翔
2017年10月出版 / 估价：128.00元
PSN B-2015-499-1/1

街道蓝皮书
北京街道发展报告No.2（白纸坊篇）
著(编)者：连玉明 2017年8月出版 / 估价：98.00元
PSN B-2016-544-7/15

街道蓝皮书
北京街道发展报告No.2（椿树篇）
著(编)者：连玉明 2017年8月出版 / 估价：98.00元
PSN B-2016-548-11/15

街道蓝皮书
北京街道发展报告No.2（大栅栏篇）
著(编)者：连玉明 2017年8月出版 / 估价：98.00元
PSN B-2016-552-15/15

街道蓝皮书
北京街道发展报告No.2（德胜篇）
著(编)者：连玉明 2017年8月出版 / 估价：98.00元
PSN B-2016-551-14/15

街道蓝皮书
北京街道发展报告No.2（广安门内篇）
著(编)者：连玉明 2017年8月出版 / 估价：98.00元
PSN B-2016-540-3/15

街道蓝皮书
北京街道发展报告No.2（广安门外篇）
著(编)者：连玉明 2017年8月出版 / 估价：98.00元
PSN B-2016-547-10/15

街道蓝皮书
北京街道发展报告No.2（金融街篇）
著(编)者：连玉明 2017年8月出版 / 估价：98.00元
PSN B-2016-538-1/15

街道蓝皮书
北京街道发展报告No.2（牛街篇）
著(编)者：连玉明 2017年8月出版 / 估价：98.00元
PSN B-2016-545-8/15

街道蓝皮书
北京街道发展报告No.2（什刹海篇）
著(编)者：连玉明 2017年8月出版 / 估价：98.00元
PSN B-2016-546-9/15

街道蓝皮书
北京街道发展报告No.2（陶然亭篇）
著(编)者：连玉明 2017年8月出版 / 估价：98.00元
PSN B-2016-542-5/15

街道蓝皮书
北京街道发展报告No.2（天桥篇）
著(编)者：连玉明 2017年8月出版 / 估价：98.00元
PSN B-2016-549-12/15

街道蓝皮书
北京街道发展报告No.2（西长安街篇）
著(编)者：连玉明 2017年8月出版 / 估价：98.00元
PSN B-2016-543-6/15

街道蓝皮书
北京街道发展报告No.2（新街口篇）
著(编)者：连玉明 2017年8月出版 / 估价：98.00元
PSN B-2016-541-4/15

街道蓝皮书
北京街道发展报告No.2（月坛篇）
著(编)者：连玉明 2017年8月出版 / 估价：98.00元
PSN B-2016-539-2/15

街道蓝皮书
北京街道发展报告No.2（展览路篇）
著(编)者：连玉明 2017年8月出版 / 估价：98.00元
PSN B-2016-550-13/15

经济特区蓝皮书
中国经济特区发展报告（2017）
著(编)者：陶一桃 2017年12月出版 / 估价：98.00元
PSN B-2009-139-1/1

辽宁蓝皮书
2017年辽宁经济社会形势分析与预测
著(编)者：曹晓峰 梁启东
2017年1月出版 / 估价：79.00元
PSN B-2006-053-1/1

洛阳蓝皮书
洛阳文化发展报告（2017）
著(编)者：刘福兴 陈启明 2017年7月出版 / 估价：89.00元
PSN B-2015-476-1/1

南京蓝皮书
南京文化发展报告（2017）
著(编)者：徐宁 2017年10月出版 / 估价：89.00元
PSN B-2014-439-1/1

南宁蓝皮书
南宁经济发展报告（2017）
著(编)者：胡建华 2017年9月出版 / 估价：79.00元
PSN B-2016-570-2/3

南宁蓝皮书
南宁社会发展报告（2017）
著(编)者：胡建华 2017年9月出版 / 估价：79.00元
PSN B-2016-571-3/3

内蒙古蓝皮书
内蒙古反腐倡廉建设报告 No.2
著(编)者：张志华 无极 2017年12月出版 / 估价：79.00元
PSN B-2013-365-1/1

浦东新区蓝皮书
上海浦东经济发展报告（2017）
著(编)者：沈开艳 周奇 2017年1月出版 / 估价：09.00元
PSN B-2011-225-1/1

青海蓝皮书
2017年青海经济社会形势分析与预测
著(编)者：陈玮 2015年12月出版 / 估价：79.00元
PSN B-2012-275-1/1

人口与健康蓝皮书
深圳人口与健康发展报告（2017）
著(编)者：陆杰华 罗乐宣 苏杨
2017年11月出版 / 估价：89.00元
PSN B-2011-228-1/1

山东蓝皮书
山东经济形势分析与预测（2017）
著(编)者：李广杰　2017年7月出版 / 估价：89.00元
PSN B-2014-404-1/4

山东蓝皮书
山东社会形势分析与预测（2017）
著(编)者：张华 唐洲雁　2017年6月出版 / 估价：89.00元
PSN B-2014-405-2/4

山东蓝皮书
山东文化发展报告（2017）
著(编)者：涂可国　2017年11月出版 / 估价：98.00元
PSN B-2014-406-3/4

山西蓝皮书
山西资源型经济转型发展报告（2017）
著(编)者：李志强　2017年7月出版 / 估价：89.00元
PSN B-2011-197-1/1

陕西蓝皮书
陕西经济发展报告（2017）
著(编)者：任宗哲 白宽犁 裴成荣
2015年12月出版 / 估价：89.00元
PSN B-2009-135-1/5

陕西蓝皮书
陕西社会发展报告（2017）
著(编)者：任宗哲 白宽犁 牛昉
2015年12月出版 / 估价：89.00元
PSN B-2009-136-2/5

陕西蓝皮书
陕西文化发展报告（2017）
著(编)者：任宗哲 白宽犁 王长寿
2015年12月出版 / 估价：89.00元
PSN B-2009-137-3/5

上海蓝皮书
上海传媒发展报告（2017）
著(编)者：强荧 焦雨虹　2017年1月出版 / 估价：89.00元
PSN B-2012-295-5/7

上海蓝皮书
上海法治发展报告（2017）
著(编)者：叶青　2017年6月出版 / 估价：89.00元
PSN B-2012-296-6/7

上海蓝皮书
上海经济发展报告（2017）
著(编)者：沈开艳　2017年1月出版 / 估价：89.00元
PSN B-2006-057-1/7

上海蓝皮书
上海社会发展报告（2017）
著(编)者：杨雄 周海旺　2017年1月出版 / 估价：89.00元
PSN B-2006-058-2/7

上海蓝皮书
上海文化发展报告（2017）
著(编)者：荣跃明　2017年1月出版 / 估价：89.00元
PSN B-2006-059-3/7

上海蓝皮书
上海文学发展报告（2017）
著(编)者：陈圣来　2017年6月出版 / 估价：89.00元
PSN B-2012-297-7/7

上海蓝皮书
上海资源环境发展报告（2017）
著(编)者：周冯琦 汤庆合 任文伟
2017年1月出版 / 估价：89.00元
PSN B-2006-060-4/7

社会建设蓝皮书
2017年北京社会建设分析报告
著(编)者：宋贵伦 冯虹　2017年10月出版 / 估价：89.00元
PSN B-2010-173-1/1

深圳蓝皮书
深圳法治发展报告（2017）
著(编)者：张骁儒　2017年6月出版 / 估价：89.00元
PSN B-2015-470-6/7

深圳蓝皮书
深圳经济发展报告（2017）
著(编)者：张骁儒　2017年7月出版 / 估价：89.00元
PSN B-2008-112-3/7

深圳蓝皮书
深圳劳动关系发展报告（2017）
著(编)者：汤庭芬　2017年6月出版 / 估价：89.00元
PSN B-2007-097-2/7

深圳蓝皮书
深圳社会建设与发展报告（2017）
著(编)者：张骁儒 陈东平　2017年7月出版 / 估价：89.00元
PSN B-2008-113-4/7

深圳蓝皮书
深圳文化发展报告(2017)
著(编)者：张骁儒　2017年7月出版 / 估价：89.00元
PSN B-2016-555-7/7

四川法治蓝皮书
丝绸之路经济带发展报告（2016～2017）
著(编)者：任宗哲 白宽犁 谷孟宾
2017年12月出版 / 估价：85.00元
PSN B-2014-410-1/1

四川法治蓝皮书
四川依法治省年度报告 No.3（2017）
著(编)者：李林 杨天宗 田禾
2017年3月出版 / 估价：108.00元
PSN B-2015-447-1/1

四川蓝皮书
2017年四川经济形势分析与预测
著(编)者：杨钢　2017年1月出版 / 估价：98.00元
PSN B-2007-098-2/7

四川蓝皮书
四川城镇化发展报告（2017）
著(编)者：侯水平 陈炜　2017年4月出版 / 估价：85.00元
PSN B-2015-456-7/7

四川蓝皮书
四川法治发展报告（2017）
著(编)者：郑泰安　2017年1月出版 / 估价：89.00元
PSN B-2015-441-5/7

四川蓝皮书
四川企业社会责任研究报告（2016～2017）
著(编)者：侯水平 盛毅 翟刚
2017年4月出版 / 估价：89.00元
PSN B-2014-386-4/7

四川蓝皮书
四川社会发展报告（2017）
著(编)者：李羚　2017年5月出版 / 估价：89.00元
PSN B-2008-127-3/7

四川蓝皮书
四川生态建设报告（2017）
著(编)者：李晟之　2017年4月出版 / 估价：85.00元
PSN B-2015-455-6/7

四川蓝皮书
四川文化产业发展报告（2017）
著(编)者：向宝云 张立伟
2017年4月出版 / 估价：89.00元
PSN B-2006-074-1/7

体育蓝皮书
上海体育产业发展报告（2016～2017）
著(编)者：张林 黄海燕
2017年10月出版 / 估价：89.00元
PSN B-2015-454-4/4

体育蓝皮书
长三角地区体育产业发展报告（2016～2017）
著(编)者：张林　2017年4月出版 / 估价：89.00元
PSN B-2015-453-3/4

天津金融蓝皮书
天津金融发展报告（2017）
著(编)者：王爱俭 孔德昌
2017年12月出版 / 估价：98.00元
PSN B-2014-418-1/1

图们江区域合作蓝皮书
图们江区域合作发展报告（2017）
著(编)者：李铁　2017年6月出版 / 估价：98.00元
PSN B-2015-464-1/1

温州蓝皮书
2017年温州经济社会形势分析与预测
著(编)者：潘忠强 王春光 金浩
2017年4月出版 / 估价：89.00元
PSN B-2008-105-1/1

西咸新区蓝皮书
西咸新区发展报告（2016~2017）
著(编)者：李扬 王军　2017年6月出版 / 估价：89.00元
PSN B-2016-535-1/1

扬州蓝皮书
扬州经济社会发展报告（2017）
著(编)者：丁纯　2017年12月出版 / 估价：98.00元
PSN B-2011-191-1/1

长株潭城市群蓝皮书
长株潭城市群发展报告（2017）
著(编)者：张萍　2017年12月出版 / 估价：89.00元
PSN B-2008-109-1/1

中医文化蓝皮书
北京中医文化传播发展报告（2017）
著(编)者：毛嘉陵　2017年5月出版 / 估价：79.00元
PSN B-2015-468-1/2

珠三角流通蓝皮书
珠三角商圈发展研究报告（2017）
著(编)者：王先庆 林至颖
2017年7月出版 / 估价：98.00元
PSN B-2012-292-1/1

遵义蓝皮书
遵义发展报告（2017）
著(编)者：曾征 龚永育 雍思强
2017年12月出版 / 估价：89.00元
PSN B-2014-433-1/1

国际问题类

“一带一路”跨境通道蓝皮书
“一带一路”跨境通道建设研究报告（2017）
著(编)者：郭业洲　2017年8月出版 / 估价：89.00元
PSN B-2016-558-1/1

“一带一路”蓝皮书
“一带一路”建设发展报告（2017）
著(编)者：孔丹 李永全　2017年7月出版 / 估价：89.00元
PSN B-2016-553-1/1

阿拉伯黄皮书
阿拉伯发展报告（2016～2017）
著(编)者：罗林　2017年11月出版 / 估价：89.00元
PSN Y-2014-381-1/1

北部湾蓝皮书
泛北部湾合作发展报告（2017）
著(编)者：吕余生　2017年12月出版 / 估价：85.00元
PSN B-2008-114-1/1

大湄公河次区域蓝皮书
大湄公河次区域合作发展报告（2017）
著(编)者：刘稚　2017年8月出版 / 估价：89.00元
PSN B-2011-196-1/1

大洋洲蓝皮书
大洋洲发展报告（2017）
著(编)者：喻常森　2017年10月出版 / 估价：89.00元
PSN B-2013-341-1/1

德国蓝皮书
德国发展报告（2017）
著(编)者：郑春荣　　2017年6月出版 / 估价：89.00元
PSN B-2012-278-1/1

东盟黄皮书
东盟发展报告（2017）
著(编)者：杨晓强 庄国土
2017年3月出版 / 估价：89.00元
PSN Y-2012-303-1/1

东南亚蓝皮书
东南亚地区发展报告（2016～2017）
著(编)者：厦门大学东南亚研究中心　王勤
2017年12月出版 / 估价：89.00元
PSN B-2012-240-1/1

俄罗斯黄皮书
俄罗斯发展报告（2017）
著(编)者：李永全　2017年7月出版 / 估价：89.00元
PSN Y-2006-061-1/1

非洲黄皮书
非洲发展报告 No.19（2016～2017）
著(编)者：张宏明　　2017年8月出版 / 估价：89.00元
PSN Y-2012-239-1/1

公共外交蓝皮书
中国公共外交发展报告（2017）
著(编)者：赵启正 雷蔚真
2017年4月出版 / 估价：89.00元
PSN B-2015-457-1/1

国际安全蓝皮书
中国国际安全研究报告(2017)
著(编)者：刘慧　　2017年7月出版 / 估价：98.00元
PSN B-2016-522-1/1

国际形势黄皮书
全球政治与安全报告（2017）
著(编)者：李慎明　张宇燕
2016年12月出版 / 估价：89.00元
PSN Y-2001-016-1/1

韩国蓝皮书
韩国发展报告（2017）
著(编)者：牛林杰 刘宝全
2017年11月出版 / 估价：89.00元
PSN B-2010-155-1/1

加拿大蓝皮书
加拿大发展报告（2017）
著(编)者：仲伟合　2017年9月出版 / 估价：89.00元
PSN B-2014-389-1/1

拉美黄皮书
拉丁美洲和加勒比发展报告（2016～2017）
著(编)者：吴白乙　2017年6月出版 / 估价：89.00元
PSN Y-1999-007-1/1

美国蓝皮书
美国研究报告（2017）
著(编)者：郑秉文 黄平　2017年6月出版 / 估价：89.00元
PSN B-2011-210-1/1

缅甸蓝皮书
缅甸国情报告（2017）
著(编)者：李晨阳　　2017年12月出版 / 估价：86.00元
PSN B-2013-343-1/1

欧洲蓝皮书
欧洲发展报告（2016～2017）
著(编)者：黄平 周弘 江时学
2017年6月出版 / 估价：89.00元
PSN B-1999-009-1/1

葡语国家蓝皮书
葡语国家发展报告（2017）
著(编)者：王成安 张敏　　2017年12月出版 / 估价：89.00元
PSN B-2015-503-1/2

葡语国家蓝皮书
中国与葡语国家关系发展报告·巴西（2017）
著(编)者：张曙光　　2017年8月出版 / 估价：89.00元
PSN B-2016-564-2/2

日本经济蓝皮书
日本经济与中日经贸关系研究报告（2017）
著(编)者：张季风　　2017年5月出版 / 估价：89.00元
PSN B-2008-102-1/1

日本蓝皮书
日本研究报告（2017）
著(编)者：杨柏江　　2017年5月出版 / 估价：89.00元
PSN B-2002-020-1/1

上海合作组织黄皮书
上海合作组织发展报告（2017）
著(编)者：李进峰 吴宏伟 李少捷
2017年6月出版 / 估价：89.00元
PSN Y-2009-130-1/1

世界创新竞争力黄皮书
世界创新竞争力发展报告（2017）
著(编)者：李闽榕 李建平 赵新力
2017年1月出版 / 估价：148.00元
PSN Y-2013-318-1/1

泰国蓝皮书
泰国研究报告（2017）
著(编)者：庄国土 张禹东
2017年8月出版 / 估价：118.00元
PSN B-2016-557-1/1

土耳其蓝皮书
土耳其发展报告（2017）
著(编)者：郭长刚 刘义　　2017年9月出版 / 估价：89.00元
PSN B-2014-412-1/1

亚太蓝皮书
亚太地区发展报告（2017）
著(编)者：李向阳　　2017年3月出版 / 估价：89.00元
PSN B-2001-015-1/1

印度蓝皮书
印度国情报告（2017）
著(编)者：吕昭义　　2017年12月出版 / 估价：89.00元
PSN B-2012-241-1/1

印度洋地区蓝皮书
印度洋地区发展报告（2017）
著(编)者：汪戎　　2017年6月出版 / 估价：89.00元
PSN B-2013-334-1/1

英国蓝皮书
英国发展报告（2016～2017）
著(编)者：王展鹏　　2017年11月出版 / 估价：89.00元
PSN B-2015-486-1/1

越南蓝皮书
越南国情报告（2017）
著(编)者：广西社会科学院 罗梅 李碧华
2017年12月出版 / 估价：89.00元
PSN B-2006-056-1/1

以色列蓝皮书
以色列发展报告（2017）
著(编)者：张倩红　　2017年8月出版 / 估价：89.00元
PSN B-2015-483-1/1

伊朗蓝皮书
伊朗发展报告（2017）
著(编)者：冀开远　　2017年10月出版 / 估价：89.00元
PSN B-2016-575-1/1

中东黄皮书
中东发展报告 No.19（2016～2017）
著(编)者：杨光　　2017年10月出版 / 估价：89.00元
PSN Y-1998-004-1/1

中亚黄皮书
中亚国家发展报告（2017）
著(编)者：孙力 吴宏伟　　2017年7月出版 / 估价：98.00元
PSN Y-2012-238-1/1

皮书序列号是社会科学文献出版社专门为识别皮书、管理皮书而设计的编号。皮书序列号是出版皮书的许可证号，是区别皮书与其他图书的重要标志。

它由一个前缀和四部分构成。这四部分之间用连字符“-”连接。前缀和这四部分之间空半个汉字（见示例）。

《国际人才蓝皮书：中国留学发展报告》序列号示例

从示例中可以看出，《国际人才蓝皮书：中国留学发展报告》的首次出版年份是2012年，是社科文献出版社出版的第244个皮书品种，是“国际人才蓝皮书”系列的第2个品种（共4个品种）。

皮书起源

“皮书”起源于十七、十八世纪的英国，主要指官方或社会组织正式发表的重要文件或报告，多以“白皮书”命名。在中国，“皮书”这一概念被社会广泛接受，并被成功运作、发展成为一种全新的出版形态，则源于中国社会科学院社会科学文献出版社。

皮书定义

皮书是对中国与世界发展状况和热点问题进行年度监测，以专业的角度、专家的视野和实证研究方法，针对某一领域或区域现状与发展态势展开分析和预测，具备原创性、实证性、专业性、连续性、前沿性、时效性等特点的公开出版物，由一系列权威研究报告组成。

皮书作者

皮书系列的作者以中国社会科学院、著名高校、地方社会科学院的研究人员为主，多为国内一流研究机构的权威专家学者，他们的看法和观点代表了学界对中国与世界的现实和未来最高水平的解读与分析。

皮书荣誉

皮书系列已成为社会科学文献出版社的著名图书品牌和中国社会科学院的知名学术品牌。2016 年，皮书系列正式列入“十三五”国家重点出版规划项目；2012~2016 年，重点皮书列入中国社会科学院承担的国家哲学社会科学创新工程项目；2017 年，55 种院外皮书使用“中国社会科学院创新工程学术出版项目”标识。

中国皮书网

www.pishu.cn

发布皮书研创资讯，传播皮书精彩内容

引领皮书出版潮流，打造皮书服务平台

栏目设置

关于皮书：何谓皮书、皮书分类、皮书大事记、皮书荣誉、
皮书出版第一人、皮书编辑部

最新资讯：通知公告、新闻动态、媒体聚焦、网站专题、视频直播、下载专区

皮书研创：皮书规范、皮书选题、皮书出版、皮书研究、研创团队

皮书评奖评价：指标体系、皮书评价、皮书评奖

互动专区：皮书说、皮书智库、皮书微博、数据库微博

所获荣誉

2008年、2011年，中国皮书网均在全国新闻出版业网站荣誉评选中获得“最具商业价值网站”称号；

2012年，获得“出版业网站百强”称号。

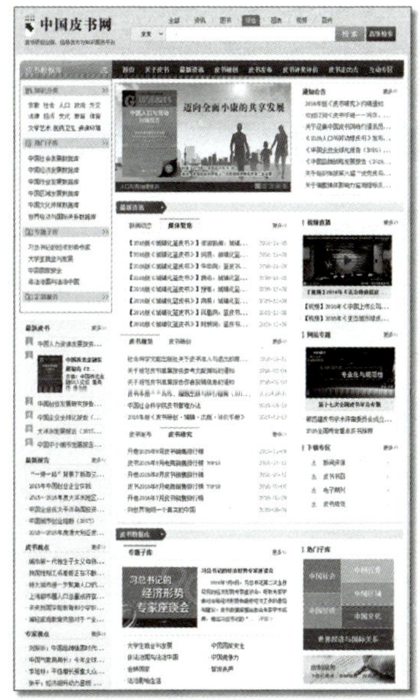

网库合一

2014年，中国皮书网与皮书数据库端口合一，实现资源共享。更多详情请登录www.pishu.cn。

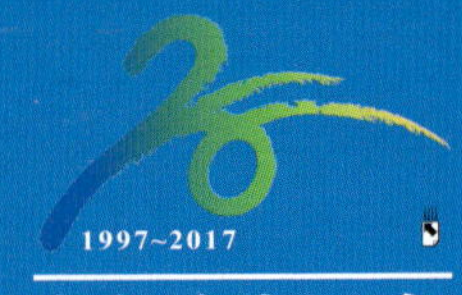

皮书品牌 20 年

YEAR BOOKS

“存金宝”产品；2015 年，国美黄金上线；2016 年，京东金融与中信信托旗下的黄金管家联合推出的“京生金”产品上线。虽然这些产品各有自己的优势和特点，但是它们都有一个共同的标签——互联网黄金。

国内互联网黄金的起源可以追溯到 21 世纪初，但是到现在为止，绝大部分投资者对这一业务本质的理解仍然有失偏颇。大部分人把互联网黄金与网贷、P2P 挂钩，认为互联网黄金仅仅是“披了黄金马甲的 P2P”；又或者有投资人因为看到当前的互联网黄金产品多以“存黄金生黄金利息”为基本的商业模式，就简单地认为互联网黄金等同于“黄金版的余额宝”。不得不说，这些观点不仅歪曲了互联网黄金业务的本质，也可能将会在某种程度上制约互联网黄金行业未来发展的广度和深度。

那么，互联网黄金到底是什么？互联网黄金业务的本质又是什么？从广义上讲，互联网黄金是基于当代先进互联网科学技术的黄金实物资产数字化、账户化和移动化，是金融科技的一个垂直和细分领域。从狭义上讲，互联网黄金包括但不局限于互联网化的不同场景下的实物黄金消费、交易、投资、积存、理财、融资、征信、支付、转让、社交、馈赠和传承。

早在数年前，很多商业银行、黄金龙头企业和互联网企业就已经通过互联网技术实现了黄金的网上消费、交易和投资（包括黄金定投），这些其实都是互联网黄金的最原始生态。“金生宝”“存金宝”“京生金”等产品的出现，其实是通过互联网化的手段和渠道将黄金业务推升到更高一个层级——可以生息的实物黄金积存。这种业务模式的本质是通过互联网技术搭建信息和数据平台，以实物黄金资产的保值和增值为目的的实物黄金创新业务，它并不等同于简单地买入实物黄金并持有（Buy and Hold）。为什么呢？因为黄金自古以来就不会生息，正如巴菲特所说，“黄金是一只不会下蛋的鸡”，所以，简单地买入并持有，投资者的黄金资产除了黄金价格本身的上涨外，几乎不能通过其他方式实现增值。事实上，黄金不仅不会生息，当我们把黄金存放在银行的时候，还需要向银行支付一定比例的存管费，所以黄金是一种负利息的资产。也就是说，一名投资者持有黄金的时间越长，需要付出的时间成本就越多，黄金不会像其他资产一样能够给投资者带来时间价值收益。那么，对于黄金这种负利息但在民间却依然有数万亿元存量规模的资产，要怎么让它流动起来，让它增值，让它可以像其他资产一样给我们带来时间价值，同时，还要让所有的老百姓都能享受到这种价值？于是，“金生金”模式的实物黄金积存业务应运而生，它借助互联网科技，通过专业的黄金资产管理，向积存黄金的投资者额外赠予一定比例的黄金，成功解决了“黄金不会下蛋”的行业痛点。如果说过去十多年的时间，我们所实现的线上黄金买卖和投资是互联网黄金的1.0版的话，那么当前我们所看到的线上黄金实物积存可以暂时定义为互联网黄金业务的2.0版，这是互联网对古老传统的黄金行业的进一步进化。

所以，互联网黄金不等于黄金版的P2P，也不是黄金版的“余额宝”，它是金融科技的一个细分领域，当下的业务模式仅仅是其发展过程中的一种初级形态而已。

二　当前互联网黄金业务的风险及管理

（一）互联网黄金业务面临的主要风险简析

前面我们已经定义过，互联网黄金是金融科技的一个垂直和细分领域。既然是“金融+科技”，那么互联网黄金领域不可避免地面临传统金融行业和互联网技术所面临的典型风险。

1. 政策风险

政策风险（Policy Risk），即指政府有关黄金行业的政策发生重大变化或是重要的法规、监管措施出台，引起黄金行业波动，从而给黄金行业的参与者带来的风险。

说到近年来在业内外颇受关注的黄金政策法规，不得不提的是国务院办公厅联合其他五部委在2011年下发的《国务院关于清理整顿各类交易场所切实防范金融风险的决定》（国发38号文件）和2012年下发的《国务院办公厅关于清理整顿各类交易场所的实施意见》（国办发37号文件）。这两份文件界定了各类交易场所的政策边界，目的之一是整顿变相期货交易等蕴藏金融风险的违法交易活动，同时明确国内只有上海黄金交易所和上海期货交易所是合法的以集中交易方式进行标准化合约交易的场所。

虽然现行的互联网黄金平台大多为客户提供实时销售和回购服务，但其与上述两份法规并不相悖，最主要的原因在于互联网黄金产品不是标准化合约。37号文件所指的“标准化合约”包括两种情形：一种是由交易场所统一制定，除价格外其他条款固定，规定

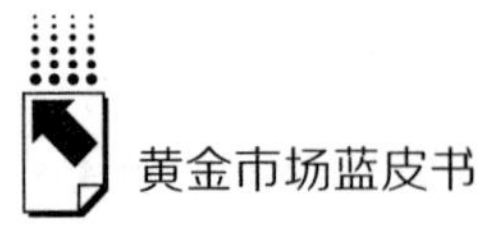

在将来某一时间和地点交割一定数量的标的物的合约；另一种是由交易场所统一制定，规定买方有权在将来某一时间以特定价格买入或者卖出预定标的物的合约。按照金融衍生品的交易特征，最贴近上述两种情形所描述的黄金金融产品是黄金期货和黄金期权。

在互联网实物黄金积存业务中，除了价格外，黄金产品提供方销售给客户的黄金克重、实物品级、实物款式等都不是统一的，客户还可以选择在任意时间、任意地点提取黄金实物，实物交付的时间、地点也不是标准化的。同时，实物黄金积存业务是全额、单向交易，不带杠杆，不可以做空，与场内黄金期货合约有本质区别。因此，从产品本质来讲，互联网黄金产品不是变相期货，与监管层现有的政策法规并不相悖。

再看互联网金融行业相关的政策法规。2016 年可谓互联网金融行业的“监管元年”，监管层频发各项监管细则，其中包括针对跨界金融业务、第三方支付、P2P 网贷、股权众筹、互联网保险等多个细分领域的风险整治文件，但并没有包括专门针对互联网黄金行业的指导意见或政策法规。目前，对互联网黄金的监管，更多的是从工商的层面着手，例如，提高黄金销售的工商准入门槛，严格审查企业的黄金回购资质等。

最新的一个比较积极的政策面信号是 2017 年 2 月 24 日工业和信息化部发布的《关于推进黄金行业转型升级的指导意见》。指导意见明确指出，黄金行业应充分利用“互联网 +”，完善产业链条，同时鼓励黄金金融产品创新，有序发展黄金租赁和远期等业务，提高场外交易市场的黄金交易量。从指导意见可以看出，第一，监管层鼓励用现代互联网科学技术去进化和优化一个存在了千年的黄金行业；第二，监管层希望有效改善现有的黄金产业融资结构，降低黄金企业的融资成本；第三，监管层期望在风险可控的情况下，大力发展场外黄金交易市场，继续践行“藏金于民”的愿景目标。互联网黄金的出现和发展，在很大程度上与监管层的初衷契合。

整体而言，只要不超出现有法规的边界，切实做好自律和自控，切实为产业和实体服务，互联网黄金领域目前面临的政策环境是中性偏乐观的。在这样的一个政策背景下，“互联网＋黄金”的金融机构和商业企业更应该积极、主动、高效地去和监管层沟通，和监管层站在一起，贯彻黄金产业的供给侧改革，真正地去推进和完善黄金产业的技术升级和结构优化。

2. 价格风险

价格风险在这里是指由于黄金价格的波动给互联网黄金业务，以及企业或机构带来的风险，并非传统金融或传统互联网领域普遍面临的风险，而是互联网黄金业务所特有的一种风险。

从资产大类的角度来说，黄金有商品属性，和白银、铜、原油等一样属于大宗商品，而大宗商品属于另类资产范畴，其价格波动水平通常大于股票和债券等传统资产。从黄金自身的属性来说，它不仅有商品属性，还有金融属性，其价格的影响因素错综复杂，并且其在不同阶段会受到不同主导因素的影响。

除了供给和需求外，黄金价格在很多时候是受到全球宏观经济、金融市场、主要经济体的货币和财政政策、地缘政治，以及国际游资的投机行为等因素的影响，但这些因素在不同的时期又会占据不同的地位。例如，在某些时段，美国及其货币政策会成为黄金市场关注的焦点，但在某些时段，欧洲的主权债务问题又会成为黄金市场的第一大影响因素。可以说，黄金是所有金融资产中价格最难研判和把握的，因为对于黄金价格的研究包括但不限于对宏观经济、外汇市场、利率市场、债券市场、资本市场，以及心理学和行为金融学的研究。

根据过去十年的历史数据测算，黄金价格的年化波动率中值在20%左右，峰值曾超过50%（见图1），这意味着在不做任何风险管理的情况下，仅仅黄金价格的波动就可能会给互联网黄金业务和相关企业带来巨大的损失。因此，基于黄金价格研判的复杂性和黄金价格的高波动性，价格风险管理对于互联网黄金业务和企业本身至关重要，这是业务正常运行、企业持续生存的核心前提。

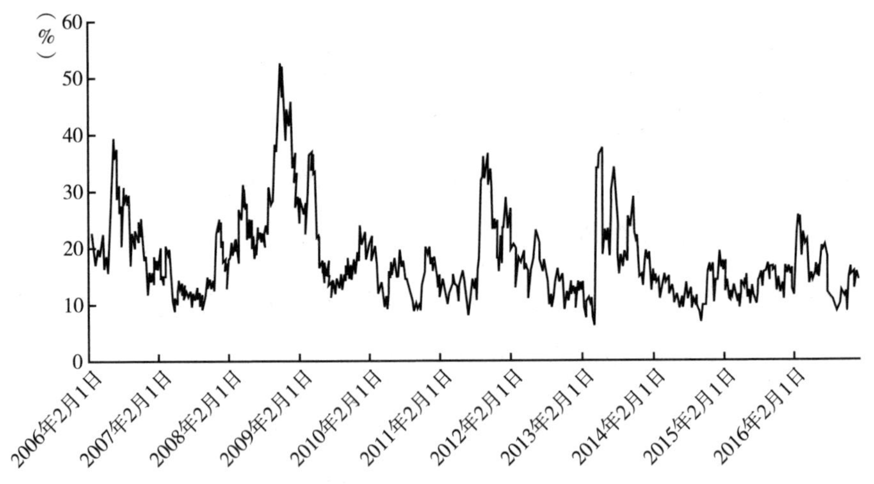

图1　黄金价格历史年化波动率

资料来源：世界黄金协会，黄金管家研究院整理。

黄金价格风险的管理，是黄金行业一直持续讨论的议题。随着中国黄金市场的逐步发展和创新，目前行业内通用的价格风险管理工具主要有上海期货交易所的黄金期货、上海黄金交易所的黄金现货延期（T+D），以及金融机构间的黄金远期、黄金期权等。其中，黄金期货和黄金T+D是场内的标准化合约，在流动性、定价公允性和履约保证方面的优势比较明显，但正是由于其标准化的特性，这些工具无法全面满足企业或机构价格风险管理的个性化需求。黄金远期、掉期和期权等工具，目前在国内处于发展初期，交易主要是集中在银行、券商和其他大型的金融机构之间，是中国境内场外（OTC）衍生品市场的重要组成部分。

黄金远期、掉期和期权最大的优势是非标准化，即企业可以根据自身的风险管理需求进行个性化定制，但和其他的场外衍生品一样，黄金远期、掉期和期权在定价的公允性、流动性和履约保证方面略逊一筹。

了解了现有价格风险管理工具的优劣势以后，企业应该如何运用这些工具？以黄金现货延期合约为例。国内的黄金T+D合约自2004年初在上海黄金交易所上市以来，至今已超过10个年头，其价格走势与黄金现货价格紧密相关，长期相关系数几乎为1，这意味着如果企业能够合理运用黄金T+D作为价格风险管理工具即套期保值，风险规避的有效性应该接近100%，长期而言，企业从黄金价格的波动中赚取的是无风险收益。

在实操过程中，企业还可以加入一些库存管理的理念，这种库存管理是主动的，通常与企业对市场趋势的预判相结合。例如，面临黄金价格上涨风险的互联网黄金企业一般是做买入保值，在某一特定时段内，如果有特别明显的信号显示金价会上涨，企业可以多买一些T+D合约，相当于增加黄金实物库存；反之，如果有明显

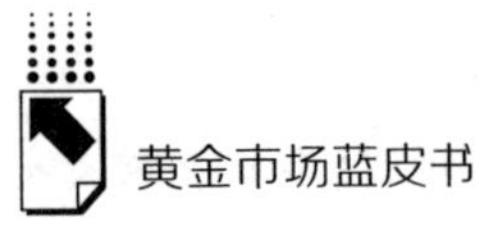

信号显示金价会下跌，可以少买一些，相当于减少黄金实物库存。这里需要注意的是，企业务必要控制好主动管理库存的额度，过分的主动管理很可能会演变为标准的投机交易，这虽然有可能获得超额收益，但会置企业经营本身于更大的风险中。

近年来，伴随着黄金产业创新业务的不断涌现，黄金企业，包括传统黄金企业和互联网黄金企业，对期权、掉期等风险管理工具的需求也在呈级数倍增长。不过需要注意的是，进行场外衍生品交易的最大风险就是交易对手方的信用问题，例如，当黄金市价下跌时，黄金看跌期权的买入方就面临信用风险，即不能按约定进行行权，这不仅令企业损失期权的购买成本，还会令企业完全暴露在价格风险敞口中，令创新产品被迫中止。

3. 信用风险

信用风险是指交易对手方不愿或无力履行合约条件而构成违约所带来的风险。信用风险几乎是所有商业活动都面临的风险，传统黄金行业和互联网黄金行业都无法回避。

传统的黄金行业，从原料的采购、加工到产成品的销售、交付再到回购，都有信用风险的存在。而互联网黄金业务，由于这些环节都通过线上完成，交易双方在整个业务流程中可能都不会有一通电话或一次会面，因此，其所面临的信用风险会比传统黄金业务更大。例如，传统的黄金回购业务中，通常的流程是投资者直接带着实物黄金到企业面对面地办理业务，整个业务过程，包括实物黄金的检验检测等环节，客户可以当面监控，即使有了争议，也可以面对面地解决。

但在互联网模式下，黄金的回购更多的是通过“物流承运 +

商业保险保障”的手段完成，虽然比传统的黄金回购业务更加高效，但在整个流程中，无论是投资者本人，还是互联网黄金企业，实际上都面临信用风险——回购的实物黄金有可能在品质上或数量上都不符合双方的约定。对于这类信用风险的管理，从投资者的角度出发，应尽量选择股东背景强大、信用资质良好的企业来参与业务；从企业的角度出发，应在业务的各个环节严格监控把关，做好客户鉴权、数据资料备份等工作。

前述提到互联网黄金的业务模式中可能还需要用到场外衍生品来管理价格风险，那么这些衍生品的交易过程中又会有新的信用风险产生。目前，对于衍生品交易过程中的信用风险管理，国际上流行的做法包括单个机构交易额限制和逐日盯市原则，例如，期权的卖出方根据每日的黄金市价向买方支付保证金，同时，如有多笔交易同一天发生，双方可以做净额结算而不是全额结算。

4. 技术风险

互联网黄金业务中的技术风险是指互联网信息技术系统发生技术故障，导致数据中断、交易停滞、资金划转不畅，或在系统容量、运维等方面不能保证业务正常进行，从而给客户或企业造成经济或声誉损失的风险。

历史上，证券公司、期货公司或是商业银行都曾出现过技术系统风险，例如，行情中断、银行卡被盗刷等。互联网黄金行业的发展刚起步，系统安全性远不够完善，因此，控制技术风险也显得至关重要。

技术风险的控制，首先要在事前重视技术方案的咨询论证，就技术方案的可行性进行研究，对方案实施后的可能结果进行全面测试；其次，要改善内部组织结构，建立有利于技术创新的生产过程；最后，也是最重要的，要建立技术方面的风险预警系统和内部控制制度，加强对技术资产的监督治理。

三　互联网黄金的下一个目标：实物黄金的通存通兑

在讨论互联网黄金发展趋势之前，我们先看看宏观层面可以预见的两大趋势：第一是移动互联网技术将会进一步向传统黄金领域渗透；第二是黄金作为可配置的大类资产，会受到越来越多投资者的关注。

智能手机从出现到普及仅用了不到五年的时间，现在无论是在一、二线大城市还是在欠发达地区，智能手机的使用已经随处可见。以前大家习惯于上网买一些当地难买到的小东西，但是现在哪怕是房产、汽车等固定资产，也在逐步由线下转向线上交易。黄金属于贵重物品，以前老百姓买黄金都喜欢柜台交易，一定要亲自到店才有信任感，但是随着移动互联网市场的成熟，越来越多的人会习惯通过移动互联网来涉足黄金业务，甚至一些之前不习惯网购的中老年客户群体，可能也会开始尝试在网上买点黄金首饰，做点实物黄金积存等。

以前国人做投资，多是以投机为目的，很少考虑个人财富的综合管理。近些年，经历了金融危机、债务危机的轮番教育之后，以高净值人群为主要代表的投资生力军，已经不能满足于存款、买房、炒股等传统的投资方式，他们对于分散投资风险、财富保值增值的需求更加强烈，开始越来越多地从综合和长远的角度考虑个人财富的管理问题。大类资产配置，不是简单地持有几只不同的股票和基金，而是要真正做到“把鸡蛋放到不同的篮子里”。

资产的几大类别，主要有固定收益类、权益类、另类资产和货币等，这几大类资产就像营养膳食均衡搭配一样，一类都不能少，因为它们各自有不同的风险收益匹配性。黄金在这几个大类当中，兼具另类资产和货币的属性，是个人财富管理中不可或缺的一项大类资产。从信用资产和非信用资产的角度来划分，黄金是金融界中唯一的非信用资产，而传统上的债券、股票和其他各类理财产品，乃至货币，都属于需要信用背书作为支撑的资产。

历史上，黄金也一度作为强化本币信用、充实外汇储备、实现国际结算的重要工具。例如，新中国成立初期，外汇储备稀缺，国家曾专门成立武警部队进行黄金的开采，用开采出来的黄金向发达国家购买先进设备和技术；又例如，20 世纪 90 年代后期，亚洲金融危机时，韩国民众曾纷纷拿出自己的黄金排队上交给国家，帮助政府渡过金融难关；再例如，2015 ~ 2016 年俄罗斯面临汇率危机时，不仅不出售任何黄金储备，还大规模地将其境外的黄金资产运回国内作为对抗卢布贬值的重要工具。很多投资者已经认识到，过度持有信用资产和现金资产，在经济增速下滑和本币持续贬值的情况下，实际上是一个非常糟糕的策略。

2017 年我们共同面临的一个情况是，人民币的有序贬值趋势可能还将持续，以人民币计价的资产价格可能面临较大压力。因此，黄金作为一种非信用资产，在中国居民个人财富篮子里的比重必将上升。

表1　2017 年部分机构对人民币汇率趋势评估一览

机构	观点概要
法国外贸银行	2017 年对美元跌至 7
澳大利亚国民银行	2017 年对美元跌至 7.17
高盛	2017 年底前对美元跌至 7.3
摩根大通	2017 年上半年在 7.2 左右触底，下半年回升至 7.1
汇丰银行	2017 年将贬值至 7.2 附近
法国兴业银行	2017 年贬值至 7.5，2018 年贬值至 8.4

资料来源：黄金管家研究院。

随着移动互联网普及化发展，黄金资产备受关注，现有的互联网黄金产品，已经成功解决了黄金的消费、投资、生息等难题，竞争也逐步进入白热化阶段，如果说互联网黄金的终极目标是将黄金全面融入老百姓在衣、食、住、行、玩中的每一个消费场景，那么其未来 5 年的发展目标应该是通过互联网技术手段，首先实现实物黄金的通存通兑。通存通兑是一个什么概念呢？通俗地说，就是从 A 处买的实物黄金可以去 B 处回购换成现金，也可以去 C 处开立一个账户存放在里面，同时在 C 处存放的黄金还可以向 D 进行支付，从 D 处购买各种生活用品。

只有先实现实物黄金的通存通兑，才有可能进一步实现实物黄金的全面流通，真正让老百姓手里那些封存已久的黄金“流动”起来。

而目前的现实情况是，投资者仅在黄金的回购环节就面临很多障碍，大部分黄金企业或银行只能回购自家出售的黄金，极少数机构可以回购非自家出售的黄金，但是要收取非常高昂的手续费或加工费，这些费用加起来甚至占到回购黄金市值的 10% 以上，足以令很多投资者望而却步。因此，实物黄金给投资者的一个普遍印象就是流动性不够好，在实物的变现、流通环节有太多的渠道尚待打通。

尽管现阶段实物黄金的流动性不够好，但中国人对黄金一直是有深厚感情的，无论贫穷还是富贵，普通老百姓手里多多少少都会有一些金戒指、金首饰、金项链、小金条之类的黄金物件，这些黄金即使不能佩戴了，即使破损了，即使不能生出利息，不到万不得已依然不会轻易被拿出来变现，就这样长期地“沉睡”着。如果把这些民间的存量黄金全部积攒起来，会有多大规模呢？对于这个数字，目前没有官方的披露，但是我们可以通过中国与印度的黄金市场对比，来做一个简单的推算。

从世界黄金协会公布的数据来看，中国和印度长期以来一直都是实物黄金的消费大国，中国（包括港澳台地区）每年的首饰消费量约 700 吨，高峰时超过 1000 吨，每年的金条和金币消费量约 300 吨，高峰时超过 400 吨，黄金实物的年度总体消费量超过 1000 吨。而印度对黄金的热爱与中国类似，历史上曾多年位居全球第一大黄金实物消费国，但是中国的首饰消费量从 2012 年开始超过印度，投资金条和金币需求量从 2013 年开始超过印度，目前中国已经取代印度成为全球第一大实物黄金需求市场。根据印度官方的数据，目前印度的民间存量黄金大约是 2 万吨，那么按照中印两国的实物黄金消费量的对比，可以大致推算出中国民间的实物黄金存量不会比印度少太多。如果同样按照 2 万吨的存量计算，相当于 5 万亿 ~6 万亿元的规模。

表 2 印度和中国的珠宝需求

单位：吨

年份	2010	2011	2012	2013	2014	2015	2016
印度	661.7	619.3	595.2	617.4	627.5	662.3	514.0
中国	492.7	606.6	654.2	1031.3	875.3	811.9	677.1

表 3 印度和中国的金条和金币总需求

单位：吨

年份	2010	2011	2012	2013	2014	2015	2016
印度	340.1	354.7	319.0	341.2	206.0	194.9	161.6
中国	183.6	266.4	264.0	418.1	208.2	236.0	291.8

资料来源：世界黄金协会，黄金管家研究院整理。

未来数年内，随着个人财富管理需求的增加，个人投资者配置黄金类资产的比例会上升，因此，民间的存金量也会继续增加。如果能够把这些闲置的黄金资产盘活，让黄金真正在老百姓的生活中流动起来，实际上是对国家“藏金于民、用金于民”政策更深入地践行，也是互联网金融普惠性的充分体现。

随着互联网黄金领域的参与者越来越多，互联网黄金市场也会被逐步培育起来，投资者会对互联网黄金的本质有更深入的了解。传统的黄金行业，借助互联网工具，未来的业务触角可以延伸得很宽很广，顺应当下金融科技的时代大背景，可以想象，在不远的将来，黄金会通过各种场景渗透到我们普通生活的各个方面。

B.12
微黄金·百姓金之论

肖 磊*

摘 要： 黄金市场的发展是多维度的，从时间轴上看，黄金从皇权垄断走向老百姓持有，已经逐步实现；从黄金自身属性的变革来看，从储备需求走向消费需求，再到金融交易需求，是大势所趋。未来的黄金市场，金融交易将会成为主要需求，这种需求逐步走向线上，交易的微型化、分散化、平民化，是不可阻挡的。最终大部分以金融资产形式存在的黄金，将逐步走进千家万户，存在于每个投资者的手机里、电脑中和实体的保险柜中，这就是微黄金、百姓金。

关键词： 黄金标的 小型化 百姓金 上海金

一 实物黄金投资标的的小型化

黄金本身具有多重属性，在人类进入近现代之后的很长时间

* 肖磊，腾讯财经、新浪财经、和讯、《中国经营报》等多家媒体专栏作者，凤凰卫视、财经专栏作者，黄金市场资深观察员，常年致力于宏观经济以及大宗资产投资领域研究。

里，黄金的货币储备属性依然受到各国政府的重视，黄金被当作一种不可替代的战略储备，囤积在各国央行的金库里面。这个阶段，除了民间能够消费一些黄金首饰外，购买和持有黄金的渠道是严格受到限制的，甚至私自持有黄金是非法的。

当黄金的作用仅仅是当作一种官方储备的时候，其存在形式就是静静地躺在各国央行的地下金库中，一般就不需要将黄金小型化了。很长时间里，全球大部分黄金储备都被铸造成块头比较大的金砖，很多金砖至少10公斤以上，存放在地下数十米、数百米的特制的央行金库当中。直到目前，全球官方金库里面，基本都采用400盎司[①]的金砖，用于黄金生产商、提炼商、政府、银行、央行和大黄金商间的交易及使用。

中国方面，2009年12月4日，工行推出的12.5公斤（400盎司）如意金砖，吸引了诸多黄金投资者的关注。这也是中国内地商业银行首次发行国际标准交割规格的实物黄金产品。

不过12.5公斤的金砖，作为官方和大机构之间的交易是没有问题的，但如果要作为民间投资，门槛过高，按目前的价格，12.5公斤的金砖其总价超过300万元。

中国虽然也开始生产12.5公斤的金砖，但整体来看，这只是符合国际交割标准的一种产品生产方式，这种需求很难主导已经如火如荼的终端消费市场。各国在黄金市场放开方面的时间节点不同，但基本上都实现了从管制到开放的转变，当私人开始能够自由地参与黄金投资的时候，黄金投资产品的小型化就得到了快速的发展。

① 1盎司约等于31.1085克，400盎司约为12.4414公斤。国内为销售方便取整为12.5公斤。

2002 年，中国黄金市场正式开放，上海黄金交易所成立，个人投资者可以交易和购买不同重量的标准黄金投资产品。目前可以交割的产品有最低 50 克，其次是 100 克、1 千克、3 千克、12.5 千克等。

在交易所外，国内诸多黄金生产、加工、销售企业，在满足普通老百姓的需求方面，已经开始制造出小于 10 克的金条，甚至有 5 克的投资性金条，这大大降低了普通老百姓对标准化黄金投资实物的参与门槛。

在实物市场，5 克的小金条虽然已经在投资标的的小型化方面接近极限，但也并不是一个绝对的低门槛，一方面是因为，按照目前的价格，5 克的小金条也需要接近 1500 元，而且金条越小，铸造费用越高，价格也就相应提高，5 克的小金条手续费比一般的金条要高出 1 倍；另一方面，目前全中国老百姓人均持有的黄金也就 5 克左右。因为投资型金条跟首饰消费完全是不同的概念，在纯投资方面，5 克这个门槛，其实也并不低。

黄金投资标的的小型化，指的是标准型投资金条，不包括黄金工艺品和黄金首饰等产品。标准金条的定义在于，买入价格和回购价格，除了会产生少许的手续费外，是按照即时金价来计算的，投资属性要比黄金首饰等强得多。

真正意义上的百姓金，严格来说，是标准的投资性金条，而非黄金首饰。黄金首饰难以形成一个统一的、标准的交易市场，投资属性难以明确地体现，很难通过集中的交易市场来调控，黄金首饰市场跟黄金的标准化投资市场实际上可以被看作完全不同的两个市场。标准金条的目的在于投资交易，首饰的目的在于佩戴消费。标准金条是“藏金于民”战略的主要体现形式和重要支撑，而首饰消费是一个正常产业形态。

2014 年 6 月，中国国家外汇管理局就表示，在黄金持有方面，既有官方黄金储备，民间也有积极的黄金持有和购买，“藏金于民”正在发生。国家外汇管理局还表示，“藏金于民”有助于减轻外汇储备增长的压力，所以这是一个非常好的态势。

2015 年 9 月，国家外汇管理局在回应“如何看待近期我国黄金储备变动”时指出，我国黄金储备的规模不大，“藏金于民”成效显著。其实在此前的 2015 年 7 月，中国央行宣布，6 年来中国黄金储备增加了 604 吨。

从理论上来说，中国政府也是鼓励居民购买标准实物黄金产品的。购买实物黄金是吸收流动性过剩、减少国际收支顺差的最有效手段，中国每增加 1000 吨黄金的进口，则会减少顺差约 410 亿美元，吸收约 2800 亿元的流动性，效果基本上等同于上调一次存款准备金率。反之亦然。这对增加中国央行的货币调控手段是有很大帮助的。

对于老百姓而言，储备实物黄金也有诸多好处，降低居民储蓄率，完成资产形式转移；分流其他风险领域投资资金，分散资产风险，实现多元化投资。

由于投资型金条有其流通性、变现性及保值性等，持有投资型金条，国家可以随时运用交易所和银行等市场进行刺激流通和回购，市场化干预方式和渠道都是顺畅的，达到调节市场流动性目的。从国家储备多元化的角度看，黄金可以很好地避免货币贬值带来的风险，不管是内部风险（通货膨胀）还是外部风险（汇率风险）都十分有效，“藏金于民”有助于对抗通胀、维护国家金融安全。

百姓金，就是要达到让每个人都买得起小份额的黄金，而且随时可以回购，有比较顺畅的流通过程。这就需要黄金投资品种的持续小型化。但仅仅实物投资型市场的小型化，基本到5克这个水平，就很难再往下发展了。

二　线上黄金投资标的微型化

据上海黄金交易所2016年公布的数据，截至2015年末，交易所个人投资用户达到861万人，2014年新增投资用户300万人左右，2015年新增投资用户数也超过120万人（见图1）。

上海黄金交易所的黄金交易产品，实际上也可以说是一种线上交易。随着老百姓对这类交易认知的提升，上海黄金交易所也在想办法将交易标的小型化，降低参与门槛。

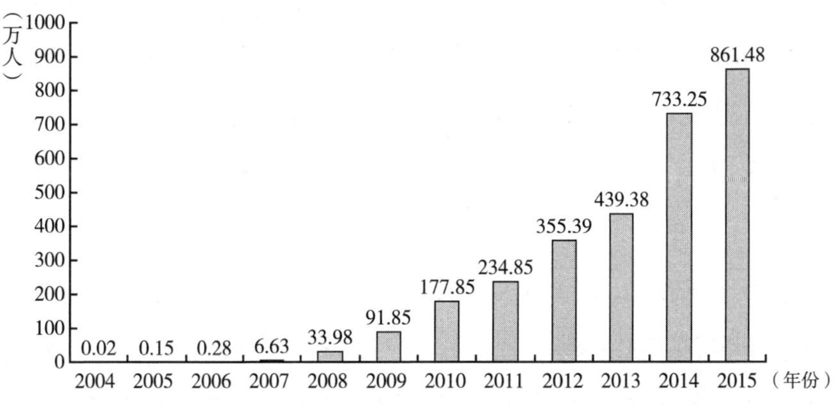

图1　2004～2015年历年个人投资者总数

上海黄金交易所为了进一步降低门槛，于2014年1月2日挂牌Mini黄金延期交收合约，交易代码为mAu（T+D），交易方式为“现货延期交收交易”，交易单位为100克/手，最小单笔报价量为1手。同时，上海黄金交易所还调整了Au99.99黄金实盘合约。从2014年1月2日起，Au99.99黄金实盘合约的交易单位由100克/手调整为10克/手，最大单笔报价量也由1000手调整为10000手。

按照2017年6月价格来算，原来黄金T+D交易的单位为1000克/手，以保证金比例15%左右计算，做一手需要27800元左右。而新的Mini合约交易单位仅有100克/手，做一手仅需2780元多。缩小合约交易单位意味着投资者参与门槛的大幅降低。

但上海黄金交易所“线上”交易的起步门槛，其实并不比线下实物投资的门槛低，只是整个交易的流动性和便捷程度提升了很大的台阶，为其他线上黄金投资产品的微型化提供了很好的基础权威市场。

黄金的流动性决定了其特殊的商品地位，黄金本身就是“钱”，如果能将黄金业务跟互联网终端结合起来，其发展空间和业务拓展速度都会有意想不到的结果。也正是中国黄金消费、投资市场进入规模化发展的最近两年，市场上开始涌现出诸多基于“互联网+”的产品。

2015年末，上海黄金交易所联合几大银行，以及部分券商，历时半年多，正式推出了“易金通”移动端APP，结束了上海黄金交易所没有移动交易终端的历史。该APP具有交易、行情、查询、资讯等多种功能。跟诸多互联网用户终端一样，“易金通”设计是

“互联网范儿”，符合当下更年轻的主流交易者使用习惯，为更大范围地培养“金粉”、传播百姓金理念、做大做强市场提供了基础。

李克强总理在上海黄金交易所“上海金”国际板启动当晚说，上海已经淘了好几桶金，未来还要继续释放淘金潜力，惠及更多百姓，让“上海金”变成“百姓金”。这也证实了“上海金”“普惠”性质的定位。“上海金”不能做得过于高大上，要像发展小额贷款等普惠金融一样发展“上海金”，推动“上海金”向普惠于老百姓的方向发展。

实际上早在2004年，中国银行就在全国范围内首次推出纸黄金业务，把黄金投资的标准化产品门槛降到了1克，这比实物标准型5克金条的门槛更低，也使黄金线上交易成为普通市民投资理财的一种方式。不过纸黄金最大的缺点是不能提取实物黄金，使投资黄金的性质发生了变化。

到了2013年，深圳证券交易所首只黄金ETF上市交易，实行T+0当日回转交易，每份基金份额对应0.01克黄金。投资者可在深交所直接买卖或现金申购赎回黄金ETF，或在上海黄金交易所以黄金合约申购赎回黄金ETF。这进一步降低了线上黄金的投资渠道门槛，把整个黄金投资者的数量扩展到证券交易市场，基础扩大了数十倍，只要有股票交易账户的老百姓，都可以参与黄金ETF的交易，进一步推动了百姓金的普及。黄金ETF虽然对应的份额是0.01克，但基本上交易一手的话，也是1克，跟纸黄金的最低购买克数是一样的。

真正“微黄金”的出现，是从互联网领域完全介入黄金市场开始的，它受众群更大，惠及人群更多。2016年初，互联网投资理财方式普遍出现之后，垂直领域黄金的发展速度较快。新浪和阿里巴巴推出了自己渠道合作的黄金投资产品，腾讯在旗下的微众银行有“微众金”。同时，以更低的门槛出现的“黄金钱包”“国美黄金”“黄金管家”等产品甚至把投资黄金的门槛降到了毫克，只要几毛钱就可以投资黄金。

三　国家是货币的主人，百姓是黄金的主人

货币一直由国家主导，因此当黄金从官方层面定义为一种货币，一定是由国家来主导的，供给和需求更多的是自上而下的分配，而非自下而上的传导。当各国还采用“金本位”的时候，货币还不是商品，而当1972年美国的“金汇兑本位”崩溃之后，货币是商品的概念开始清晰起来，各国外汇的牌价，标注了货币商品的价格，拥有另一种货币的人可以购买其他货币，货币间的互换和买卖已很常见，其商品属性一目了然。因此，有了货币的商品化，才有了黄金的商品化。

黄金的商品化对于老百姓来说，是一件值得庆幸的事情，黄金兼具金融、货币和商品属性，但在很长时间里，黄金的金融货币属性远远大于商品属性，国家层面对黄金市场的管制延续了数千年，货币就是黄金、黄金就是货币的认知，使黄金的主人就是国家，只有特权阶级才有使用和储备黄金的权力。

纵观黄金市场的发展历史，只有在近半个世纪以来，黄金完成了初步的商品化之后，才自然而然地走进了百姓之家。回顾历史，实际上，黄金真正从国家拥有到百姓拥有，是经历了很长的社会发

展才完成的。

历史上不同地区曾有过不同的商品交换充当过货币，后来货币商品就逐渐过渡为金银等贵金属。随着商品生产的发展和交换的扩大，商品货币（金银）的供应越来越不能满足对货币日益增长的需求，又逐渐出现了代用货币、信用货币，以弥补流通手段的不足。进入 20 世纪，金银慢慢地退出货币舞台，不兑现纸币和银行支票成为各国主要的流通手段和支付手段，但是支配货币运动的始终是马克思所揭示的货币流通规律。通常每个国家只使用唯一的货币，并由中央银行发行和控制。

2000 多年前的古罗马亚历山大金币，波斯金币，春秋战国时期在楚国铸造出来的纯金“郢爰”等，都是以货币的形式出现在区域经济生活中的。19 世纪，黄金作为可以国内支付、国际贸易结算的硬通货出现在国际贸易当中。从 1717 年英国正式实施“金本位制度”到而后德国、瑞典、挪威、荷兰、美国、法国、俄国、日本等国适时跟随，黄金作为货币的时代达到顶峰。遗憾的是，中国古代王权的威严远远超过世界各种朝代，由于皇权震天，黄金只作为国库财富和帝王奢侈品来消费，从而使中国一直未能走过金本位道路，采取的是银本位，并出现了银本位下的铜钱流通货币。金本位制对于人类社会来说，是一种文明的进步，中国绕开了金本位的工业发展时期。当然，这是由于我们有着特殊的历史背景及客观条件。

每当战争爆发，黄金就会被管制，自“二战”爆发以来，各国对黄金的态度极为严肃，几乎不允许私人拥有黄金和使用黄金。“二战”结束前夕，在美国主导下，召开了布雷顿森林会议，美国以自身经济军事实力组建了新的国际货币体系，美元跟黄金挂钩，美国承诺担负起以35美元兑换1盎司黄金的国际义务，这一制度推动了美元贸易，使美国在之后一段时间内揽走了大量财富，贸易盈余剧增，为自身控制全球经济奠定了资金实力。但是，由于美元的发放跟美国黄金存有量和可支配量并不呈正比，欧洲各国在20世纪60年代开始用美元疯狂地抢购美国人手上的黄金，迫使美元贬值、信誉降低。美国为了维护自身利益，放弃黄金固定官价，而后宣布不再承担美元兑换黄金的义务，布雷顿森林货币体系就此瓦解，人类经济生活中的“金本位制度”告一段落，黄金开始了它非货币化的漫长道路。

货币历史发展到今天，人们经历了金本位、复本位、不兑现本位、纸币本位几个阶段，现在处于“不兑现本位”和“纸币本位”共存的阶段，“不兑现本位”是指不把贵金属作为货币单位的基础，并且规定纸币不兑换贵金属，人们可以用一种纸币兑换另一种纸币，但不能兑换贵金属。纸币本位是各种综合实力的体现，人为地将纸币赋予价值，去度量各种商品，以达到促进发展和降低流通成本的目的，执行对货币职能的描述。1978年，修改后的《国际货币基金协定》获得批准，黄金非货币化进程基本完成。

虽然黄金没有货币化，但各国对此还抱有谨慎态度，掌握在各国政府手上的庞大黄金储备并没有随着黄金非货币化的推进而抛向市场，相反，一些黄金储备比较少的国家央行反而增加了黄金储备，倡导黄金非货币化的国际货币基金组织也仅仅是处理掉了20%的黄金。至今，黄金仍然是一种国际贸易中可以接受的结算方式，世界第二大货币体系欧元的发行也考虑到了黄金储备的因素，欧洲央行将黄金储备规定在占体系货币储备的15%。黄金的货币功能已被纸币本位取代，但黄金的商品属性及准货币金融功能仍将延续。

但不可否认的是，黄金已经从历史上的主要官方货币的储备资产，走向了民众可以自由持有的金融货币资产，黄金最终依然属于人民，属于老百姓。这也就是微黄金、百姓金的核心和历史渊源所在。

B.13

平安黄金银行建设思路及意义

李　涛*

摘　要： 2014年9月9日，平安银行在业内率先推出黄金银行概念和品牌，以黄金货币化为核心，提供以黄金计价、结算的产品和服务，创立黄金资产负债表和资产池，满足客户全方位的理财投资需求。黄金银行一经推出，即得到了业内的广泛关注，中国人民银行、上海黄金交易所等监管机构也在第一时间认可了相关理念。目前，平安银行已经拥有超过400万的黄金银行客户。

关键词： 平安银行　黄金银行　民间黄金　储备库

一　黄金银行的起航

我国黄金市场自2002年全面开放以来，发展异常迅速，已经形成了勘探、开采、选冶、交易、投资、加工和零售的全产业链。截至2016年底，中国已经连续10年产金量世界第一，现货场内交

* 李涛，平安银行（从属于平安集团）总行贵金属金融事业部总经理。

易量世界第一，黄金进口量世界第一，黄金消费量世界第一。

“黄金市场是金融市场的重要组成部分。黄金兼具金融和商品两种属性，大力发展黄金市场，有利于发挥黄金不同于其他金融资产的独特作用，形成与其他金融市场互补协调发展的局面，进一步完善我国金融市场体系，扩大金融市场的深度和广度，深化金融市场功能，提高金融市场的竞争力和应对危机的能力，维护金融稳定和安全。”随着黄金市场的发展，在原有商品属性需求的基础上，其金融属性需求逐步上升，主要有如下体现。

（一）民间黄金投资热情逐步上涨

2013 年，以“中国大妈”为代表的中国投资者购买黄金的行为让华尔街为之震惊，而中国投资者购买这些黄金并不是为了实物消费，而是为了使货币财富保值、增值。据平安银行贵金属及商品业务中心的市场调查数据，有 70% 以上的黄金购买者愿意采用纸黄金或者实物黄金代保管的形式进行黄金投资。在黄金实际持有者中，超过 50% 持有的是投资金条。从这些数据可以清晰地看出，黄金需求的上升中绝大部分为投资需求，消费者看中的是黄金的金融属性。2014 年和 2015 年，黄金投资有所趋缓，但 2016 年、2017 年，在金价上涨、人民币贬值预期加大、股市赚钱效应下降等因素刺激下，民间黄金投资热情高涨。

（二）黄金融资需求不断上升

黄金项目融资、黄金租赁等业务发展迅猛，尤其是黄金租赁业务，满足了产业链企业的融资需求，并开始逐步向外延伸。以黄金租赁为例，非黄金加工企业租赁黄金的目的并不是持有黄金，而是获得货币融资支持。非黄金加工企业的租赁业务占比在逐步上升。近两年，黄金产业基金逐步发展起来，进入一些传统银行业务无法进入的领域，有效地支持了黄金产业链企业的上市、并购、重组、股权融资、项目投资等经营行为，预计将来有更大的发展。

（三）黄金利率市场获得了发展

从全世界范畴来看，大家公认黄金是一种非生息资产，储存黄金不但没有利息，还要支付仓储、保险等费用。但是，以平安银行推出的“黄金账户”为例，国内市场开始给黄金资产计息，这是黄金金融化的最重要佐证。平安银行获得实物黄金或者黄金份额后，通过租赁融资、掉期等方式，通过货币化运作可以进入金融市场获得更高的收益，黄金金融属性表露无遗。此外，黄金利率曲线是黄金远期、掉期等衍生品定价的基础，因此，利率市场的建设需要规范与引导。有了黄金利率市场，我国黄金衍生品市场就有了自主定价的能力和基础，“争夺黄金定价权”不再是一句空话。

（四）支付清算需求强烈

目前国内黄金企业众多，上下游企业之间有大量的实物黄金的交割，在运输、检验、仓储、保险等环节耗费了大量成本，企业希望有一种方式能够便捷地实现黄金的划转交割，黄金支付清算需求日趋强烈。而目前国内市场中，上海黄金交易所只能实现交易过户功能，黄金的非交易交割（即清算功能）亟须解决。

互联网黄金金融平台不断涌现，亟待规范。黄金金融属性的需求不断上升，催生了“金生宝”“黄金钱包”等黄金金融平台，这些平台对投资客户推出存金有息、黄金理财等功能，在一定程度上丰富了黄金投资者的选择空间，但有些平台并没有合格的准入资质，亟待监管规范，否则有可能引起很大的社会问题。

黄金投资热情高涨，融资需求上升，利率市场建设、支付清算发展、金融平台规范，需要在黄金货币金融体系发展创新方面进行突破，以一个规范性的金融平台完成资源整合，促进黄金金融市场的健康发展。因此，建立黄金银行就有其必要性——可通过黄金银行这个平台，规范性地试点发展黄金金融业务，扶持黄金产业发展，建立民间黄金储备库。

黄金银行不仅可以服务国内的产业链客户及广大投资者，同时也可以依托国家的“一带一路”政策“走出去”。“一带一路”周边国家是传统上黄金的重要产地及消费地，对全球黄金产业发展的作用举足轻重。依托国家的“一带一路”倡议，让黄金业务“走出去，引进来”，可以有效地促进我国黄金市场的发展，获得更多黄金资源，消化过剩产能，提高我国黄金业务在国际上的话语权，这对突破西方国家对黄金定价的垄断有重要意义。

同时，可以将黄金银行的体系输出给国内金融机构和“一带一路”周边国家的金融机构，利用黄金银行的产品优势、创新优势来支持这些机构的产品及定价，最终实现黄金的沉淀及回流到中国，形成实质上的黄金“中央银行”。

二　黄金银行的发展

得益于中国黄金市场的开放、各级政府的扶持，平安银行黄金业务发展迅速。自2002年成为上海黄金交易所首批金融类会员以来，平安银行已取得贵金属自营、代理、现货、延期、租赁、寄售、货押、质押、清算、仓储、居间人、银银合作、黄金询价及黄金进出口权等多项业务资格，成为国内首家拥有与四大国有银行相同业务资格的股份制商业银行，取得了一定的市场份额，并在行业内建立了良好的声誉。

2012年，深圳发展银行吸收合并原平安银行后更名为平安银行，黄金业务进入爆发式发展时期。同年，平安银行在上海设立了贵金属及商品业务中心，统筹管理平安银行的贵金属及商品业务。平安银行黄金业务发展框架基本形成，投融资、交易、实物、资管、清算五大支柱业务体系已经初步构成，并成为平安银行的战略核心业务之一，2015年黄金相关业务营收已经突破20亿元，2016年突破30亿元，平安银行成为业内黄金业务赢利水平较高的商业银行之一。

2014年9月9日，平安银行在业内率先推出黄金银行概念和品牌，以黄金货币化为核心，提供以黄金计价、结算的产品和服务，创立黄金资产负债表和资产池，满足客户全方位的理财投资需求。黄金银行一经推出，即得到了业内的广泛关注，中国人民银行、上海黄金交易所等监管机构也在第一时间认可了其相关理念。目前，平安银行已经拥有超过400万的黄金银行客户。

在黄金银行业务中，零售客户使用类似人民币账户的“黄金账户”进行黄金购买、定存、定投、理财、兑换、转账、质押，公司客户使用“黄金账户”进行融资、结算、托管、销售、套保。

（一）零售服务

普遍而言，对于大多数个人客户，将闲置资金用于日常的投资理财，首要的目的往往是“抗通胀”。当代，我国老百姓对于“通胀”二字，不可谓不熟悉。在传统信用货币的体系下，流通中货币数量 M_0 超过经济实际需求的情况，导致货币日益不值钱，从而引起物价水平全面持续上升。自 1978 年以来，中国的改革开放政策成为一台发动机，使中国的经济发展如同一辆高速列车飞驰而行。伴随着经济增长，全国老百姓对通货膨胀也是感同身受，常会听到一些段子，如 20 年前有 1 万元，可以称为“万元户”，是坐拥巨额财富的象征，而如今的万元户，恐怕是穷人的一种自嘲。之所以要关注投资理财，在某种程度上就是害怕财富缩水的心态所导致的。而黄金在历史长河中，独一无二的“抗通胀”属性，有效地契合了这种需求。围绕黄金抗通胀的特性做文章，正是商业银行对个人客户推出的黄金类业务所具有的特殊意义，在有效补充自身个人黄金业务产品线的同时，更是为数量庞大的零售客户开辟了一个新的投资领域，实现了客户通过黄金理财“抗通胀”的愿望。

个人客户黄金业务主要分为账户类黄金业务和实物类黄金业务。

1. 账户类黄金业务

账户类黄金业务可以细分为以黄金定投、低频存金为主的黄金账户业务（又名“黄金积存业务”）和以黄金高频交易为主的纸黄金业务。

（1）黄金账户业务

黄金账户业务对个人客户来说，就是一种黄金投资理财合集。与开立人民币账户类似，客户也可以开立一个黄金账户，与前者不同的是，前者存储的是人民币，而后者则用于存储黄金份额，这使客户可以像操作人民币账户一样，将黄金视为一个币种，从而方便高效地操作黄金账户，利用账户提供的丰富产品功能围绕黄金进行理财投资。与实物类投资金条不同，黄金账户作为电子金，解决了实物易损耗、易丢失、保管成本高、高额加工费、回购变现困难等短板，成为广受个人投资者欢迎的黄金投资品种。

黄金账户产品简单易用，是客户长期投资、存储黄金、存金生金的得力工具，黄金账户不含杠杆功能，更适合低风险投资者，忽略短期价格波动，安心进行资产的长期配置。

黄金账户功能丰富，大体包含黄金份额买卖、黄金定投、黄金利息、黄金定存、黄金理财、黄金兑换、黄金质押等业务功能。

黄金份额买卖，是客户在判断市场走势之后，主动发起的黄金份额单笔买入和卖出，满足了客户最基本的黄金买卖和持有需求，累计的黄金份额由银行托管，避免了份额损失的风险，对金价涨跌预判有一定要求，一般没有杠杆，风险可控。

黄金定投，最初起源于日本，类似于基金定投，定时以一定金额或恒定重量购买黄金资产，对交易时点的短期黄金价格选择“漠不关心”，坚持长期投资的方法。其核心理念是从一个长期的时间段来看，黄金的价格是用美元等货币来标价的，而在当代信用货币体系下，黄金价格总是螺旋向上的。因为黄金稀缺性的本质，目前世界上已经探明的黄金储量是有限的，而货币长期看是超发的。对于懒人投资者来讲，黄金定投就是一个不折不扣的长期抗通胀工具，伴随着金价稳健上升，客户用闲置资金不断积累黄金份额，用时间的复利积累、创造财富。

黄金利息，为客户解决了黄金不生息的投资顾虑。股神巴菲特曾经说过，黄金不会生息是最大的问题，一吨黄金埋地下，十年后挖出来，还是一吨黄金，自身并没有增值。黄金账户每月向客户支付持有黄金份额的份额利息，帮助客户存金得金，不断累积持有份额，为长期复利夯实基础。

黄金定存，是在黄金利息的基础上的扩展，为客户提供了长期限存金的升级服务，客户可以将黄金份额长期定存，在到期后获得更高的份额收益，是客户存金长短期限管理的创新产品。

黄金理财，是基于黄金业务的理财类投资产品，针对不同黄金价格走势给出不同的预期收益率，让客户在纷繁的理财产品中有更多的选择。

黄金兑换，存储的黄金份额用于兑换实物贵金属产品，打通了份额和实物的连接通道。对客户而言，买入的黄金份额，除了赎回变现外，又多了一种选择，即可以兑换成实物。

黄金质押，是银行提供的客户融资服务，个人客户在银行的黄金份额可以被视为资产，进过折算可以作为质押物进行资金融通。

（2）纸黄金业务

纸黄金业务相对于前面介绍的账户积存金业务，更偏向于是一

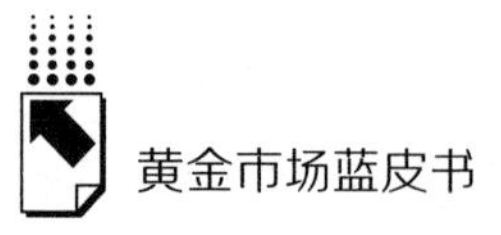

个交易型产品。纸黄金价报送频率更高，每隔数秒就会有新的价格刷新。一般而言，银行会采用买入价和卖出价的“点差模式”向客户报出价格，客户可以根据对金价走势的预判，进行买卖操作。纸黄金与国际金价挂钩，采取24小时不间断交易模式，交易时间相对更长，让热衷于交易感的个人投资者拥有更多的交易时间。国内夜晚，正好对应着欧美的白天开盘时间，此时金价波动最为频繁，为广大上班族客户的理财提供了充裕的操作时间。纸黄金提供了美元和人民币两种交易币种，为手持外币或人民币的个人客户提供了相应的机会，投资者可以根据自身持有的货币种类选择不同的交易模式，做到“因币施策”。

纸黄金是一种凭证式黄金，是投资者按银行报价进行买卖的“虚拟金”，投资者只能通过价格波动赚取“高抛低吸”差价，且无法进行实物提取和交割，纸黄金实际上是通过投机交易获利，而不是对黄金实物进行投资。

2. 实物类黄金业务

除了金融属性，实物金类黄金产品具有商品属性。对零售客户而言，购买实物类黄金产品，满足了投资和消费的双重需求。

（1）投资金产品

投资类的实物金是传统的实物黄金产品，在100多年前黄金类金融产品尚未被发明之时，人们对于持有黄金的概念，只是停留在将“小黄鱼”即投资金条藏在家里压箱底。在发生战乱的时代，金条体积小、便携带、易变现、硬通货的特点，使“乱世藏金”成为一句谚语，试想如果发生战争，相比于银行的账户黄金，手持硬通货金条，也许才更令人安心。

投资金是具有较高投资价值的黄金商品，一般该类实物金具有加工成本相对低廉、销售价格（每克单价）略高于上海黄金交易所 Au 9999 报价的特点，正是由于在原料价的基础上加价较少，所以投资金条的衍生特点是适合投资，与国际现货黄金金价较为匹配，但相对的加工精美度较低，无法达到工艺性标准。虽然没有账户金的便利性，需要空间存储和实物保管，但正是因为这种“看得见，摸得着”的实物特性，投资金受到许多黄金投资者的欢迎。有网络段子道，传统的黄金投资者，哪怕是每晚睡前，摸一下自己藏在床底下的金条，都会有一种满足感，这是账户类黄金产品无法满足的实物消费者占有需求。

（2）饰品金

饰品金分为首饰金和工艺金产品，与投资类金条不同，其款式更为多样，包括金币、金卡、金钞、金砖、金挂坠、金手环等不同产品。饰品金满足了老百姓在生活中对黄金饰品佩戴或工艺品收藏的需求。但由于工艺精细、外形视觉感较有艺术性，其加工成本也往往较普通的投资金更加昂贵，因此，当饰品金被拿来变现时，会在黄金现货价格的基础上有一个较大的折价，就其投资升值角度考虑，买入饰品金并非很好的投资方式。像 2013 年 4 月发生的国际金价暴跌，当时“中国大妈”一度成为华尔街尽人皆知的名词，还出现了英文单词“dama”。大妈们这么火，是因为得知金价大幅下降后，她们在实物黄金市场上大举出手购入黄金，香港的许多金店一度被来自内地的旅游者一扫而空，舆论甚至一度大呼中国大妈打败了华尔街的金融市场大鳄们。不过细心分析就可以发现，中国大妈们买入的基本上都是饰品金，投资价值不高，将大妈们列为金价大战的胜利者，更多的是吸引眼球之意，事实也证明，饰品金强大的需求并不能左右黄金金价的走势。如果说，投资金解决了个人客户对黄金的基本投资需求，那么饰品金则较好地实现了黄金消费的需求。

（二）企业服务

所谓对公业务，指的是通过黄金等相关媒介，为银行企业客户提供融资、结算、托管等服务。目前我国商业银行主要参与的黄金业务分为场内业务和场外业务。最早在我国开始办理的就是场外业务中的纸黄金业务。20 世纪末，中国银行开始向部分客户推介其账户黄金交易业务，俗称纸黄金业务，当时主要报价使用的是以美元计价的账户黄金报价，后来推广至人民币计价的相关报价。在此之后，中国工商银行、招商银行等纷纷开展纸黄金业务。除了纸黄金业务外，对企业客户进行的服务还包括黄金租赁业务、场外代客交易业务、实物金销售等。

2002 年中国建立上海黄金交易所后，越来越多的企业客户通过场内市场进入贵金属市场。商业银行依托中国人民银行、交易所平台，为企业客户提供场内代理交易、资金清算、现货仓储等全方位服务。场内外服务体系共同构筑起商业银行服务企业客户的氛围。

从客户群体类型上，企业客户与个人客户有一定共通性，从业务需求上来说有共同点也有不同点。企业客户通过商业银行代理进入上海黄金交易所交易，Au99.99 和 Au（T + D）是主要的现货投资品种，同时无论是企业客户还是个人客户都同时享受商业银行对其提供的交易、清算、结算、货物仓储服务。不同点在于企业客户更多的依托商业银行进行融资安排、结算安排和综合化投行服务。

商业银行目前已经形成了较完善的对客业务服务体系，主要包括交易、融资、清算、代理、资管等业务。其中交易、融资是目前服务的重点，资管业务是未来重点发展方向。

1. 融资类黄金业务

融资类黄金业务是商业银行对企业客户服务在黄金市场方面的延伸，满足客户传统的融资和融金需求。在融资类业务中，黄金一般作为交易标的和交易媒介，企业客户通过商业银行提供的黄金融资类业务，满足自身融资或者融金的需求。现有较成熟的业务包括黄金租赁业务和黄金质押业务。未来还将进行黄金产业基金业务和黄金结构化融资业务的探讨。

（1）黄金租赁业务

黄金租赁一般是企业客户从商业银行租入黄金，用于加工、生产、销售或者变现。到期后企业向商业银行归还相同重量和规格的黄金，同时支付一定租赁费用作为租赁期间成本，商业银行一般将租赁费计入中间业务收入或其他相关收入。黄金产业链企业在生产、加工环节需要使用大量黄金，而购买这部分黄金会占用惊人的资金头寸。通过商业银行提供的黄金租赁服务，商业银行可以将手头的现货黄金作为融资工具提供给有需要的企业客户。在此过程中，租赁企业提高了现金运作效率，优化了资产负债表结构，甚至可以通过变现租入黄金获得额外运营资金，而商业银行使用黄金运作出可观的收益。

（2）黄金质押业务

黄金质押是指企业客户将自己持有的上海黄金交易所标准金条通过上海黄金交易所系统质押给商业银行，并以此黄金为抵押，办理其他现金贷款或者其他需要授信的业务。一般而言，目前黄金质押业务的办理目的，主要还是满足客户新增信贷贷款的需求，但是也可用于办理黄金租赁或其他授信业务。由于黄金自身的金融属性，其市场波动较其他投融资类业务频繁，需要对质押进行市值监控，并根据实际情况随时进行追保和强平。当质押黄金的市场价格跌至警戒线时，银行可以要求办理质押的企业客户追加担保品、质押品，或者保证金，否则可以要求其提前终止办理的授信业务。

2. 交易类黄金业务

交易类业务是金融市场业务的基础。黄金交易业务，也充分体现了黄金的货币和金融属性。企业客户在商业银行主要享受的交易类业务目前主要分为代客交易业务和代理交易业务。

（1）代客交易业务

企业客户可以通过参与黄金市场交易，对各类黄金标的资产进行投资，获取价差收益。其中代客业务主要指的是商业银行面对企业客户，通过场内外黄金交易工具，为客户实现资产保值增值的业务。目前代客业务的交易标的主要有 OTC 的纸黄金和场内的现货黄金。一般商业银行通过向客户报出买入卖出点差赚取中间业务收入。

（2）代理交易业务

代理类业务指的是商业银行向企业提供代理上海黄金交易所各项黄金交易的业务。客户通过商业银行开发的代理系统，进入上海黄金交易所，对 Au 99.99、Au 99.95、Pt 99.95、Au（T + D）等交易所准许交易品种进行交易，并提供资金清算和仓储管理。商业银行在代理业务中收取一定服务费。

3. 资管类黄金业务

资管类黄金业务又称为黄金理财类业务，指的是商业银行通过提供贵金属相关资管产品，来满足客户投行化、理财化的业务需求。资管类业务更多体现的是黄金的金融属性。通过结构化运作和投行化运作，并辅以资产打包设计，商业银行可以将黄金等相关产品通过交易、融资等组合方式进行操作，设计出适合投资者购买的理财产品或者份额类产品。同时通过复杂的衍生品操作，实现对客户资产的保值增值和超额价差收益。企业客户在资管类业务中，既可以通过资金认购资管类产品，也可以作为资管的合作方，进行资管产品设计，更可以作为资产的底层提供方，配合资管产品建立。

4. 其他业务

其他业务主要有黄金代保管业务、黄金交易培训服务、非场内交易资金清算等。相应业务规模较小，但是仍能满足企业客户某些个性化需求。

三　黄金银行的意义

（一）充分挖掘黄金金融属性，建立黄金清算体系

黄金银行需要提供从交易到清算的全产业链产品，使金融业务摆脱时间、空间的束缚，为客户提供丰富的多样化产品服务。针对同业、公司、零售不同的客户群，完善客户体系，打造客户的黄金

专业顾问，为用户带来一流的体验。

黄金银行可以支持我们的企业在“一带一路”沿线国家进行融资、收购、兼并、开采、加工、回收。这些国家的黄金可以通过丝绸之路直接来到中国，突破西方国家黄金体系的垄断。在这些融资、收购、兼并、开采、加工、回收中，使用人民币进行结算，可以有效推行人民币国际化，把人民币结算、储备功能延伸到这些国家，提升人民币的国际地位和影响力。同时，相关企业可以获得更多的产业资源和营业收入，有利于我国黄金产业的国际化和国民财富的累积。

以黄金银行的方式形成黄金清算体系，而实际控制权仍保留在国家主权手中，有助于我国在形成实质上的产业控制时，避免其他国家和政府的警惕，在目前国际贸易摩擦上升、民粹主义抬头的国际局势下，具有非常现实的意义。

（二）建立民间黄金储备库，形成对官方储备的强力补充

黄金作为一国的国际储备资产的重要组成部分，其储备量的多寡关系到一国对外经济贸易的资信程度。它在稳定国民经济、抑制通货膨胀、提高国际资信等方面有着特殊作用。这种作用无论是在发达国家还是在发展中国家都是相当显著的。西方经济学家凯恩斯曾形象地概括了黄金在货币制度中的作用，他说：“黄金在我们的制度中具有的重要作用，它作为最后的卫兵和紧急需要时的储备金，还没有任何其他更好的东西可以替代它。”

“藏金于民”的政策取得了非常大的成功，但我国官方黄金储备在外汇储备中的占比一直不高。自 2009 年 4 月开始，中国的黄

金储备数据多年维持在 1054 吨不变。2015 年 7 月，时隔 6 年后，中国首次更新黄金储备至 1658 吨，黄金储备量名列世界第五。随后，中国人民银行多次更新了黄金储备的数据，黄金储备数量逐月递增。2016 年上半年，我国央行公布黄金储备增持量合计为 60.96 吨，截至 2016 年 6 月末，我国黄金储备已达 1823.29 吨，约为我国外汇储备的 2.6%，远低于世界上发达国家 10% 的平均水平。

中国公布黄金储备数据，固然有向国际惯例看齐的意义，欧美国家均会在黄金储备变动后及时公布，但另外，也是在给人民币进入国际货币基金组织（IMF）的特别提款权（SDR）背书，为人民币国际化扫平道路，争取世界各国将人民币纳入储备货币。

黄金是一国货币化的基石，尤其是一个国家想成为世界强国，完成真正意义上的崛起，必须拥有强势货币，历史也证实了黄金对强势货币具有强大的支撑作用，这也是强国黄金储备居前的重要原因。从美国、欧盟及日本的货币国际化经验看，黄金起到的作用举足轻重。

人民币的国际化进程是一个长期的过程，如果人民币背后有高额的黄金储备作为支撑，必然会加快这个进程，因此，黄金储备事关国运，我国需要把增持黄金储备纳入国家战略，并坚定不移地实施。

根据《CPM 黄金年鉴》公布的黄金储备变化数据，我国已经是 2009 年以来世界上第一大的黄金购买主体，如果通过政府直接增持黄金，必然对市场价格有非常大的影响，在一定程度上也会引起其他国家的警惕。因此，建立专门的民间黄金储备库，将成为官方黄金储备的重要补充。

（三）扶持产业发展，建立产业投资发展基金

随着黄金产业发展，勘探、开采、选冶、交易、投资、加工和零售的全产业链形成，针对贵金属产业链的上中下游，可以推出不同的金融服务。

从上游来看，勘探、开采需要大规模的资金支持，而产出期也相对较长，国内普遍缺少与融资配套的长期套保交易，而矿山融资等模式在海外已经非常成熟。因此，有必要通过专业的金融服务，通过产业基金、并购融资、债券承销、信托理财等方式进行融资。

从中下游来看，衍生品交易具有非常好的市场和服务价值，而国内的这部分企业常常缺乏明确的避险意识，在金价上涨和下跌的过程中容易发生意外的经营波动风险。同时，黄金租赁天然形成价格避险，比较适合中下游的客户。

中国黄金珠宝企业家数众多，但产业集中度较低，具有集研发、设计、生产、销售能力于一体的企业非常少，因此，产业链存在洗牌的可能，行业集中度将进一步上升，存在较多的并购重组机会。我们可以从产业现状出发，通过试点“投贷联动”，推动“产业基金”，发行黄金债券，创设黄金 ETF 等方式，介入黄金产业链投资、重组、上市、并购等行为，深入企业经营的各个环节，满足消费者、投资者的各类需求，提供全方位的金融服务，以推动产业健康发展。

我们相信，建立黄金银行，能够创造黄金全新业态及金融体系，服务产业链发展，助力人民币国际化。

B.14

民生黄金银行建设路径及思考

张　震*

摘　要：　黄金银行实现了一般货币、黄金实物和账户黄金的可自由兑换，是集“实物、积存、投资、交易、理财和融资”于一体的线上线下互通的黄金综合服务平台，本文对黄金银行的创新发展进行了探讨及分析。2016年7月，中国民生银行正式推出了黄金银行品牌，受到了国内外贵金属市场同业机构及客户的广泛关注。民生黄金银行由“对公黄金银行”“零售黄金银行”和“互联网+黄金银行”三大模块组成。

关键词：　对公黄金银行　零售黄金银行　互联网+黄金银行

一　黄金银行创新发展的背景

近年来，中国的黄金市场经历了快速发展的阶段，发展潜力一方面来自黄金货币属性的日渐回归，另一方面也来自国内巨大黄金

---

* 张震，硕士，中国建设银行股份有限公司总行金融市场交易中心高级研究员，负责贵金属与大宗商品市场研究及产品设计。

需求的觉醒。目前中国黄金市场具备以下几个特点。

第一，市场规模迅猛扩大。我国上海黄金交易所及上海期货交易所的黄金业务交易量已接近 10 万吨，已经发展成为全球第三大场内黄金市场。其中，上海黄金交易所黄金产品的成交量达到 2.5 万吨，同比涨幅为 29.14%；上海期货交易所成交量达到 7 万吨，同比涨幅为 37%。

第二，国际影响力日益增强。近年来，随着黄金进口的大幅增长，外资银行的加入，国际板、沪港通及“上海金”业务的推出，中国黄金市场已经成为对外开放程度较高、国际影响力较强的金融市场。

第三，发展潜力依然较大。考虑到国内人均黄金存有量依然较低，对黄金的消费需求仍有增长的潜力；同时，在全球风险事件增多、负利率程度加剧的背景下，黄金的避险需求增加；此外，互联网正在对黄金消费和投资的方式与行为产生深远的影响；最后，相较贵金属零售市场，黄金产业的投融资活动、全行业的黄金资产管理等还不充分。

目前商业银行在国内黄金市场上扮演的角色越来越重要。商业银行的积极参与和产品创新，丰富了中国黄金市场的内涵，商业银行提供了多样化的黄金投资品种和全方位的金融服务，并促进了黄金以商品交易为主向以金融交易为主的转变。民生银行一直以来始终坚持“服务黄金产业链经济”和拓展“互联网 + 黄金”的理念，进行产品创新，拓展销售渠道，提升内部管理，完善系统建设，力争借助我国黄金市场创新发展的机遇将民生银行打造成国际一流的贵金属产品服务商。

民生黄金银行整合了个人金融和企业金融两大类黄金产品，搭建了统一的管理平台，专注于服务企业客户和广大民众的黄金投资、交易、融资和理财的需求，打造一揽子黄金产品的生态链，努力为商业银行黄金业务的未来发展积极探索、大胆尝试。2016 年，民生银行正式推出了黄金银行品牌，受到了国内外贵金属市场同业机构及客户的广泛关注。

二　黄金银行的定义与产品

商业银行已经拥有实物黄金、积存金、延期黄金交易、黄金理财、黄金租赁等黄金产品，具有丰富的黄金产品经营管理的经验，并拥有海量的客户规模，银行的黄金产品在客户心中形成了专业、安全、易用的印象。同时银行的资信、安全、服务也取得了客户的信赖。银行进一步将黄金产品进行整合，以货币的理念为客户提供银行专业化的服务后，黄金银行的平台便应运而生。

黄金银行实现了一般货币、黄金实物和账户黄金的可自由兑换，是集实物、积存、投资、交易、理财和融资于一体线上线下互通的黄金综合服务平台。其中，民生黄金银行纵向由各项黄金产品整合组成，横向也由“对公黄金银行”“零售黄金银行”“互联网 + 黄金银行”三大模块组成。

积存金产品是中国人民银行批准商业银行开展的账户黄金业务，该产品的核心价值体现在，客户在银行持有的“积存金份额”，银行均有等量的黄金现货存放在上海黄金交易所指定的黄金备付金账户中。即客户持有的积存金是以黄金实物为产品背书的。

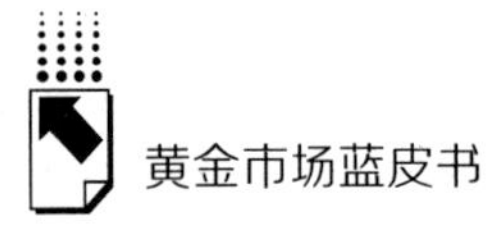

而以前银行推出的纸黄金产品是以银行的信用为背书的。因此，积存金额度以黄金现货为基础是有限额的，而纸黄金理论上是可以无限发售的，显然银行的积存金产品是真金。

积存金具备货币的特性，在黄金银行可以实现申购赎回、转账交换、实物兑换、黄金生息等功能，是黄金银行运作创新发展的核心要素。

黄金生息产品开创实物生息先河。一直以来，黄金保值增值，却无法生息。民生黄金银行充当时代表率，通过金融创新，开创了黄金实物活期、定期及理财生息的先河，在抗本币贬值、抗通货膨胀的基础上，实现了年化1% ~6%的收益，为黄金银行研发黄金理财产品提供了创新蓝本。

银行实物黄金产品传递“百姓金”的平等诚信理念，各家银行均推出了兼具投资收藏、吉祥文化及节日庆典等多个系列产品，将中国传统文化与时代热点结合，是黄金收藏爱好者与贵金属投资者的不二选择。民生银行力主“藏金于民”，将中华历史文化通过“民生金”传播开来，以高质量、可信赖的民间口碑被百姓所钟爱。

黄金银行提供的黄金实物产品打破了传统的银行网点现金销售模式，推出了线上销售黄金、积存金兑换实物金等一系列以黄金为中心的产品销售模式。例如，在民生黄金银行，客户可以选择将前期积存的黄金份额，支付一定的加工费后等量兑换实物产品，一方面，客户前期积存的黄金价格较低，节约了客户消费的成本；另一方面，通过线上兑换黄金，也节约了客户的时间成本。同时结合民生积存金的产品生息功能，客户兑换的实物黄金成本实际上远低于传统现金购买的实物黄金产品。

黄金融资租赁产品培育产业发展环境。民生黄金银行的黄金租赁业务规模一直名列前茅，为黄金产业链上下游客户提供了一揽子的黄金实物需求解决方案。一方面，租赁黄金解决了产金企业的开发资金困难；另一方面，租赁黄金缓解了用金企业的流动资金占用，为国内黄金产业链企业“走出去”、国际化提供了坚实的金融支持。

此外，民生黄金银行同“一带一路”沿线国家金融机构积极合作，通过拆借寄售等方式，每年完成近百吨的黄金进口业务，平抑了国内黄金价格，为境内市场补充了现货的流动性，为百姓提供了实惠，发扬了民生责任，同时，支持了“一带一路”沿线国家产金企业的大发展，为“一带一路”沿线国家创造了大量就业岗位。

黄金银行的账户贵金属交易产品打开了共享共赢局面。账户贵金属交易为投资者提供了一整套以全球24小时市场为基础，集黄金、白银、铂金、钯金四大品种于一体，美元、人民币双币种报价的交易型产品。民生银行依靠强大的贵金属代客交易团队，使客户交易头寸同境外交易对手实时完成平盘操作，通过线上的方式，为国内个人客户提供参与国际市场的交易机会。未来，账户贵金属交易将为更多的国内客户提供参与国际市场交易的机会，也将引入更多的交易品种，以丰富国内客户的投资渠道。

“互联网+黄金银行”实现“五通三体”。民生黄金银行踏上了“互联网+”的时代列车，不断丰富“一带一路”建设中的专项产品体系，解决项目多元化金融服务需求，建立健全产品服务机制。从实物购买、黄金积存、黄金质押到账户交易、代理交易、黄金理财，黄金银行已经将这些业务实现全天候在移动终端的安全操作，是真正意义上的“互联网+”2.0版本的完美诠释。

黄金银行通过产品创新方法、创新模式、创新理念，按照“引进来，走出去”的战略要求，实现参与各方互利共赢。未来，民生黄金银行将继续秉承产品创新的优势，利用“一带一路”倡议的契机，加强“一带一路”沿线金融机构之间的创新交流，将创新金融产品变成贯通五洲四海的联通纽带，推动和谐真诚合作，打开共享共赢的“友谊之门”。

三　黄金银行的构架及建设路径

（一）对公黄金业务

“对公黄金银行”集合了黄金现货交易、期货交易、远期交易、期权交易及黄金租赁、资金清算等优势产品与功能，可为产金及用金企业提供创新性交易融资模式。

“对公黄金银行”业务近年来有效地支持了我国黄金产业链上中下游的企业：产金企业遍布山东、云南、河南、福建等国内主要黄金矿区，用金企业遍布华中、华南等主要黄金珠宝生产加工地区；覆盖面广，产品线全，为企业客户提供融金、融资和套期保值等一揽子金融服务；同时通过清算业务还可有力地保证客户资金汇划的安全性。

除传统的黄金产品链的产金用金企业外，对公黄金银行业务将与有黄金需求的工业制造企业进行合作。

虽然2016年全球电子工业行业的黄金需求持续下降，但黄金需求的下降幅度远小于近年来电子行业需求下滑的幅度，同时中国电子行业的黄金需求增长了1%，至58吨，这得益于国产智能手机品牌的成功及LED行业的复苏。因此，2017年国内的电子工业用金需求将可持续增长。此外，国外比较成熟的装饰品、牙科行业及其他工业的黄金需求全球每年有约320吨，但国内相关工业产品的用金需求还是空白，因此，未来国内的工业黄金需求仍具备较高的发展潜力。黄金银行对公业务的黄金租赁融资等各项服务将大有可为。

（二）零售黄金业务

“零售黄金银行”是在积存金、账户贵金属交易、实物金、代理贵金属产品的基础上，实现了各产品间的自由转换、灵活存取、生息保值、交易便捷等功能，体现了该平台在银行黄金业务创新方面的核心竞争力。例如，民生黄金银行提供“民生金生金，持金有收益”的增值服务，不仅实现了“银行存管有依靠，存金生息有保障”，还打破了国际上黄金资产零收益的历史。它通过活期、定期及理财三大生息模式，为老百姓打造了安全可靠的黄金资产管理平台。

客户在黄金银行持有的积存金黄金份额，会自动获得黄金活期产品提供的收益；对于计划长期持有积存金的客户，还可以选择黄金定期产品，获得更高的定期收益；此外，客户还可以通过积存金份额投资黄金理财产品，享有结构性超额收益、黄金价格上涨收益及抵御货币贬值的三重收益。零售黄金银行的核心就是助力百姓盘活闲置黄金，特别是在客户将黄金作为资产配置，计划长期持有黄金的情况下，将黄金存放在黄金银行将是一个很好的选择。

黄金银行借用传统银行产品理念进行构架设计。首先，将黄金进行货币化设置，形成积存金、黄金活期、黄金定期、黄金理财等一系列黄金储蓄型财富管理产品。其次，黄金银行也专注于黄金实物商品产品的建设，线上实物黄金销售产品，客户积存金提取现货及黄金回存产品，整合了黄金实物的销售到回存的流通链条。最后，黄金银行为客户提供了包括现货交易、延期交易、账户买多卖空交易等在内的一系列交易产品，从低风险即期交易到高风险衍生交易，供不同风险级别客户进行选择。

黄金银行平台具备线上实物黄金销售板块，实物黄金从传统的柜面销售拓展到网上销售，从客户柜面提货拓展到物流配送到家，在减轻支行厅堂柜面业务压力的同时，实现了“随时随地购买，足不出户收货”。在提升实物金销售业务客户购买、提货体验的同时，既能提升银行实物金业务的销量，又能带来中间业务收入的增长。

另外，黄金银行也向客户提供旧金回存的业务，在民生银行的贵金属旗舰店，柜台就为客户提供了旧金无限制回存服务。客户可以将持有的各类黄金实物产品，到银行指定网点申请黄金回存。银行将在现场对客户的黄金实物进行检验，同时银行柜台配备了熔金炉及光谱检测仪等设备。银行通过专业的设备对客户的黄金进行鉴定后，将对客户提供一份黄金的检测报告。在客户接受检测结果的情况下，银行将鉴定后的相应黄金份额等量地存入客户的积存金账户。客户将实物金兑换为积存金后，将享受黄金银行提供的一系列黄金保值增值专业服务。

根据中国黄金协会的数据，2016 年国内旧金回收 157.3 吨，其中黄金价格走强是中国旧金供应量大幅增长的重要原因。黄金银行提供的黄金回存业务的本质是黄金等量兑换，客户不用担心黄金价格的涨跌，客户在持有等量的积存金份额后仍然继续享有黄金价格涨跌的损益。因此，客户在黄金银行更有意愿将闲置的实物黄金回存至积存金。据不完全统计，国内客户持有的黄金现货约 8000 吨的规模，黄金银行未来将重点推出更加便利的黄金回存产品，盘活这个黄金的蓝海市场。

近期的线上黄金回存业务将会与黄金银行进行合作，客户仅须在手机上申请回存，就会有专业的物流上门取货，之后黄金银行将提供全程的监控报告，将黄金的检验结果告知客户，在客户确认后，客户的积存金账户就直接增加相应的积存金份额。线上实物黄金回存全流程将在 2 ~ 3 日内完成，给予了客户非常便利的体验，也进一步提高了客户将闲置黄金进行回存的意愿。

在完整的产品构架基础上，黄金银行在产品销售渠道上也进行了全面的布局。除银行柜台、网银、手机银行等传统销售渠道外，黄金银行积极进行互联网建设，在移动互联网、大数据、云计算等技术不断发展的大背景下，该项业务的市场份额将会不断扩大。

四　黄金银行“互联网 +”业务的发展

当前，个人客户投资黄金的渠道越来越多，除了传统的实物存金方式，互联网平台也有很多诱人的亮点。目前市场上许多互联网黄金平台都能够提供黄金申购、交易、存金生息等一系列服务。低门槛、高收益成为互联网黄金平台的王牌。可是这些互联网平台真的可靠吗？由于普通的互联网黄金平台无法同商业银行一样具备合法的资金归集能力和强大的风险防控体系。整体来看，市场内部互联网黄金平台比较庞杂，个人客户很难分辨投资平台的合法性，也没有合理的风险对冲方式及防范措施。

2017 年初“微黄金”平台的试运行，使我们认识到未来黄金互联网金融投资交易的平台，一定是以银行为主体的“互联网 + 黄金银行”模式的平台。该平台是依托于互联网支付、云计算、电商平台、APP 等互联网工具，实现客户黄金及资金融通、支付，金融产品交易的新型金融平台。“互联网 + 黄金银行”不是简单的互联网与金融业的结合，而是在安全移动技术的基础上，进行金融运作的金融创新平台。

（一）互联网黄金为何需要监管

除了商业银行推出的黄金银行平台，互联网黄金平台近两年来发展也非常迅速，黄金钱包、黄金管家、国美黄金、京东黄金、买金网、新浪的金生宝、阿里的存金宝等 APP 应运而生。各平台给出的黄金服务理念也主要围绕对客户黄金资产的运用，并给予客户较高的黄金收益，整体的模式可以归类为互联网黄金资产的金融 P2P 平台。

2015 年互联网金融 P2P 平台爆发了一系列的风险，通过对互联网金融 P2P 平台暴露出的风险进行分析，可以看出，黄金 P2P 平台也需要进行相应的监管与规范。

黄金 P2P 平台对客户的黄金及资金的托管监控是否到位。P2P 平台接受客户申购后，如何监控客户申购黄金的款项是否全部参与了黄金现货的平盘交易？个别平台仅通过上海黄金交易所或上海期货交易所的黄金延期及期货杠杆类的交易进行客户交易敞口平盘，是否符合监管的要求？如果平台发生与客户黄金交易对赌的情况，该由哪一级的监管部门进行统一的规范管理？

黄金 P2P 平台对客户黄金资产的投资运用的风险管理是否到位？在经济下行期，即使是黄金放款的业务也容易出现不良违约的情况。黄金 P2P 平台追求的是高收益，所以黄金放款也主要面向小微企业，因此，面临高风险、高收益的小微企业放款，黄金 P2P 平台风险管理是否到位？一旦发生投资失败的情况，如何保障客户的黄金资产安全？

黄金 P2P 平台实际上需要极其专业的人员进行黄金交易、黄金投资及风险管理等工作。但多数情况下互联网平台由互联网人士参与是普遍现象，那么黄金 P2P 平台需要的金融专业人才是否配置到位？

在前三个风险点无法得到很好的保障情况下，互联网黄金 P2P 平台可能会进一步引发相关的挤兑风险、道德风险甚至是跑路的风险。因此，黄金 P2P 平台亟须纳入一个规范的平台，可由黄金银行接管黄金资产监管、平台交易、放款风控的工作，通过平台合作实现双赢。

（二）“互联网 + 黄金银行”为客户提供的服务

黄金银行凭借以账户黄金为交易支付产品的创新思路在业内推

出的“互联网＋黄金银行”平台，为客户提供黄金买卖、投资理财、实物存取等一系列服务。黄金银行是将客户黄金资产货币化的金融平台，是以黄金为货币的银行。客户持有的黄金资产在黄金银行可以进行交易、支付、投资及融资等操作。

黄金银行账户黄金产品的超低投资门槛，以及便利灵活的交易方式，非常适用于互联网金融客户的需求。运用互联网金融平台来推广银行优质的金融产品，打破了传统银行客户的限制，可以直接销售给互联网的金融客户。

以民生黄金银行为例，2017 年账户黄金将推出的积分兑换账户黄金的活动也是业内首创的业务。客户可以将银行卡消费的积分兑换为黄金银行的积存金份额。这既提高了客户积分使用的积极性，使客户获得实在的收益，也可以引导客户进行黄金避险类的投资。同时，积分兑换黄金的业务不仅限于银行的积分兑换，还可以推广至其他企业的积分产品，盘活国内的积分市场，这一业务的市场前景非常广阔。

此外，黄金银行积存金具备金生金的分红收益，客户积存在民生银行的账户黄金可以享受高收益。这都是以前传统黄金产品中所不具备的优势。

（三）黄金银行与互联网机构的合作

黄金互联网金融交易平台就是将黄金银行产品通过互联网平台进行销售。其中产品销售主体为银行，互联网合作机构为客户提供信息中介及资金收付服务。客户的黄金账户信息的管理、交易处理及黄金保管，均由黄金银行统一进行管理。该平台作为互联网交易金融产品推广的平台，具备良好的发展前景。

互联网客户与银行直接进行交易，互联网平台作为销售渠道及信息服务中介，产品的风险控制完全按照银行的账户黄金风险控制标准进行，纳入银行账户黄金风险管理体系统一进行风险管控，杜绝虚假做市对赌交易的发生；在系统构建方面，银行负责对客户信息的管理，客户通过互联网平台申购赎回黄金的业务数据，通过银行的资金数据平台进行统一管控，风控措施强，可有效保证客户交易资金及黄金资产的安全；银行账户黄金为互联网客户登记账户管理，客户可通过微信、百度钱包、他行银行卡、手机号等第三方认证 ID，在银行开立黄金账户。

五　黄金银行中的金融科技

黄金银行各项专业化的业务功能离不开科技系统的支持，一是将黄金作为币种按传统银行的存款、贷款、理财、支付、转账等产品进行设计；二是将黄金传统的仓储、提货、入库、交易等功能融入黄金银行的系统；三是对黄金资产负债的综合运用，建立黄金池进行流动性的综合管理；四是将黄金银行进行多渠道对接，特别是针对互联网的建设，使黄金银行中的金融创新面临前所未有的挑战。

首先，未来的黄金银行将突破“渠道”的束缚，而真正地关注客户的“访问”，通过新的数字形式为客户提供服务、信息和支持。客户通过任意一种途径，例如，手机、手表、电脑、平板电脑、汽车、电视，均可访问到黄金银行。黄金银行将向数字生态系统的方向发展，即客户及银行工作人员都是通过一个黄金银行的数字平台接收或提供服务的。类似微信平台推出的“小程序”将会是黄金银行的数字途径，它不必考虑将安卓、ISO、电脑、平板电脑列为不同的渠道，而是专注于对所有的“访问”提供准确的数字服务。未来黄金银行的发展一定是建造一个洁净的数据专业化平台，在任何时候为数字及实体的请求提供黄金专业化的服务。

其次，黄金银行将为黄金互联网平台提供标准的 API 接口。在黄金银行转向价值互联网的过程中，黄金银行将要定位于黄金价值系统的整合者。银行具备良好的传统，有着清晰的合规和避险文化，在黄金领域也具备核心的竞争力。例如，为境内外机构、个人客户提供 24 小时的黄金报价服务；为客户提供安全的黄金资产管理；确保黄金投资的合理收入及可控的风险。黄金银行可以把这些核心价值打造成即插即用式的数字服务，与互联网平台进行共享。同时，作为价值系统的整合者，面对客户的 100 个特性需求，可以选择 100 家公司来完成黄金的配送、交易等工作，而不是全部由黄金银行进行逐一的开发。未来黄金银行中金融科技的核心不是科技的开发力量，而是一个功能的整合者，尽可能地为客户提供最好的、最低成本的、最便利的黄金专业化服务。

未来，黄金银行将在产品创新、服务效率、渠道建设和科技开发等方面不断更新迭代，黄金银行这一理念的推出将对国内黄金市场的创新发展做出积极贡献。民生黄金银行也更有信心和诚意，向更多的客户提供优质、贴心、专业、高效的贵金属综合金融服务，与广大客户一起，携手共赢，共创辉煌。

附　　录

Appendix

B.15

商业银行黄金业务问卷调查

平安银行　北京黄金经济发展研究中心

为全面了解商业银行黄金业务的开展情况，准确把握公众对商业银行黄金业务的需求，明确商业银行黄金业务发展的方向，为商业银行的黄金业务发展提供数据支持，今年年中，北京黄金经济发展研究中心与平安银行资金运营中心联合展开有奖问卷调查。本次调查覆盖面广、样本具有较强代表性，基本达到了预期目的，本次调查收回有效问卷5576份，范围涉及除港澳台地区的所有省（区、市），现将调查相关数据予以公布，与业界分享。

Q1：您的性别：

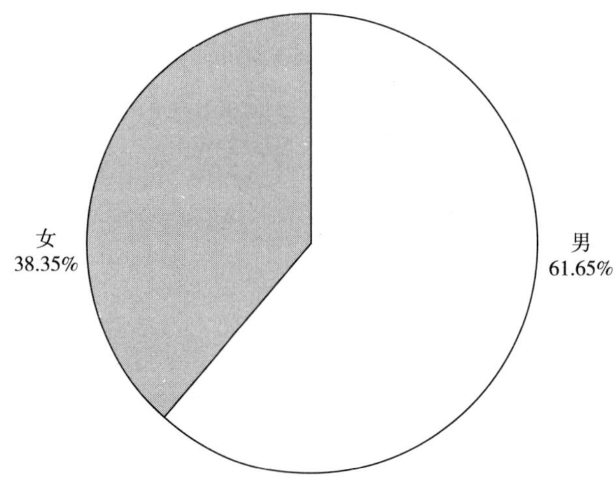

答案选项	回复情况
男	3413
女	2123

注：受访人数5536。

从性别比例来看，男性比女性更加关注黄金投资。

Q2：您所在的城市：

单位：人

省份	人数	省份	人数	省份	人数
广东省	1208	河北省	168	广西壮族自治区	63
上海市	593	陕西省	132	江西省	61
山东省	326	湖北省	126	吉林省	60
北京市	308	山西省	120	贵州省	47

续表

省份	人数	省份	人数	省份	人数
辽宁省	264	湖南省	92	甘肃省	44
福建省	263	重庆市	85	海南省	43
四川省	253	天津市	82	宁夏回族自治区	27
浙江省	227	黑龙江省	73	青海省	15
河南省	226	内蒙古自治区	69	香港	3
安徽省	213	云南省	65	西藏自治区	3
江苏省	213	新疆维吾尔自治区	64		

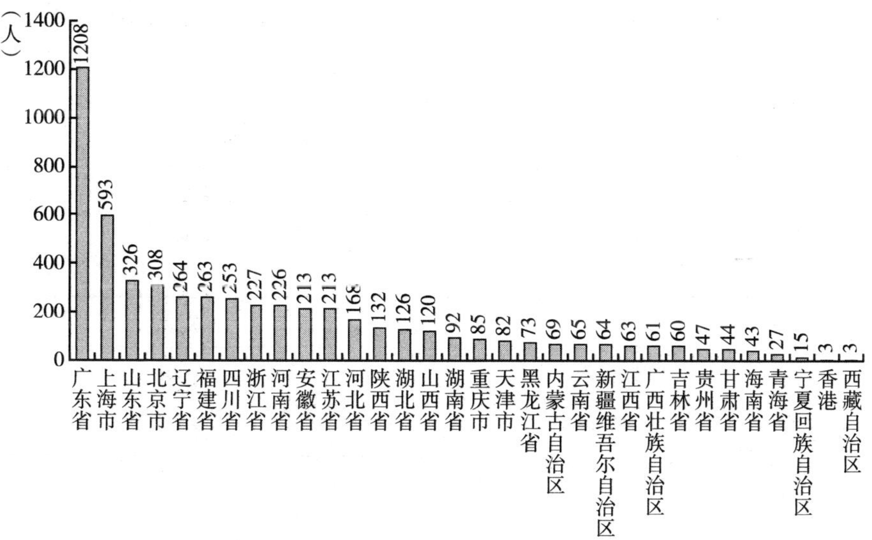

从所属省份来看，北上广及产金大省山东地区对于黄金投资更加关注。

Q3：您的年龄：

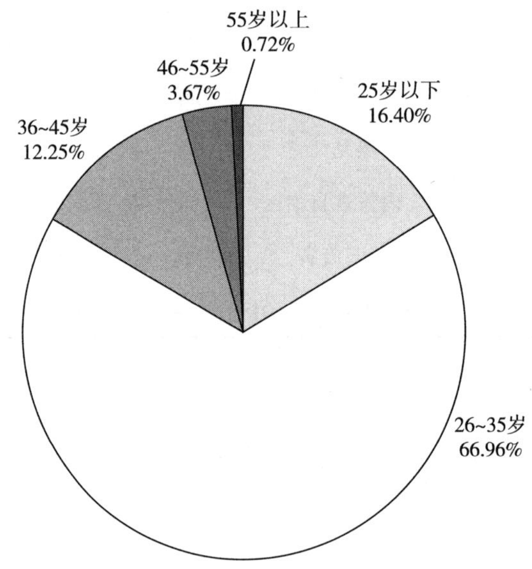

单位：人

答案选项	回复情况
25 岁以下	908
26 ~ 35 岁	3707
36 ~ 45 岁	678
46 ~ 55 岁	203
55 岁以上	40

注：受访人数 5536 人。

从年龄结构看，黄金投资有年轻化趋势，35 岁以下的年轻人占本次调查人数六成以上。

Q4：您的家庭拥有多少黄金（含首饰）

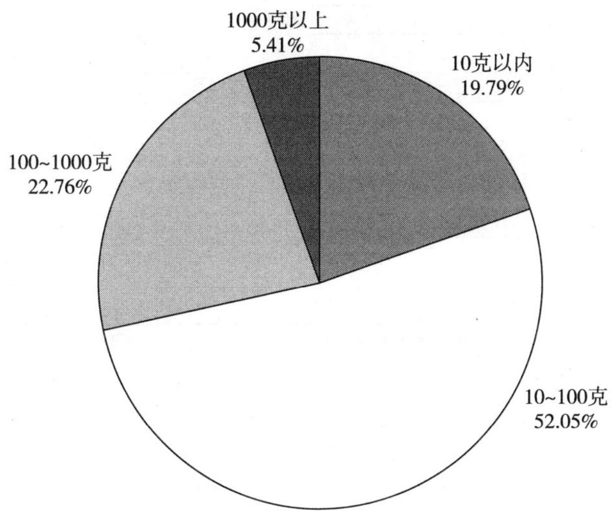

单位：人

答案选项	回复情况
10 克以内	1093
10～100 克	2875
100～1000 克以上	1257
1000 克以上	299

注：受访人数 5524。

从家庭持有黄金重量来看，中国家庭大多倾向于轻量投资，投资金额大多在 3000～30000 元之间。

Q5：您一般在什么地方购买黄金？（可多选）

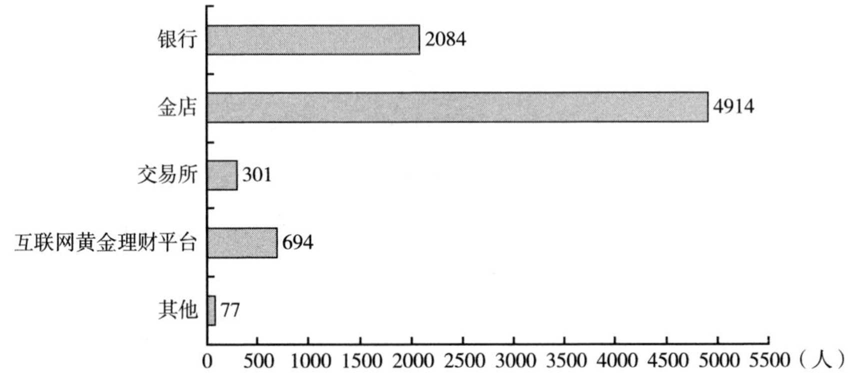

单位：人

答案选项	回复情况
银行	2084
金店	4914
交易所	301
互联网黄金理财平台	694
其他	77

注：受访人数 5536 人。

金店还是投资者购买黄金的主要途径，经过近几年的培育，银行市场份额也在逐步提升。

Q6：您了解的商业银行黄金业务有哪些？（可多选）

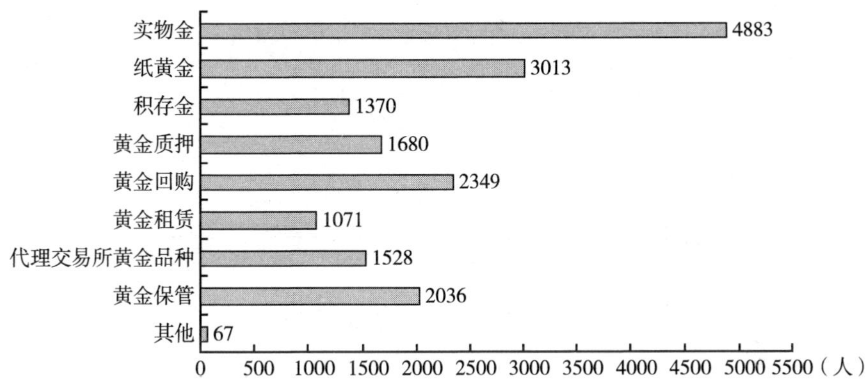

单位：人

答案选项	回复情况
实物金	4883
纸黄金	3013
积存金	1370
黄金质押	1680
黄金回购	2349
黄金租赁	1071
代理交易所黄金品种	1528
黄金保管	2036
其他	67

注：受访人数5536人。

中国的消费者似乎并没有完全摆脱传统的投资黄金理念，即使在银行渠道，实物金依然是最普遍认知的产品。从这组数据来看，商业银行的黄金业务，特别是投资类黄金业务还有巨大的发展空间。

Q7：您更喜欢商业银行提供的哪种黄金投资业务？（可多选）

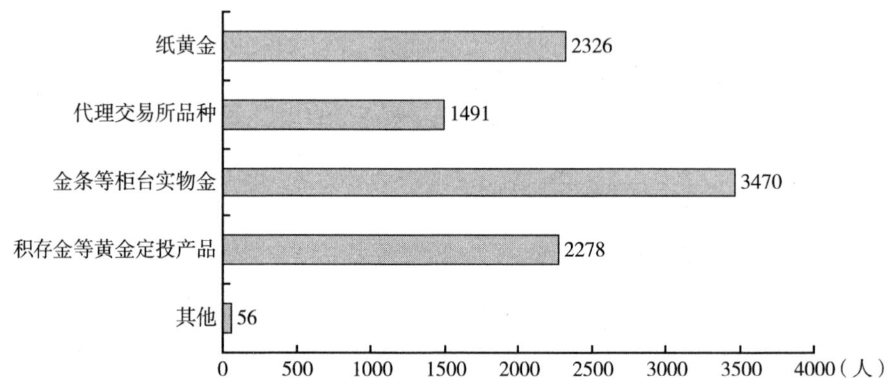

单位：人

答案选项	回复情况
纸黄金	2326
代理交易所品种	1491
金条等柜台实物金	3470
积存金等黄金定投产品	2278
其他	56

注：受访人数 5536。

值得关注的是，虽然知道积存定投黄金的人不多，但是喜欢定投金的人却不少，因此，商业银行进一步加强推广积存类业务应更能挖掘潜在市场。

Q8：您更愿意选择在银行的网上还是线下柜台进行黄金交易？

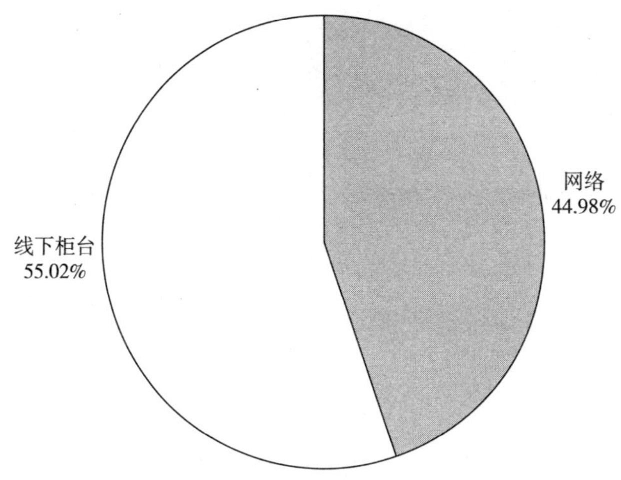

单位：人

答案选项	回复情况
网络	2490
线下柜台	3046

注：受访人数 5536 人。

投资者还是更喜欢传统的银行柜面渠道。

Q9：目前商业银行的黄金业务是否满足了您的需求？

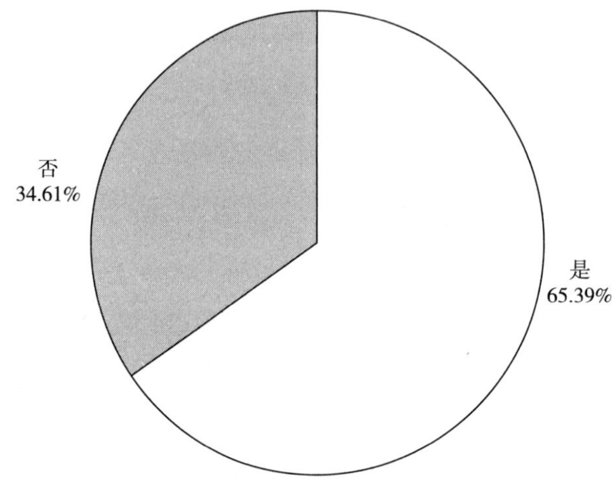

单位：人

答案选项	回复情况
是	3620
否	1916

注：受访人数 5536 人。

投资者对于银行黄金业务看上去还是比较满意的。

Q10：您认为商业银行黄金业务目前还存在哪些不足？（可多选）

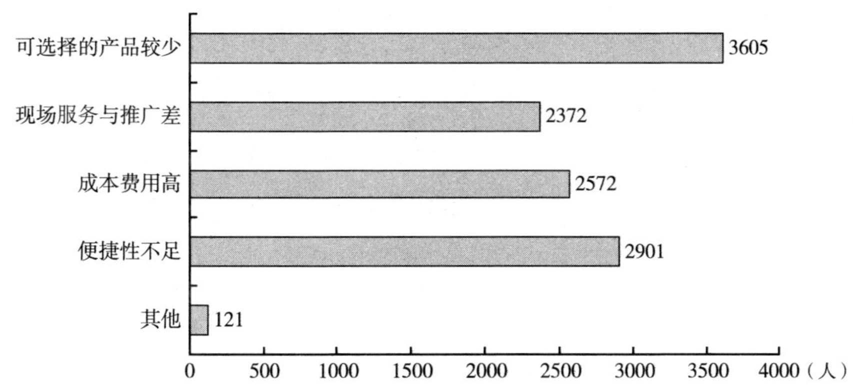

单位：人

答案选项	回复情况
可选择的产品较少	3605
现场服务与推广差	2372
成本费用高	2572
便捷性不足	2901
其他	121

注：受访人数5536。

“产品较少”占据了不满意榜的榜首位置，再看之前喜欢定投产品的人数超过知道定投产品的人数，银行对于贵金属业务在营销推广上的力度确实需要加大。

Q11：您认为商业银行的黄金业务还应该提供哪些产品或服务？（可多选）

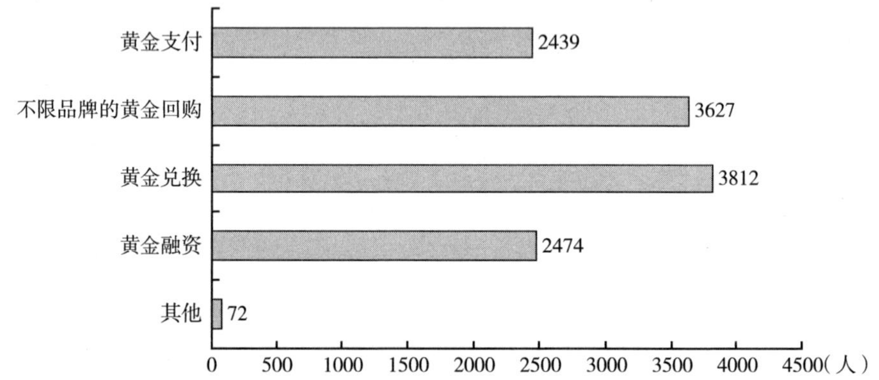

单位：人

答案选项	回复情况
黄金支付	2439
不限品牌的黄金回购	3627
黄金兑换	3812
黄金融资	2474
其他	72

注：受访人数 5536。

黄金兑换和黄金回购的需求较大。

Q12：您在哪个银行有黄金业务？（可多选）

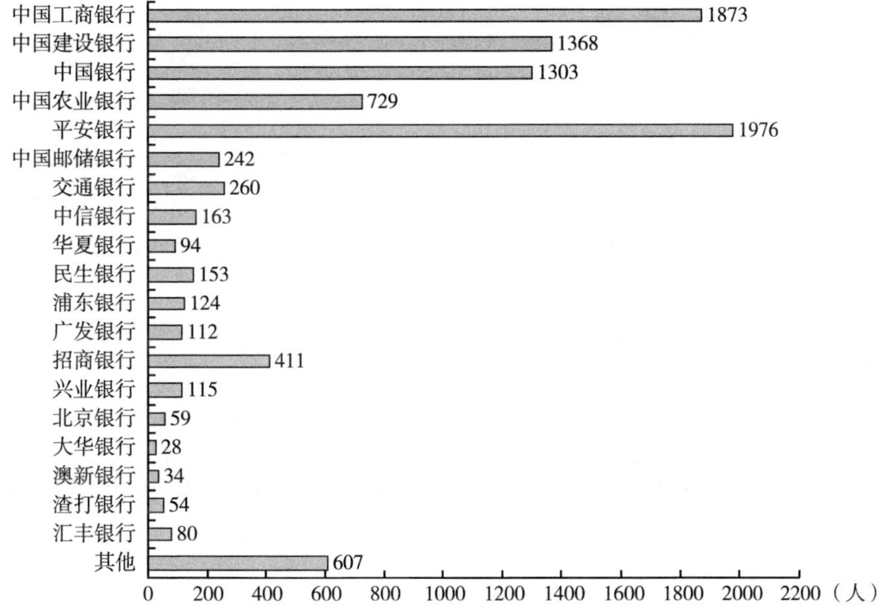

单位：人

答案选项	回复情况
中国工商银行	1873
中国建设银行	1368
中国银行	1303
中国农业银行	729
平安银行	1976
中国邮储银行	242
交通银行	260
中信银行	163
华夏银行	94
民生银行	153
浦东银行	124
广发银行	112

续表

答案选项	回复情况
招商银行	411
兴业银行	115
北京银行	59
大华银行	28
澳新银行	34
渣打银行	54
汇丰银行	80
其他	607

注：受访人数 5536 人。

平安银行黄金业务市场占有量较高。

Q13：您认为在黄金业务方面最值得信赖的商业银行有哪些？（可多选）

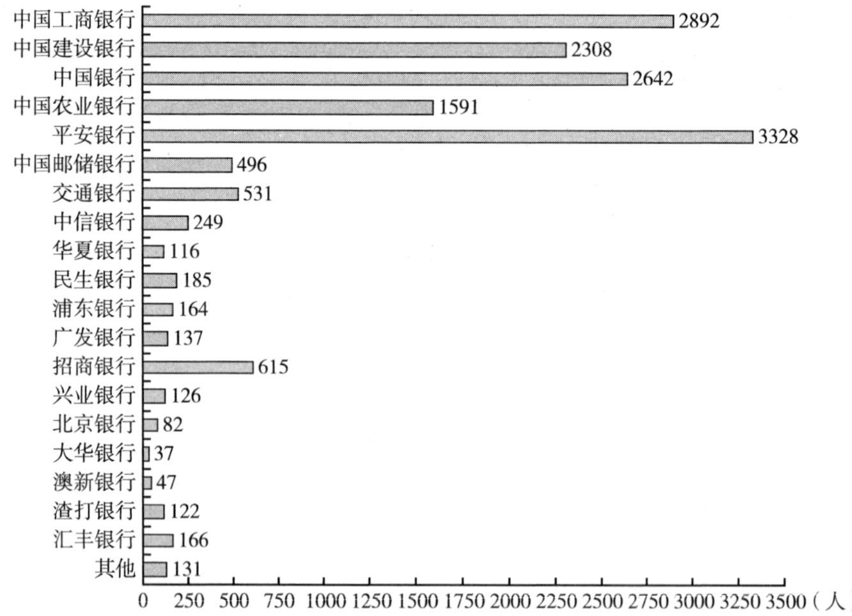

单位：人

答案选项	回复情况
中国工商银行	2892
中国建设银行	2308
中国银行	2642
中国农业银行	1591
平安银行	3328
中国邮储银行	496
交通银行	531
中信银行	249
华夏银行	116
民生银行	185
浦东银行	164
广发银行	137
招商银行	615
兴业银行	126
北京银行	82
大华银行	37
澳新银行	47
渣打银行	122
汇丰银行	166
其他	131

注：受访人数 5536 人。

❖ 皮书起源 ❖

“皮书”起源于十七、十八世纪的英国，主要指官方或社会组织正式发表的重要文件或报告，多以“白皮书”命名。在中国，“皮书”这一概念被社会广泛接受，并被成功运作、发展成为一种全新的出版形态，则源于中国社会科学院社会科学文献出版社。

❖ 皮书定义 ❖

皮书是对中国与世界发展状况和热点问题进行年度监测，以专业的角度、专家的视野和实证研究方法，针对某一领域或区域现状与发展态势展开分析和预测，具备原创性、实证性、专业性、连续性、前沿性、时效性等特点的公开出版物，由一系列权威研究报告组成。

❖ 皮书作者 ❖

皮书系列的作者以中国社会科学院、著名高校、地方社会科学院的研究人员为主，多为国内一流研究机构的权威专家学者，他们的看法和观点代表了学界对中国与世界的现实和未来最高水平的解读与分析。

❖ 皮书荣誉 ❖

皮书系列已成为社会科学文献出版社的著名图书品牌和中国社会科学院的知名学术品牌。2016 年，皮书系列正式列入“十三五”国家重点出版规划项目；2012~2016 年，重点皮书列入中国社会科学院承担的国家哲学社会科学创新工程项目；2017 年，55 种院外皮书使用“中国社会科学院创新工程学术出版项目”标识。

中国皮书网

发布皮书研创资讯，传播皮书精彩内容
引领皮书出版潮流，打造皮书服务平台

栏目设置

关于皮书：何谓皮书、皮书分类、皮书大事记、皮书荣誉、
皮书出版第一人、皮书编辑部

最新资讯：通知公告、新闻动态、媒体聚焦、网站专题、视频直播、下载专区

皮书研创：皮书规范、皮书选题、皮书出版、皮书研究、研创团队

皮书评奖评价：指标体系、皮书评价、皮书评奖

互动专区：皮书说、皮书智库、皮书微博、数据库微博

所获荣誉

2008 年、2011 年，中国皮书网均在全国新闻出版业网站荣誉评选中获得“最具商业价值网站”称号；

2012 年，获得“出版业网站百强”称号。

网库合一

2014 年，中国皮书网与皮书数据库端口合一，实现资源共享。更多详情请登录 www.pishu.cn。

S 子库介绍
Sub-Database Introduction

中国经济发展数据库

涵盖宏观经济、农业经济、工业经济、产业经济、财政金融、交通旅游、商业贸易、劳动经济、企业经济、房地产经济、城市经济、区域经济等领域，为用户实时了解经济运行态势、 把握经济发展规律、 洞察经济形势、 做出经济决策提供参考和依据。

中国社会发展数据库

全面整合国内外有关中国社会发展的统计数据、 深度分析报告、 专家解读和热点资讯构建而成的专业学术数据库。涉及宗教、社会、人口、政治、外交、法律、文化、教育、体育、文学艺术、医药卫生、资源环境等多个领域。

中国行业发展数据库

以中国国民经济行业分类为依据，跟踪分析国民经济各行业市场运行状况和政策导向，提供行业发展最前沿的资讯，为用户投资、从业及各种经济决策提供理论基础和实践指导。内容涵盖农业，能源与矿产业，交通运输业，制造业，金融业，房地产业，租赁和商务服务业，科学研究，环境和公共设施管理，居民服务业，教育，卫生和社会保障，文化、体育和娱乐业等 100 余个行业。

中国区域发展数据库

对特定区域内的经济、社会、文化、法治、资源环境等领域的现状与发展情况进行分析和预测。涵盖中部、西部、东北、西北等地区，长三角、珠三角、黄三角、京津冀、环渤海、合肥经济圈、长株潭城市群、关中—天水经济区、海峡经济区等区域经济体和城市圈，北京、上海、浙江、河南、陕西等 34 个省份及中国台湾地区 。

中国文化传媒数据库

包括文化事业、文化产业、宗教、群众文化、图书馆事业、博物馆事业、档案事业、语言文字、文学、历史地理、新闻传播、广播电视、出版事业、艺术、电影、娱乐等多个子库。

世界经济与国际关系数据库

以皮书系列中涉及世界经济与国际关系的研究成果为基础，全面整合国内外有关世界经济与国际关系的统计数据、深度分析报告、专家解读和热点资讯构建而成的专业学术数据库。包括世界经济、国际政治、世界文化与科技、全球性问题、国际组织与国际法、区域研究等多个子库。

法律声明

“皮书系列”（含蓝皮书、绿皮书、黄皮书）之品牌由社会科学文献出版社最早使用并持续至今，现已被中国图书市场所熟知。“皮书系列”的LOGO（）与“经济蓝皮书”“社会蓝皮书”均已在中华人民共和国国家工商行政管理总局商标局登记注册。“皮书系列”图书的注册商标专用权及封面设计、版式设计的著作权均为社会科学文献出版社所有。未经社会科学文献出版社书面授权许可，任何使用与“皮书系列”图书注册商标、封面设计、版式设计相同或者近似的文字、图形或其组合的行为均系侵权行为。

经作者授权，本书的专有出版权及信息网络传播权为社会科学文献出版社享有。未经社会科学文献出版社书面授权许可，任何就本书内容的复制、发行或以数字形式进行网络传播的行为均系侵权行为。

社会科学文献出版社将通过法律途径追究上述侵权行为的法律责任，维护自身合法权益。

欢迎社会各界人士对侵犯社会科学文献出版社上述权利的侵权行为进行举报。电话：010－59367121，电子邮箱：fawubu@ssap.cn。

社会科学文献出版社